21 世纪国际商务丛书

营销心理学

（第二版）

主　编　连淑芳

副主编　徐鼎亚　唐晓燕

立信会计出版社
LIXIN ACCOUNTING PUBLISHING HOUSE

图书在版编目(CIP)数据

营销心理学/连淑芳主编. —2 版. —上海:立信会计
出版社,2011.9
 (21 世纪国际商务丛书)
 ISBN 978 - 7 - 5429 - 3028 - 6

Ⅰ. ①营… Ⅱ. ①连… Ⅲ. ①市场心理学
Ⅳ. ①F713.55

中国版本图书馆 CIP 数据核字(2011)第 163777 号

策划编辑　　陈　旻

营销心理学(第二版)

出版发行	立信会计出版社		
地　　址	上海市中山西路 2230 号	邮政编码	200235
电　　话	(021)64411389	传　　真	(021)64411325
网　　址	www.lixinaph.com	电子邮箱	lxaph@sh163.net
网上书店	www.shlx.net	电　　话	(021)64411071
经　　销	各地新华书店		

印　　刷	常熟市梅李印刷有限公司
开　　本	787 毫米×1 092 毫米　　1/16
印　　张	14
字　　数	199 千字
版　　次	2011 年 9 月第 2 版
印　　次	2017 年 8 月第 3 次
印　　数	4 101—5 200
书　　号	ISBN 978 - 7 - 5429 - 3028 - 6/F
定　　价	28.00 元

如有印订差错　请与本社联系调换

再 版 前 言

营销心理学是一门相关专业重要的基础课程。本书自 2008 年 1 月问世以来,受到兄弟院校同仁们的厚爱和学生们的充分肯定,已有多所高校采用本书作为授课教材或者教学参考书。本书获得 2011 年上海政法学院院级教学成果三等奖。本书的修订,是基于编者在长期教学中工作经验的总结和读者的反馈意见,主要对书中的案例进行大面积更新,对读者掌握本学科的知识将有很大帮助。

营销心理学产生于 20 世纪 60 年代的美国。心理学与市场营销学相互交叉,形成了这门边缘科学。自从营销心理学理论体系建立以来,其发展一直紧跟着时代的步伐,不断地有所创新。本书针对人类进入 21 世纪后,各行各业都面临的全球化、数字化、网络化等问题,着眼于我国在新形势下的种种新需求,对整个营销过程中的所有参与者和其他要素的心理与行为产生、发展和变化的规律进行了全面、深入和细致的探讨和研究,即研究市场营销的对象——消费者的个体心理活动和社会心理活动;研究市场营销的主体——营销群体的心理、营销人员的心理保健;研究市场营销客体的各个方面——商品广告心理、商品商标和包装以及价格心理、新产品设计与营销心理。本书从心理学角度为相关学科的学生深入研究市场现象提供了探索空间,是有志者在市场大潮中冲浪的得力助手。

全书共分成十二章,每章都有一条清晰的脉络。作为一本阐述市场营销心理学的教材,体例独具特色,每一章严格按照"典型例子—本章引言—基本理论—要点重述—关键术语—问题思考"的思路编写;从篇首"典型例子"开始热身,通过"本章引言"来引导,再经过"基本理论"的层层分析,一直到引出"要点重述"、"关键术语"和"问题思考"等各个专题。因而本书特色鲜明,既突出理论的连贯性和严密性,同时又兼顾学科特殊的实践性和应用性,以鲜活的案例启发思考,自然引出学科理论,再将所学理论应用于问题思考,从而寓教于乐,学以致用,引发读者从各个层面上思考营销的实践问题。

典型案例的剖析是本书的一大特色。值得一提的是,作者在选择案例时,既充分考虑到了案例的多元化(有知名企业的成功个案,也有小企业的成败事例,还包括了一些非营利机构的案例)又顾及本书的体例,在尊重事实的基础上,对案例进行技术性的修改和完善,从而使得本书更加贴近市场营销实际,更加引人思考,也更加贴近读者。

本书是集体合作的成果,由连淑芳担任主编,徐鼎亚、唐晓燕担任副主编。本书编写人员有:连淑芳、徐鼎亚、唐晓燕、魏传成、辛慧丽、孙业凤、邵长鹏、曾立荣、王晓霞、徐群、王资峰、王金情。全书由连淑芳统稿和定稿。

在本书的写作过程中,参考了国内外最新出版的各种书刊及网上资料,在此对这些作者表示衷心的感谢。同时,要感谢立信会计出版社的责任编辑陈旻老师的大力支持和帮助,她为我们提供了向广大读者服务的平台。

编 者
2011 年 8 月

目 录

1 营销心理学导论

上帝咬过的"苹果"魅力大

  苹果电脑(Apple Computer)于1976年成立于美国,在2007年正式推出iPhone手机,改名苹果股份有限公司。总部位于美国加利福尼亚的库比提诺,核心业务是电子科技产品,目前全球电脑市场占有率为3.8%,是世界十大最具价值品牌,全球电脑与音视频便携媒体领导品牌,十佳笔记本电脑品牌。苹果公司的Apple Ⅱ于20世纪70年代助长了个人电脑革命,其后的Macintosh接力于20世纪80年代持续发展。最知名的产品是其出品的Apple Ⅱ、Macintosh电脑、iPod数位音乐播放器和iTunes音乐商店,它在高科技企业中以创新而闻名。苹果公司的logo是一个被上帝咬了一口的苹果,其公司理念是:只有不完美才能促使进步去追求完美。2010年6月8日,苹果全球开发者大会在旧金山Moscone West会展中心正式开幕。CEO史蒂夫·乔布斯在会场发布了全新的iPhone第四代手机,型号为iPhone4。2009年iPhone手机正式进军国内,在各地刮起了一股"苹果"旋风,与其捆绑销售的中国联通也因此风光一时。2010年9月底,面对升级版的iPhone4,许多人依然备感兴奋。2011年4月底爆出重磅消息,2011年第一季度苹果手机的营业额首次超越诺基亚,成为世界第一大手机销售商!如果把谷歌超越雅虎看作互联网界的一个里程碑,苹果超越诺基亚则是IT业界的一个里程碑,越来越多的"企业预设的客户需求软件"正在被在线服务替代,被客户自主选择的软件替代。企业所主导的有形、固定的功能性产品不再重要,重要的是如何提供让用户满意的服务。

  在手机市场如此饱和的情况下,价格不低的iPhone4手机一上市就引发了抢购热潮,导致产品一度断货,却还有大批消费者前往办理预约购机手续。某些人抢着掏钱买苹果手机的架势给人"抢白菜"的感觉。iPhone4真的是"白菜"吗?中国人显然没有富裕到那个程度。那么,人们趋之若鹜地购买背后有着什么样的消费心理特征呢?

  一是追求时尚和创新。苹果手机的成功很大程度上是由于其技术上的创新和时尚的功能,苹果打破了固有手机的印象和运用,使得手机系统在智能上的运用发挥到了极致,让人们体验到随时随地地上网、拍摄等乐趣。追求时尚、新颖以及高科技的消费者就喜欢购买这一类型的新产品,尝试新的生活。

  二是可以彰显个性和自我。在产品同质化程度越来越高的当下,大众化的消费标准也日渐失势。人们更崇尚个性化需求的消费,喜欢多变、刺激和个性的生活方式,强烈地追求独立自主,在消费时也力图表现出自我个性。反映在消费者的心理与行为上,就是消费者追求的是品牌的独特性,喜欢的也是那些能体现自我个性的商品,要求商品能有特色,具有商品个性,并能体现自我特点,以此来满足追求个性美和表现自我的心理要求。

三是炫耀心理。炫耀心理不存在文化差异，是人类社会中普遍存在的现象，它是一种刻意地展现。人们炫耀的一般是人们渴望得到的东西，这些东西是一种财富、地位的象征。有的消费者觉得必须赶上"苹果文化"，他们购买这一品牌可能是为了显示自己的品味和社会地位，向别人炫耀自己的与众不同，并以此为荣。他们重视的并不是商品的实用性，只要能显示自己的身份和地位，他们就会乐意购买。

四是超前和享乐心理。当代文化已经变得越来越具有开放性、超前性，人们也能更多更快地接触西方文化，这就使得当代消费者的生活方式、思维特征、行为趋向和价值选择等多方面都受到了西方消费的影响，由此也进一步影响到人们的消费观念。同时，人们也更注重享乐，表现为期望从对某一品牌的消费中获得一种情感上的愉悦价值，期望通过消费获得高品质的生活。因此，消费者愿意超前购买自己心仪的品牌。

（资料来源：《社会心理科学》，2011 年第 2 期）

本章引言

苹果股份有限公司是品牌经营的一个典型的成功例子。苹果手机是一款个性鲜明的品牌，在其营销过程中不但体现了手机不断创新突破，而且品牌本身赋予的价值性和时尚性，也吸引了很多消费者的眼球。消费者在心理上"追求独特"和"追求认同"，往往会把个体的人格特征注入一个品牌。正如心理学家罗杰斯在"自我理论"中提出了自我观念的概念，以解释消费者如何根据自我形象或个性来寻找与之相匹配的品牌。而马斯洛的需求层次理论将人的需求从低级到高级划分为生理需求、安全需求、社会需求、尊重需求和自我实现的需求。上述五种基本需求是逐级上升的，当较低级的需求满足以后，追求高一级的需求就成了驱动行为的动力。苹果手机的消费者除了满足基本通讯需求之外，还要求了更多的内在需求。苹果这一品牌体现的特性符合自我的特性，满足消费者较高层次上的需求。

在竞争日益激烈的现代市场经济条件下，市场营销观念要以广大消费者为中心、以广大消费者的需求为导向、以营销心理的研究为企业和商业开展营销活动的基础，已是有识之士的共识。因为随着社会生产力的发展，社会商品可供量的逐步增加，消费者的消费需求日趋多样化、个性化和复杂化，人们更加重视个体心理的满足，重视精神的愉悦。他们所购买的商品，并非只是生活必需品，往往是一种能与消费者心理需求产生共鸣的商品。事实上，企业所销售的产品可能完全相同，但其不同的营销策略则会给购买者完全不同的感受。商场如战场，繁多的市场需求集中体现在消费者的需要、动机和购买行为的变化，以及营销者与消费者的沟通效果等方面。如果营销活动（如营销策略、营销方式和营销宣传等）能够遵循消费者的心理活动规律，就能从根本上获得成功。

由此可见，营销心理学在现代市场营销体系中占据了越来越重要的地位。它产生于 20 世纪 60 年代的美国，是一门很年轻的应用学科，具有综合性、边缘性的特点。营销心理学是心理学的理论在市场营销活动中渗透、延伸和应用中形成的一门独立学科，也是现代市场发展的必然结果。心理学与市场营销学相互交叉，形成了这门边缘科学。其核心内容，就是在买方市场条件下，卖方如何从消费者的需要出发，制定企业发展战略，组织企业市场营销活动，从而在满足消费者需求的前提下，提高企业在激烈竞争的市场环境中生存和发展的能力。

本章将论述营销心理学的学科性质、发展历史、研究意义，以及营销心理学研究的原则和方法。

基本理论

1.1 营销心理学是一门独立的学科

1.1.1 心理学对心理实质的科学探索

1.1.1.1 心理学的含义

心理学一直是一门引人入胜的学科。可以说,在人类活动的任何一个领域,都存在心理学问题,都需要心理学。心理学在其发展过程中与自然科学、社会科学相互渗透、相互融合,形成了许多分支学科,如社会心理学、教育心理学、医学心理学、司法心理学、发展心理学等,营销心理学的产生也是如此。

心理学渊源数千载,历史百年余。心理学最初的思想,在西方可追溯到古希腊的亚里士多德的时代,在中国可以上溯到孔子时代,而心理学却只有短短的 100 多年历史,是一门较年轻的科学。确切地讲,心理学作为一门独立学科的诞生,是以 1879 年德国心理学家威廉·冯特在德国莱比锡建立第一个心理实验室为标志的。

具体说来,"心理"这一概念早在公元前的古希腊哲学中就已经出现了。集其大成者是亚里士多德(公元前 384 至公元前 322 年)的心理学专著《灵魂论》。在《灵魂论》中,亚里士多德把"心理"这种东西理解为有机过程,并把它分为"植物的"、"动物的"和"理性的"三种。在中国,提出与"心理"有关的思想比古希腊还早,孔子(公元前 551 至公元前 479 年)在《论语》中已经广泛地论述到教育心理学的某些问题。然而,数千年的人类认识史证明,认识心理活动及其本质绝非易事。人类为了认识自身的精神活动,曾经历过多次反复和走过许多弯路,这些经历被记载在哲学史中,因为心理学的思想一直是寄生于哲学之中的。

1879 年以前,心理学还没有从哲学中独立出来,心理学思想与哲学思想混杂在一起。唯心主义者把心理看作没有形体、超自然、超社会的东西,诸如"灵魂"、"宇宙精神"等等。到科学昌明的现代,各种唯心主义思想在有关心理的实质问题的探讨中,对有些心理学流派仍有着深刻的影响;机械唯物主义的思想对心理学也有很大影响,如近代的行为主义心理学只研究行为,排除意识,否定心理活动和社会实践的关系。唯心主义和机械唯物主义影响下的心理学,对心理的实质问题都不可能作出正确的解答。

心理学家在多年的探索中形成了比较统一的观点,即心理学是研究人的心理活动(也称心理现象、心理)及其发生发展规律的科学。20 世纪初中叶,心理学的中心移到了美国。目前,美国有 3 000 多所大学设有心理学学位教育,每年授予博士学位人数最多的学科是心理学,由此可见心理学在人类生活中的重要性。

心理活动是多种多样的,它们之间的关系非常复杂。恩格斯曾经说过,人的心理活动是"地球上的最美的花朵";而法国大作家雨果说:"世界上最浩瀚的是海洋,比海洋更浩瀚的是天空,比天空还要浩瀚的是人的心灵。"人们的心理活动时刻都在产生着,人在一切活动,如工作、学习和生活中都会有心理活动存在。例如,我们看电视时,能听到电视中优美的音乐和看到电视中壮丽的山水;我们吃饭时,能闻到饭香、尝到甜味和看到颜色搭配等,这些是人的感觉和知觉;而我们对看过的电影还能"历历在目",这就是记忆,诸如此类都是心理现象。

　　人的心理活动是一个统一的整体。心理活动包括两个方面：

　　一方面是心理过程，包括认识过程（感觉、知觉、记忆、想象、思维）、情感过程（喜、怒、哀、乐等）和意志过程（目的的确定、困难的克服等）。而"注意"贯穿在心理过程中，"注意"是心理活动对一定对象的指向和集中，它保证人能够及时地集中自己的心理活动，正确地反映客观事物，使人能够更好地适应环境，并改造世界。认识过程是指人由表及里、由现象到本质地反映客观事物的特征与联系的心理活动。情感过程是指人对客观事物是否满足自身物质和精神上的需要而产生的主观体验的心理活动。意志过程是指人为了满足某种需要，在一定的动机激励下，自觉确定目标，克服内部困难和外部困难并力求实现目标的心理活动。心理过程人人皆有，是人的心理现象的共性。认识过程、情感过程以及意志过程的关系是：前者是后两者的基础，而后两者可以反作用于前者，推动其进一步发展和深入。

　　另一方面是个性，包括个性倾向性（动机、需要、兴趣、理想、信念、世界观）和个性心理特征（能力、气质、性格）。个性是心理现象的个别性，正如世界上找不到两片完全相同的树叶一样，也找不到两个心理特征完全相同的人。个性是指一个人的整个心理面貌，它是个人心理活动的心理倾向和心理特征的总和。个性倾向性是指人所具有的意识倾向，它决定着人对现实的态度及对认识活动对象的趋向和选择，是人的心理的动力系统。个性心理特征是指一个人身上经常地、稳定地表现出来的心理特点，是多种心理特征的独特组合，集中反映了人的心理差异。

　　心理学正是从这两大方面来研究人的心理活动及其规律的。心理活动的主要内容，如图1.1所示。

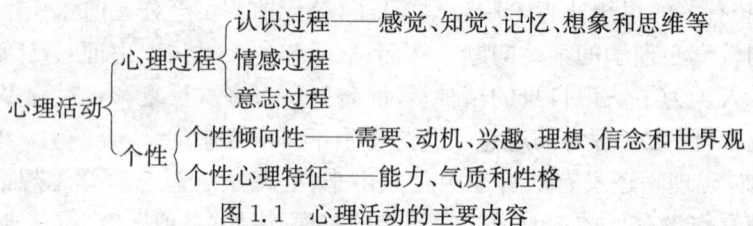

图 1.1　心理活动的主要内容

1.1.1.2　心理的实质

　　近几十年来，心理学在辩证唯物主义和历史唯物主义思想指导下，不断吸取各种科学的研究成果，对人的心理的实质有了比较正确的认识。比如，人们常常问：人何以成为"万物之灵"？人类的近亲黑猩猩为何不及人聪明？中、日、德、韩等国的科学家联手探索 3 年，通过对黑猩猩的 22 号染色体测序及比较分析，为这个千古之谜找到了部分答案。2004 年 5 月 27 日出版的国际权威学术刊物《自然》全文发表了一篇研究论文。该论文指出，最大的发现是人与这位近亲有较大差异。人类与黑猩猩的 22 号染色体对应的是 21 号染色体，两者的单碱基差异达 1.44%，明显高于以往的报道；插位或缺失的 DNA 片断多达 6.8 万个；人的 21 号染色体长度比黑猩猩的 22 号染色体多 40 万个碱基。这一结果显示，人和黑猩猩共同祖先的染色体可能更长，两者分化后，黑猩猩丢失的 DNA 片断比人更多。

　　所谓心理的实质，指的是心理是人脑对客观现实的反映。即心理是人脑的机能，是对客观现实的反映，是在实践中发生发展的。人所特有的心理的最完善的形式，叫作意识，意识是个人运用感觉、知觉、记忆、想象、思维等心理过程，对自身的身心状态及环境中的人、事、物的变化的综合察觉和认识。

人的心理、意识是在相互交织中,在一定社会历史条件下形成的。所以,人的心理、意识从反映的生理机制来说,是由人脑实现的;从反映的内容来说,是社会的产物。人的感觉、知觉、记忆、思维、情感和意志等等,都是人脑这个高度发达的特殊物质对客观世界的能动的反映。心理是脑的机能,这说明人的心理、意识本身不是物质,而是发展到高度完善的物质的产物,即人脑的产物。人的心理、意识是由客观现实作用于人脑,在脑中引起相应的高级神经活动过程而产生的。如今,科学家已能用脑电图来记录脑中产生的生物电流,以此判断人的心理状态的变化。人在思维的时候,大脑会发生脑电波的变化;人脑受到损伤,就不能进行正常的心理活动;脑的某一部分受到损害,与之相应的某种心理活动就受到阻碍。例如,因对"裂脑人"(其两半球的联系因手术或事故而断裂)的研究而获得1981年诺贝尔医学奖的斯佩里等人的研究表明,患者的行为常常表现出矛盾的倾向,如有一位患者,左手把其夫人拉过来,而右手则把她推开。正常人一般通过胼胝体随时交换大脑两半球的信息,形成一个统一的行为,而"裂脑人"则在一个完整的颅骨下其大脑分裂成两个有相对独立的半球。

人类特有的心理活动不是与生俱来的。迄今为止,人们发现了20多例的"兽孩",即由于种种原因被动物,如猴、熊、狼和绵羊所抚养的人类的后代。例如,在印度北方,在1956年和1972年都曾经发现过"狼孩"。他们虽在母胎里生成了人类的脑,但由于幼年时期脱离了人的社会生活环境,就不可能产生正常人的心理、意识。因此,当他们回到人间后,不会说人话,只能发出狼叫声;不会直立行走,只能手脚并用;不肯穿衣服,用手撕生肉吃等,很多生活习惯和狼一样。经过多年的教育训练,他们才能直立行走,学会极少的单词,智力发育迟缓。

人类长期的生活实践证明,人只有在现实的社会生活的种种实践活动中,由外界的事物作用于感觉器官,传达到脑,引起脑的生理活动才能产生和发展心理、意识。人们总是通过脑的机能,把外界的信息以形象和概念的形式,接受下来而形成心理意识。离开了客观现实对脑的作用,离开了由此而引起的脑的反映活动,就谈不上心理、意识的产生。任何科学的发现,总不外乎是客观世界通过头脑而产生和发展的一系列心理意识的活动。当然,人脑对客观世界的反映不是直接的简单的复制,人的心理意识具有主观能动性。总之,心理意识是客观世界的反映,客观世界是心理意识的源泉。

1.1.2 营销心理学是心理学的一个分支

如前所述,营销心理学是心理学理论在市场营销活动中渗透、延伸和应用中形成的一门独立学科,也是现代市场发展的必然结果。心理学与市场营销学相互交叉,形成了这门边缘科学。从广义上讲,它是由消费心理学、商标心理学、价格心理学、广告心理学和推销心理学等构成的一门综合性学科;从狭义上讲,它着重研究营销者与消费者的交往及由此形成的心理关系,以及商品的命名、商标、包装、布置、推销等因素对消费者心理活动的影响。

营销或市场营销不同于推销或者销售。推销是以产品为中心,向消费者出售自己生产的产品的过程;而营销是以消费者为中心,根据消费者的需要进行生产,并且尽可能满足消费者的需要的过程。营销活动是一种特殊的社会实践活动,是发生在人们之间的商品或劳务的交换活动。这种交换活动的主体是营销者,客体是消费者。他们之间通过营销活动的主要内容——商品或劳务的交换,以及与之相关的各种条件,如信息、交易方式、营销的时间和空间等,相互联系和相互作用,构成营销活动的整体。

同任何一门学科一样,营销心理学也有自己特定的研究对象。营销心理学是将营销过程中普遍存在的营销人员和商品消费者的各种心理现象、行为特征及其规律作为自己的研究对象。

具体来说,营销心理学的研究对象包含三个方面:

第一,营销心理学研究的是营销过程中所发生的各种错综复杂的心理现象。它们涉及产品生产者与中间商的关系和与消费者的关系;商品经营者与其他中间商和消费者的关系;社会文化环境的影响等等。这些关系因商品营销活动的变化又在一定程度上会发展和转变,并产生出与之对应的心理现象。

第二,营销心理学研究的范围是营销活动所涉及的领域。即企业生产前的对消费者需求的了解,企业生产中和生产后的对市场分析以及市场开发和产品销售活动;商业企业的商品经营全过程,即购销调存业务,消费者购买商品的消费活动。上述领域内,因营销活动影响所产生的心理现象及行为特征,均是营销心理学研究的内容。

第三,营销心理学所研究的,是受营销心理现象影响所产生的行为特征及其发展变化的规律。受营销活动影响所产生的各种心理现象,反映在市场交易的"群体"的具体人身上,形成感觉、知觉、记忆、注意、想象、情绪、思维等心理活动过程,并影响到这些人营销活动的行为。因此,营销心理学不仅要研究人的心理现象,还要研究受心理现象影响而产生的各种行为。

基于上述分析,本书将以下主要部分纳入营销心理学的具体研究内容。这些具体研究内容既包含营销过程中消费者和营销者个体的一般心理活动的共性和个性,又包含其群体的心理和行为,还包含各种营销手段及其媒介物的心理效应。

1.2　营销心理学的发展历史

在我国,于 20 世纪 80 年代才开始研究营销心理学。从 20 世纪 70 年代末期起,我国才陆续出版了一些有关的著作,如《广告心理学》、《定价心理学》、《市场心理学》、《消费心理学》等。

1.2.1　营销心理学研究的起因

营销心理学研究的起因体现在两个方面:

一是随着社会生产力的发展,商品供求关系发生变化,市场的有限性凸显营销心理研究的必要性。18 世纪中叶,以工业革命为标志的资本主义生产方式的确立,为商品经济的发展提供了契机,但是社会商品供应总量远远低于需求总量,商品根本不愁卖不出去,当然更不用考虑消费者的需求和意愿。而到了 19 世纪末 20 世纪初,资本主义经济进入了繁荣发展阶段,机器化大生产体系的建立和生产社会化程度的提高,产品供应量大增。然而,生产能力的相对过剩和人们的支付能力相对不足之间的矛盾日益尖锐,企业能否盈利与其对市场的开拓有密切联系,对消费者需要、兴趣和购买行为等的研究引起了工商企业的高度重视。从历史上看,西方发达国家在 20 世纪中叶就实现了从卖方市场到买方市场,从传统市场营销到现代市场营销的历史性转变。即从以生产者为中心转变为以消费者为中心;从价格竞争转变为服务竞争、品牌竞争;从单纯追求企业利润转变为兼顾造福于环境。

二是心理学的发展为其产生提供了可能性。1879 年以来,心理学流派纷呈,呈现出百花齐放、百家争鸣的格局。这些学派,有的是从内在的意识去研究的,有的是从外在的行为去研究的;有的是从意识的表层去研究的,有的是从意识的深层去研究的;有的是从静态去研究的,有的是从动态去研究的;还有的是从生物学、数理学、几何学、物理学、拓扑学、民族学、文化学等其他不同角度去研究的。所有的学派,在其心理研究对象、范围、性质及方法上都是既有联系,又各不相同的。百余年来,心理学发展的速度以及研究成果,远远超过人类历史上对心理学研究成果的总和,对心理现象探索研究的深度和广度,也都达到了前所未有的程度。而贯穿心理学百年史的主干线,就是十大学派形成发展的历史。这十大学派是:内容心理学派、意动心理学派、构造主义心理学派、机能主义心理学派、行为主义心理学派、格式塔心理学派、精神分析心理学派、日内瓦学派、人本主义心理学派、认知心理学派。这十大心理学派,无论是从其对象、任务、范围、方法,还是从其规模和波及的领域来看,对心理学研究的客观推动作用都是巨大的。它们都曾经充当过心理学研究过程中的主角,代表过一个时期的心理学历史发展的倾向。当代心理学基本理论的主体是博采十大学派之长,汲取它们合理的有价值的部分而形成的。

1.2.2　营销心理学研究的历史回顾

营销心理学的发展历史大致可以分为四个阶段。

1.2.2.1　广告心理学研究阶段

这是营销心理学的初创时期,是从 19 世纪末到 20 世纪初。当时资本主义经济迅速发展,市场基本处于求大于供的卖方市场,生产观念可简单地概括为"我们生产什么,就卖什么"。随后,由于竞争的加剧和劳动生产率的提高,一些企业的产品销路出现了问题,于是一些经济学家和企业家关注起广告对销路的影响。

1899 年,美国社会学家韦伯仑出版了《有闲阶级论》,他是最早从事营销心理研究的学者。韦伯仑在书中提出了广义的消费概念,认为人们在炫耀心理的支配下产生了过度的消费行为。他的研究引起了心理学家和社会学家的兴趣。

1901 年,美国心理学家斯科特率先将心理学原理应用到广告宣传活动中。1903 年,他编写了《广告心理学》一书,阐述了如何应用心理学来引起消费者对产品的注意和兴趣,它是营销心理学的雏形。此后,学者们大都围绕着广告促销的心理进行研究,其研究成果对工商企业克服生产过剩、商品积压,以及刺激消费等起了促进作用。

1908 年,美国社会学家罗斯出版了《社会心理学》一书,开辟了群体消费心理研究的新领域。

1912 年,德国心理学家闵斯特·伯格出版了《心理学与经济生活》,阐述了广告和橱窗对消费者的心理影响。

这些研究从不同角度涉及了消费者的心理和行为问题,为营销心理学的产生奠定了基础。但是,他们的研究注重如何促进企业的产品销售而不是如何满足消费者的需求,研究成果在实践中应用较少。

1.2.2.2　销售心理学研究阶段

这一阶段是从 20 世纪 20 年代到 40 年代末。随着垄断的资本主义商品经济的飞速发展和市场竞争的加剧,商品销售出现了很大的困难,市场逐渐向买方市场过渡,人们从重生产轻销售转向奉行"推销观念",推销观念可简单概括为:"我们卖什么,就让人们买什么"。推销术和推销人员的素质备受重视。

1920~1930 年,丹尼尔·斯塔奇出版了《斯塔奇广告回忆指南》和《广告心理学》,阐述了消费心理在广告中的应用。行为主义的创始人约翰·华生的著名的刺激—反应理论被广泛地应用于对消费心理和行为的研究。1929 年,爆发的世界性经济危机,进一步推动了一个从多角度研究营销心理的格局的形成。

1.2.2.3　消费心理学研究阶段

这一阶段是从 20 世纪 50 年代到 80 年代初。50 年代以来,以美国为首的资本主义国家进入了经济发达阶段,"买方市场"逐步形成,市场需求更加复杂,形成了"以消费者为中心"的营销理念,市场观念提倡:"市场需要什么,就生产和推销什么","能卖什么,就生产什么"。大多数企业开始集中企业的一切资源,通过以销定产来满足消费者的需求。这也全面推动了营销心理学的研究。

进入 20 世纪 60 年代以后,定价的心理研究得到了极大的发展,如尾数定价心理技巧曾风行于一些发达国家。60 年代中期,美国的一些大学开始讲授消费心理学,集中研究消费者心理与行为。

20 世纪 70 年代末期,以前联邦德国学者彼特·萨尔曼教授的《市场心理学》为代表的论著,不仅研究消费者心理,也研究市场细分心理和对推销员、中间商的心理策略,标志着营销心理学进入了一个完善和成熟的时期。

据统计,1967～1976 年,仅美国就发表了 10 000 多篇消费心理学方面的文章。此外,各类有关刊物陆续创刊,如《广告研究杂志》、《市场研究杂志》、《消费者研究杂志》、《市场》、《市场调查》等等。

1.2.2.4　整体市场营销心理学研究阶段

这一阶段是从 20 世纪 80 年代至今。80 年代以来,各种分支和边缘学科不断出现,如商业心理学、消费心理学、广告心理学等,营销心理学的理论得到进一步的充实和发展,也面临更新的挑战。

整体市场营销观念是 20 世纪 80 年代以来市场营销观念的新发展。1986 年,菲利普·科特勒提出了"大市场营销"这一概念,提出了公司如何打进被保护市场的问题。一个公司可能有一个优质产品,一个完美的营销方案,但要进入某个特定地理区域时,可能面临各种政治壁垒和公众舆论方面的障碍。当代营销者越来越需要借助政治技巧和公共关系技巧,以便在全球市场有效地开展工作。企业要以发展人类需求、关心社会福利、促进社会进步为宗旨,具体研究如何适应和刺激消费需求,通过市场营销机会分析,选择服务的目标市场,制定市场营销战略,规划市场营销方案,加强市场营销组织、执行与控制等等,从而获取满意的经济效益和社会效益。

20 世纪 90 年代后,营销心理学的研究进入了全面发展和成熟的阶段。这也得益于现代市场营销理论的不断发展、传播和推广,营销心理学在内容上、学科体系上和实践应用上都有长足的发展。尤其是研究成果得到社会的广泛承认,并且成为企业进行营销活动的理论依据。

1.3　营销心理学的学习和研究意义

营销心理学的产生和发展有其客观必然性,在如今市场经济条件下,要让营销者和消费者达到"双赢",那么学习和研究这门重要的学科,就具有非常重要的意义。具体来说,有以下几个主要方面:有助于营销者了解 21 世纪世界经济贸易发展规律,认识和研究我国社会主义市场经济的发展和变化,提高经营决策水平;有助于企业更好地开拓国内外市场,提高企业营销活动的综合效益;有助于企业改善经营管理,提高服务水平,更好地满足消费者的需求;还有助于消费者提高消费决策水平,实现文明消费。

1.3.1　营销心理学有助于营销者提高经营决策水平

　　一个企业经营的成败,与其商品是否适应国内外新的经济形势,是否适合消费者的心理需求,以及采取何种经营对策有着密切的关系。近些年来,我国许多企业在转变经营思想、调整产品结构、改善经营状态方面作出了极大的努力,认识到企业要按照市场需要来组织本企业的营销活动。一些成功的企业抓住了市场营销活动中大量的心理因素,营销活动真正从消费者的心理需要出发,取得了显著的成绩。他们注重在安排生产、购进货源、店堂布置、商品陈列,以及接待消费者等各项营销工作中,均考虑到消费者的心理与行为特征,使企业经营状况得到明显的改善。因此,深入系统地研究消费者的心理活动规律和行为方式,有助于企业科学地进行经营决策,更好地预测消费市场,从而达到以消费来引导生产的目的。

1.3.2　营销心理学有助于企业更好地开拓国内外市场

　　企业在各方面可以灵活地应用营销心理学的有关知识,如可以根据人们消费心理和行为的规律,应用广告、商标、装潢和店面陈列、橱窗设计、品牌设计等手段来刺激消费者的消费欲望;在市场细分化过程中,借助于营销心理学的知识和研究成果,使划分出的"细分"市场不仅有社会经济形态方面的标准,也有心理与行为特征的标准,从而更加符合市场的实际情况;在调动中间商的进货积极性时,不仅运用经济手段,还运用一些心理策略去激励中间商,使其在经营本企业的商品时具有更高的积极性等等,这样就使本企业的营销工作在整体上更具竞争力。特别是在世界经济全球化的形势下,为了使我国的产品打入和占领国际市场,有关企业必须研究和了解其他国家、地区、民族的消费者在消费需求、习惯、爱好、禁忌以及道德观念、文化传统、风俗民情等方面的特点和差异,对世界消费的动向及趋势进行分析预测,在此基础上确定国际市场营销策略,使产品在质量、性能、款式、包装、价格、广告宣传等方面更符合别国特定消费者的心理特点。

1.3.3　营销心理学有助于企业提高服务水平

　　由于人的需要是不断增长的,因而整个社会的需求也是一个不断发展、变化的过程。随着现代科学技术的进步及社会消费需求的改变,企业在生产商品及经营时,必须加强对消费者心理与行为的研究,根据消费者心理活动的特点与规律制定和调整营销策略,从而不断满足消费者的消费需要。所以,商品营销者只有努力掌握营销心理学的知识,并把这些知识运用到商店环境布置、商品包装、商业广告、服务接待中去,注重提高经营艺术,才能在瞬息万变的国内外市场上应付自如。运用营销心理学知识,还有利于观察和判断消费者心理的发展变化,有预见性和针对性地处理好买卖双方之间的矛盾,提高商品经营技术。在商品销售中,营业员或推销员通过细心观察消费者的言谈举止和表情流露,了解他们的购买心理,如需求、偏爱、顾虑等,有意识地采取恰到好处的接待方法,就能把整个购物过程变成一种心情舒畅的交际活动过程,促成消费者的购买行为,使消费者在购物活动中不仅得到物质上的满足,也能获得心理上的愉悦。

1.3.4　营销心理学有助于消费者提高消费决策水平

营销心理学的知识有助于消费者提高自身素质,科学地进行个人消费决策,改善消费行为,实现文明消费。因为,消费者消费活动的效果如何,不仅受社会经济发展水平、市场供求状况及企业营销活动的影响,而且更多地取决于消费者个人的决策水平和行为方式,而消费决策水平及行为方式又与消费者自身的心理素质状况有着直接的联系。消费者的个性特点、兴趣爱好、认知方法、价值观念、性格气质、消费爱好等,都会在不同程度上对消费决策的内容和行为方式产生影响,进而影响到消费活动的效果乃至消费者的生活质量。作为消费者来说,如果有健康的消费心理与消费行为,将有助于他们准确地进行消费决策,使自己获得称心如意的商品;同时可以防止受到各种推销措施的诱惑,使自己的消费行为更合理、更经济,避免从众或者上当。此外,在小部分消费者中滋生蔓延的如盲目模仿、攀比消费、超前超高消费、人情消费等,反映出部分消费者距离文明消费尚有较大差距,因此,也有必要加强消费者心理与行为的研究,结合实际剖析我国现阶段各种畸形消费心理与行为现象的作用机制及其成因,引导社会消费向文明、适度的方向发展。

1.4　营销心理学的研究原则和方法

1.4.1　营销心理学的研究原则

营销心理学是一门研究人的心理活动规律的科学,它与社会科学、自然科学和哲学密切联系。研究营销心理,如果方法得当,于事半功倍。因此,研究人的心理活动离不开社会实践、自然科学原理和哲学方法,尤其是马克思主义的辩证唯物论不仅为研究提供了正确的理论依据,同时也提供了科学的基本原则,我们在研究过程中必须努力遵循这些理论和原则。

1.4.1.1　客观性原则

营销过程中的心理现象的发生、发展和变化有着自身的客观规律,是由客观存在所引起,并且表现在营销实践活动中。客观性原则,就是实事求是的原则,实事求是是辩证唯物主义和历史唯物主义的核心。在研究营销心理学中采取客观性原则,一方面,要认识到只有密切联系营销活动的实际情况,才能客观地全面地分析心理活动的特点,揭示其发展规律,避免脱离实际而主观臆测,另一方面,要认识到对营销心理学的一切研究成果,包括一些大胆的假设和预测、原理和规律,都必须在营销活动的客观实践中进行不断的检验,才能最后确定其正确性。

1.4.1.2　发展性原则

发展性原则表达了一种从评价"过去"和"现在",转向评价"将来"和"发展"的新理念。在研究营销心理学中采取发展性原则,就是要用运动和发展的眼光去认识营销活动中心理活动是怎样伴随着客观事物的变化而变化的。消费者和营销者的心理和行为,不可能永远处于静止状态,或处于某种固定的模式之中,都是在不断地变化的。遵循发展性原则,不仅要求阐明营销过程中业已形成的心理现象,还要阐明那些潜在的隐性的心理现象以及预测其发展变化的趋向。

1.4.1.3　联系性原则

现代社会的不断发展使得人们生活的自然环境和社会环境更加复杂,营销活动中人的心理现象的产生受到各种主观和客观因素的影响,而且这些影响在不同的时间和地点的反映又有所不同。任何事物之间都是互相联系、互相影响的,因此,在研究营销心理学中采取联系性原则,一方面,既要研究影响和制约心理现象的主客观因素之间的关系,又要研究人们在不同环境中的心理活动规律以及心理变化的差异性,以便采取有效的能够满足消费者需要的营销手段;另一方面,要充分认识到营销心理学是一门交叉学科,处于生理学、心理学、经济学、市场营销学、广告学、管理学等多学科的结合点上。因此,研究营销心理学要联系其他学科的研究成果进行,特别是要联系国外研究的动态和成果,吸收西方市场经济发展及科学研究的最新成就,以推动我国营销心理学的发展。

1.4.2　营销心理学的研究方法

营销心理学的研究需要运用科学的方法。营销心理学作为一门应用心理学科,其研究方法既有一般实证科学的经验方法,如观察、实验等方法,又有心理科学与社会科学自身的特殊方法,如社会调查方法、社会统计方法和问卷方法等。同时,在研究时还必须掌握哲学逻辑思维的基本方法,如使用归纳、演绎、分析、综合和科学抽象等方法,对观察、实验的事实、现象、结论等进行研究。

具体研究方法有多种,如观察法、调查法、实验法、统计分析法等等。由于消费者和营销者的心理具有复杂性、多样性、多变性等特征,在营销的过程中面临的问题的性质常常不同,因此,研究的方法也不一样。选择哪种或哪些方法,通常取决于该研究所提出的任务。

1.4.2.1　观察法

观察法是最简便易行的一种基本的研究方法。所谓观察法,是指研究者通过感官或借助于一定的科学仪器,包括摄像机、录像机、录音机、闭路电视等,在一定时间内有目的、有计划地观察消费者的言语、行动和表情等,并把观察的结果按时间顺序系统地记录下来,进而分析其内在联系,把握消费心理现象规律的研究方法。

如何对消费者进行观察,要根据研究的目的和任务决定。要运用好观察法,需要有明确的观察目的和较详细的计划,包括确定观察内容,选择恰当的观察策略,制定观察记录表等。一般来说,观察法有两种主要分类:其一,根据观察数据的来源,即是在自然条件下取得,还是在人为干预和控制的条件下取得的,可分为自然观察法和实验观察法。自然观察法的数据是在自然发生的条件下,即被观察者并不知情的情况下通过观察取得的。实验观察法的数据则是在某些人为干预和控制的条件下通过观察取得的。此时的被观察者可能知情,也可能不知情。其二,根据观察项目和要求是否有统一设计和一定的结构,可分为有结构观察和无结构观察。有结构观察是指观察者事先设计好观察的内容和项目,制定出有关观察表格,并在实际观察活动中严格按照它进行观察记录的方法。无结构观察是指观察者只有一个总的观察目的和要求,或一个大致的观察内容和范围,但没有细目,亦无具体的记录表格,因而在实际的观察活动中常常根据当时的具体情况有选择地进行观察的方法。

观察法一般用于研究广告、商标、包装、橱窗和柜台设计等的效果,商品价格对购买的影响,商店的营销状况和某种新产品是否受消费者的欢迎等方面。例如,我们可以在超级市场内选择几种商品的货架进行长时间的观察,即从消费者进入这些柜台的过道开始,直到离开过道为止,观察消费者的各种活动并作记录。通过对观察记录的分析,研究消费者的构成,如性别及成人和儿童所占的比例;还可分析当几个人在一起时,是谁影响了购买。此外,消费者其他一些微观的活动,如对价格的议论、对商标与包装的兴趣流露都在分析之列。这种观察研究不仅能够为探查消费心理的一般规律提供资料,而且也为超级市场改进经营策略提供依据。

观察法的优点是显而易见的:由于通常是在消费者不知情的情况下进行的,消费者的心理表现比较自然,因而通过观察所获得的资料也比较客观、真实和可靠;并且,这种方法简便易行,花费低廉。观察法的缺点是:在进行观察时,观察者只能被动地等待所要观察的事件出现;观察资料的质量在很大程度上也受到观察者本人的能力水平、心理因素的限制;为了取得大量的资料,所需的人力和时间比较多。因此,当研究的问题能够通过消费者外部行动得到说明时,选择观察法比较合适。

1.4.2.2　调查法

调查法是很重要的一种研究方法,是指通过收集被调查对象的各种有关资料,间接了解其心理活动的研究方法。尤其是在消费者的心理活动不易从外部直接观察到的时候,我们可以通过调查了解,在研究中掌握。调查法的具体方式主要有访谈法、问卷法、座谈法和民意测验等。比如,通过与个别消费者面谈或邀请各种类型消费者座谈来了解其购买行为的心理动机;通过商品试销、展销活动、采取现场点数等方法,了解消费者的兴趣爱好;通过问卷调查或民意测验等形式,了解消费者对企业的商品营销策略和促销方式的心理反应与要求;通过研究商品营销服务或营销人员的经验总结材料,以及直接参加市场营销活动,了解消费者的消费趋向和购买行为等等。

采用调查法,能够按照调查目的较为系统地取得所需要的第一手资料,从而了解消费者各种心理现象的规律性。本书主要介绍访谈法和问卷法。

首先,探讨访谈法。访谈法是指通过访谈者与受访者之间的口头交谈,从而了解受访者的动机、态度、个性和价值观念等的一种方法。访谈法具有两个显著的特点:一是整个访谈是访谈者与受访者互相影响、互相作用的过程;二是它具有特定的科学目的和一整套设计、编制和实施的原则。

访谈法有两种主要分类:

其一,可分为结构式访谈和无结构式访谈。这是根据访谈内容及其过程有无统一的设计要求和一定的结构来划分的。结构式访谈又称控制式访谈,是指研究者根据预定目标,事先拟好访谈提纲或访谈的具体问题,通过访谈者主动询问,受访者逐一回答的方式进行的访谈。结构式访谈的优点是:组织比较严密,条理清楚,访谈者对整个谈话过程也容易掌握和控制,访谈结果便于统计分析,对于不同访谈对象的回答易于对比,比较节省时间。这种方法类似于问卷法,只是不需受访者笔答,仅用口答而已。它的缺点是:可能使受访者感到拘束,产生顾虑,而且难以根据双方的具体情况,灵活地采用适当的方式、程序进行,访谈结果可能缺乏深度。无结构式访谈又称无控制访谈,是指通过访谈者和受访者之间自然的交谈方式进行的访谈。它虽然也有一定的目标,但谈话过程没有严密固定的程序,不拘形式,不限时间,由访谈者根据具体情况灵活处理。无结构式访谈的优点是:气氛随和轻松,有利于发挥访谈者和受访者的主动性、创造性,访谈者能够获得较深层的材料。它的缺点是:费时费事,对谈话过程难以控制,要求访谈者具有较高的访谈技巧和丰富的访谈经验。此外,访谈的结果难以进行定量分析,对不同受访者的回答也难以进行对比分析。

其二,可分为直接访谈和间接访谈。这是根据访谈时是否借助于一定的中介物来划分的。直接访谈又称面对面的访谈,访谈者与受访者直接发生相互影响、相互作用。它的优点是:访谈者不仅能广泛、深入地了解受访者的思想、态度、情感和其他各种情况,而且还能亲自观察受访者的有关特征和他们在访谈过程中的许多非言语信息,从而加深对谈话内容的理解,有利于判断访谈结果的真实可靠性。它的缺点是:对访谈者的要求较高,访谈者与受访者相互直接作用又易于影响访谈结果,费时费力。间接访谈是指访谈者通过一定的中介物与受访者进行非面对面的交谈的方式。间接访谈的主要方式是电话访谈。电话访谈适用于访谈内容较少、较简单的调查研究。其优点是:收集数据资料时间快,研究费用省,对访谈者的要求不太高,保密性较强,对于某些不适宜于面对面交谈的问题,受访者可以通过电话与访谈者交流。其缺点是:电话访谈对于没有电话者无法进行,适用范围有限,由于访谈问题一般少而且简单,访谈时间短,因而,访谈者难以深入探讨有关问题,更不能直接观察到受访者的有关特征和获得各种非言语信息,从而不利于对访谈结果的分析与解释。

访谈法还可以根据访谈对象的特点,分为一般访谈和特殊访谈;根据参加交谈的受访者人数的多少,分为个人访谈和集体访谈。

访谈是一门艺术。即使访谈研究设计得再科学,如果实际访谈过程控制不好,访谈技巧运用不当,得不到受访者的积极配合,也难以取得真实、完整和有用的资料。因此,访谈者充分做好访谈前的一系列准备工作,是保证访谈成功的重要前提。要使访谈顺利进行,并获得满意的效果,访谈者应掌握基本的访谈策略。这主要包括接近受访者,取得受访者的信任,处理受访者的拒绝和积极展开交谈的策略。一般来说,在访谈过程中都需要作记录。此时,应注意消除受访者对访谈者当场作记录的顾虑,如讲明研究结果的保密性,或在交谈时不记录,待交谈结束后再记录。访谈者应尽可能按预定时间准时结束访谈,需推迟结束访谈的,则应征得对方的同意。访谈者还要善于根据访谈气氛的变化和临时出现的各种特殊情况,灵活把握访谈的结束时间。结束访谈时,访谈者应真诚地感谢受访者对研究工作的支持、合作和帮助,感谢对方奉献宝贵时间和提供有价值的信息资料,同时还应表示向对方学到了很多知识。总之,清楚地了解访谈法的实施过程和熟练掌握各种访谈技巧,对于提高研究的质量和效率具有重要的意义。

其次,探讨问卷法。问卷法又称调查表法,是指把设计好的一套题目交给受测者,其中还包括施测的条件、指导语和记分的规则,让受测者书面回答,并通过对答卷的分析研究,得出相应结论的方法。它适宜于了解消费者的动机、态度、个性和消费观念等。问卷的基本形式有两种:一种是封闭式的,另一种是开放式的。封闭式问卷是让受测者从所列的答案中进行选择,有是非题、选择题、分类题和匹配题等形式。是非题是让受测者在两个相反的答案中进行选择;选择题是让受测者在一个问题的多种答案中选择一个、两个或两个以上的答案;分类题是让受测者将所需调查的项目归为几类;匹配题是让受测者将一组答案中适合的项目分别匹配到提问的项目上去。开放式问卷是让受测者任意填写答案,不作限制,问卷上只有测试的问题,有自由回答题、自由联想题、造句题、投射测验题等等。自由回答题是只写测验的内容,答案由受测者自由填写。开放式问卷常用来测验受测者的深层心理,投射法的问卷多属于这一类。

问卷既可通过当场直接发放,让消费者填写后收回,也可以将问卷通过邮寄信访、广告征询、报刊问卷等方式请被调查者填写后寄回。问卷法的优点是:可以做大范围的研究,样本较大,效度较高,而且被调查者不受他人和公开结果的影响,匿名性强,能独立从容地回答所列项目。其明显缺点是:回收率较低,因而影响调查的精确度和调查的进度。

问卷的设计是问卷研究的关键:一是要确定研究的目的,在此基础上方能确定问卷的内容和项目。问卷的题目要围绕研究目的设置,调查研究的目的要清楚无误地告诉被调查者,以求得谅解和合作。只有拟定出具有操作性的题目,受测者才容易理解并作出明确回答。由于心理特征众多,每个特征的行为表现也各有不同,因而可以拟定的题目是很多的,这要根据研究的问题具体加以确定。有些问卷有十几个题目,有些问卷则可多达几十甚至上百个题目。二是问卷的题目不能含混不清或可作多种解释。提问的方式不应对受测者产生某种暗示。三是在编制题目时,应考虑到受测者的年龄、受教育程度,以及其经济地位、民族特征等特点。四是为解除受测者的顾虑,可以采用不记名的方式,或者向受测者保证对测验的内容和受测者的情况保密,绝不外泄。五是写明问卷的前言和指导语。前言是对问卷研究的目的、意义和内容的简要说明,目的在于引起研究对象的重视和兴趣,消除其戒心,取得良好的合作。指导语是用来指导研究对象填写问卷的一组说明性文字,其作用是对填表的方法、要求、时间、注意事项等作一个总的说明,有时还附一两个例题,帮助研究对象更好地理解如何进行填写。有些问卷研究可以以"有奖"的方式进行,这需要预先讲明答卷奖励的办法,以提高问卷的回收率。

问卷设计好以后,一般要进行预备性测验,以检查问卷的质量,减少误差。问卷的质量就是它的信度和效度。问卷的信度是指测定结果的稳定性。稳定性越高,说明它受随机误差因素的影响越小;反之,则是随机误差大。同一问卷对同一组受测者施测两次,前后两次施测的结果越一致,其稳定性越高,信度越高,问卷越可靠。问卷的效度是指问卷能测出待测属性或功能的程度。效度越高,说明问卷受系统误差的影响越小;反之,则是受系统误差的影响大。为了保证问卷有较高的质量,往往需要在预测的基础上对问卷作反复多次的修改,然后正式加以使用。

问卷法的优点是:问卷内容客观统一、数据资料处理分析方便;匿名性强,回答真实,特别适合研究那些涉及人们内心深处的情感、动机等问题,避免了主试与被试之间的相互作用,有助于提高问卷研究的客观性;节省人力、时间和经费;适合进行大规模的调查研究;是一种纸笔型的研究,比起实验法需要仪器设备、观察法需要摄录设备等,更为简便易行。问卷法的缺点是:问题和回答方式固定,因而不灵活;由于是一种纸笔测验,更受文化水平的限制,问卷完成的效果可能不理想;遇有不负责任的受测者,随意填写问卷,也会影响对结果的分析;由于问卷研究的主试者一般不在场,指导性较低,会影响到回答的真实性和准确性;较为复杂的问卷编制起来也相当困难。不过,问卷法的这些缺点,比起它的优点来说还是次要的,而且这些缺点也是可以在一定程度上加以克服的。

1.4.2.3　实验法

实验法是非常重要的一种方法,是指设定一定的情境,有目的地对某些变量进行操纵和控制,主动地引起或改变被试者某种心理现象以取得第一手资料而进行研究的方法。例如,研究者通过控制某一个或某几个自变量(如价格、包装或广告),研究其对因变量(如销售量、品牌态度等)的影响。实验研究的基本目的在于揭示变量间的因果关系。利用实验法可以调查范围广泛的题材。

实验法可分为实验室实验法和自然实验法两种类型。它们有着各自的特点。

先来看看实验室实验法。实验室实验法是指在专门的实验室内,利用一定的仪器和设备进行研究的一种方法。它可以严密分析营销活动中心理现象的某些方面,所得结果是比较科学准确的。例如,对于商标识别和爱好的研究,实验者常常让被试观看若干不同的标记、符号,要求他们说出哪个或哪些标记、符号最容易识别。又如，研究广告促销的心理效果。目前，正在研究和试用的方法大体有两种：一是根据人的脑电波变化，来判断是否对广告上宣传的商品感兴趣。这种测试仪器主要由脑电波记录器、分析仪和显示器三大部件所组成。当看广告的人对所宣传的商品或广告本身的设计感兴趣时，就会刺激他的大脑，使其兴奋。这时，显示器荧光屏上会出现快速的电波；相反，就会出现慢速的电波。二是按照人的瞳孔的放大或缩小，来判断对广告的反应，这是根据医学上的原理，即当人们看到感兴趣的东西时，瞳孔就会放大的原理制作的一种仪器。实验时，把仪器安置在广告媒体上，它能自动地把观看广告者的瞳孔变化情况以数据的形式记录下来，并以图像的形式再显示到荧光屏上。这种方法我国目前尚未正式采用。据载，国外不少广告公司相继成立了利用电子技术来测试广告心理的机构。这种方法虽有科学的一面，但也有缺点，如测试仪不能分辨消费者对广告是喜是憎，因为令人厌恶的广告同样会使人产生冲动而放大瞳孔。

实验室研究的特点：首先，是随机取样和随机安排，随机取样使样本具有代表性；随机安排使进行不同实验处理的被试组间具有可比性，排除了顺序效应等对研究结果的影响。其次，它对实验情境和实验条件进行严密的控制，研究者在实验中处于主动地位。他们可以对实验过程进行干涉，可以停止实验或使之加速，这是观察研究者不能做到的，他们对事件发生的过程不能发生任何作用，只能顺其自然。再次，实验结果客观、准确，一般都能以数据的形式反映出来，便于研究者进行定量分析。而且，在实验室研究中，还可以大量使用专门仪器来呈现刺激和记录实验结果，如用速示仪帮助呈现语言材料刺激，借助仪器记录测定不同感觉通道的反应时间（时间可以精确到毫秒），大大提高了研究的科学性。

实验室实验区别于其他研究方法的根本特点和优势就在于它能够严格控制和操纵实验条件，揭示变量间的因果关系。然而，这也使它与实际生活相脱节。比如，被试者在实验室中往往会产生不自然的心理状态；实验室研究很难用于研究一些复杂的心理现象，特别是在研究涉及社会规范问题的观念、行为时，由于被试者很容易意识到自己是在做实验，而难以表达真情实感。

与实验室实验法相对应的是现场实验法，又称自然实验法，即在企业市场营销工作的实际情况下，有目的地创造某些条件或变更某些条件，给消费者的心理以一定的刺激或诱导，从而观察消费者心理活动的表现的方法。例如，要测定广告效果的促销作用，就可以选择两个适当的商场或商店，一个施以广告的作用，另一个则否。然后，记录各自的销售量，并进行统计检验和比较。再如，广告发布后的测定方法有：

第一，回忆测验。即找一些接触到广告的消费者，请他们回想在接触的广告中，哪些广告曾引起他们的注意，其结果怎样。如：

"您看过×××这种标题的广告吗？"

"那是什么药品广告，您知道吗？"

"哪些广告给您印象深刻？为什么？"

这种试验最好是定期、有计划地进行，如在广告发布3个月后进行一次测验。

第二，认知测验。即针对某一媒体的接受者（如杂志的读者），提出一些有关问题，如"请问您看过这个广告了吗？"被提问者可能有看过、读一部分、概括地读过、未读过等几种回答方式。提问者则据此来统计百分比，算出覆盖率。如果用报刊进行认知测验，最好在报刊到达读者手中的短时间内测验，如果太迟，读者就有可能忘记看到过的广告；在测试中还应把刊出的广告明确展示给测试对象。要了解广播的收听率、电视的视听率,也可以运用这一方法,即用随机抽样方式抽出调查对象,然后访问被调查者。受访者对广播与电视广告的遗忘率较高,因此,播映与测试的间隔应尽量缩短。

通过上述方法收集基本情况和数据后,一般可运用下列公式进行广告心理效果的测定。

$$注意率=(b+c)\div a\times100\%$$

式中 a——阅读报纸的总人数;

b——可能看过报刊广告;

c——确实看过广告的人数。

$$阅读率=(c_1+c_2+c_3)\div a\times100\%$$

式中 c_1——看过报刊广告的图片、标题,但详细内容未读;

c_2——只阅读过一部分内容;

c_3——详细阅读过全部内容;

a——阅读报刊的总人数。

$$视听率=b\div a\times100\%$$

式中 a——广告节目视听人数;

b——认知广告名称人数。

进行广告心理效果的测定,要得到消费者切实合作,应给予消费者一定的报酬。同时,选择的消费者要有代表性,要依据商品供应对象选出各种类型的代表。

现场实验的特点在于实验的整体情境是自然的,当然对某些或某种条件则是有目的、有计划地加以控制的。由于在现场实验中既控制了各种变量,又保持了现场的自然性,因而能较好地同时保证研究具有较高的效度、广泛的应用范围和很强的适用性。然而,自然环境的复杂性又给现场实验的实施带来了困难。例如,由于现场实验难以采用随机抽样的方式,因此,被试样本的代表性就会受到影响。再如,现场研究的背景较难控制和把握,即社会生活背景中的政治、文化等因素将会明显地影响现场实验的结果。此外,现场实验费时费力,所需技能也较复杂。以上均是采用现场实验时存在的一些局限性。

在具体研究中,究竟是采用实验室实验法还是采用现场实验法,一般要根据研究目的来确定。从目前研究的发展趋势来看,两者有互相取长补短,不断融合的趋势。实验室实验法在情境设置上更接近真实环境,实验设备与主试甚至都置于被试者不易觉察的地方或加以隐蔽,以使被试者反应自然。现场实验法则趋向使用巧妙的程序设计和现代化的仪器设备,以操纵、控制变量和记录行为反应。

要点重述

心理学是研究人的心理活动及其发生发展规律的科学。营销心理学是心理学的原理在市场营销活动中的渗透、延伸和应用的过程中形成的一门独立学科,也是现代市场发展的必然结果。营销心理学产生于20世纪60年代的美国,而在我国是在20世纪80年代才开始研究营销心理学的。

营销心理学是将营销过程中普遍存在的营销人员和商品消费者的各种心理现象、行为特征及其规律作为自己的研究对象。营销心理学的发展历史大致可以分为四个阶段:广告心理学研究阶段、销售心理学研究阶段、消费心理学研究阶段和整体市场营销心理学研究阶段。

营销心理学的产生和发展有其客观必然性，在如今的市场经济条件下，要让营销者和消费者达到"双赢"，那么学习和研究这门重要学科，就具有非常重要的意义。具体来说，有助于营销者提高经营决策水平；有助于企业更好地开拓国内外市场；有助于企业提高服务水平；有助于消费者提高消费决策水平，实现文明消费。

研究营销心理，如果原则和方法得当，则事半功倍。我们在研究过程中必须努力遵循客观性原则、发展性原则和联系性原则。营销心理学作为一门应用心理学科，其研究方法既有一般的实证科学的经验方法，又有心理科学与社会科学自身的特殊方法，在研究时还必须掌握哲学逻辑思维的基本方法。具体研究方法是有多种，主要有观察法、调查法、实验法和统计分析法等等。

关键术语

心理学　心理现象　市场营销学　营销心理学　研究方法

问题思考

例1.1　"人情味"广告

台湾有一水饺广告："故都北京，为人所称道、怀念的除了天坛、圆明园外，就该是那操一口标准京片子的人情味和那热腾腾、皮薄馅多汁鲜、象征团圆的水饺儿。今天，在宝岛台湾，怀念北京老风味，只有北方水饺最能令人回味十足，十足回味！"

美国一家餐厅挂着的一句广告是："如果免费进来吃，我们俩都要挨饿了。"

有一条"多美滋"的广告，情节很简单：八个小孩在分蛋糕，小主角将蛋糕很快切为八份。这时又来了个小孩，九个人不够分了，于是小主角将自己的那块蛋糕一分二给了他一份。画外音是："成长时期不但需要聪明的头脑，同时也需要更多的爱心——多美滋，培养美好人生。"

思考　这几则"人情味"广告满足了人们怎样的心理？"人情味"广告的特殊优势在哪里？

例1.2　挑战"李宁"牌

熊倪与湖南兴业集团张治凡总裁准备做"熊倪"牌服饰，广告人潘友林介入了此事。服饰品牌竞争激烈，而用世界冠军的名字做服饰品牌已有先例，这就是"李宁"牌。市场调查的结果表明：人们普遍认为，熊倪做服饰，是模仿李宁，难以引起轰动。即使引起关注，也不会为社会所称道。可以说，"李宁"牌是横亘在"熊倪"前面的一座大山。而来自其他服饰名牌，特别是国际名牌的压力也非同小可。如何挑战"李宁"牌，如何和其他产品形成差异，"熊倪"牌的定位至关重要。定位必须创造出"心理核弹"，再将定位用极精确和绝妙的语言表达给受众，方能真正打动消费者。适应这种要求，"熊倪"牌的广告语设计应该表现出自己的鲜明个性。因此，广告语是"我有我的一套……熊倪服饰。"

思考　"我有我的一套……"是否能够树立起"熊倪"牌服饰在青少年心目中的地位？为什么？

例1.3　经典广告语

雀巢咖啡：味道好极了。

M&M巧克力：只溶在口，不溶在手。

百事可乐：新一代的选择。

大众甲壳虫汽车：想想还是小的好。

耐克：just do it。

诺基亚：科技以人为本。

麦氏咖啡：滴滴香浓，意犹未尽。

IBM：四海一家的解决之道。

柯达：串起生活每一刻。

人头马 XO：人头马一开，好事自然来。

德芙巧克力：牛奶香浓，丝般感受。

可口可乐：永远的可口可乐，独一无二好味道。

思考　如何从欣赏这些耳熟能详的经典广告语中，理解好的广告语就是品牌的眼睛？其在人们了解品牌内涵，建立品牌忠诚上都有些什么意义？

2　消费者市场细分心理

充满动感与激情的宝来 Sportline

日系车 2010 年遭遇寒流,市场表现也全面退潮,这给了品质和口碑一流的德系车抢夺市场份额的好机会。尤其是一汽大众更是从中受益。据了解,2010 年以来,一汽大众旗下车型全面热销,"提车难"成为车市一大景观,即便是一汽大众走量车型宝来,依然是一车难求。有分析认为,由于日系车走弱,其丢失的市场份额,约有 30% 由一汽大众夺得,是最大的受益者。一汽大众相关负责人表示,随着产能的提升,宝来一车难求的现象将会得到缓解,特别是一身"武装"的宝来 Sportline 将给那些厌倦了平淡生活的人带来更多的激情和乐趣。

日前,作为三厢 A 级车的领军车型,宝来 2010 年以来(截至 2010 年 10 月)一共销售超过14 万辆,超过 2009 年全年的销量。而全新宝来的累计销量也突破了 28 万辆,位居同类车型前列。与此同时,来自成都一汽大众经销商的数据显示,上市不到 2 个月的宝来 Sportline 市场反应极为火爆,目前订单已排到 2011 年 2 月份,最紧俏车型的提车时间需要等 3 个月以上,成为一汽大众旗下又一款热门车型。业内分析,宝来 2010 年的产销量大幅增长,与其准确的市场定位有直接相关。

宝来 Sportline 是一汽大众进军全新细分市场的又一主力产品,这款充满动感与激情的宝来旗舰车型无疑将给更年轻时尚、更激情个性的消费者带来超凡的驾驭乐趣。

作为宝来品牌的最新运动版车型,宝来 Sportline 在外观内饰上的一系列创新颠覆了此前内敛稳重的印象,个性化配置让宝来 Sportline 备受时尚运动的激情一族的青睐。

对于动感的诠释,宝来 Sportline 处处流露出自己的"运动范儿"。运动风格保险杠及雾灯配合前脸整体造型,加上流畅的腰线、动感十足的车身、高亮 B 柱外盖板、简洁犀利的 16 寸多辐轮毂,将浑然天成的运动魅力充分展现。樱桃色的红尾灯、高翘饱满的尾部造型和宝来Sportline 整体风格搭配更带来霸气十足的运动气质。熏黑前大灯与蜂窝状进气格栅造型的应用明显传达出它的运动性格,给人热力四射的第一印象。

宝来 Sportline 的内饰充分借鉴了同门兄弟高尔夫 GTI 的全黑色内饰设计,均匀细密的红色缝线游走在黑色 VIENNA 真皮打孔坐椅、真皮包裹换挡手柄和制动手刹上,银色的赛车旗风格新铝拉丝装饰条和冷峻的镀铬装饰,此外,黑底白字的仪表盘,不仅功能强大而且极具运动质感,可以说,宝来 Sportline 将运动基因沁入每一个细节。

精益求精的品质、高效可靠的动力操控以及完美的安全性是德系汽车的特点。而宝来Sportline 也完美承载了德系车的这些特点。动力方面,宝来 Sportline 采用了 1.4TSI 涡轮增压缸内直喷发动机,在 1 750～3 500 rpm 的转速内可持续输出 220 N·m 的峰值扭矩和 96 kw 的最大功率。同时,宝来 Sportline 自动挡车型采用了目前世界上最先进、最具革命性的 DSG

双离合自动变速器。这款 7 速 DSG 双离合自动变速器兼具了自动挡的平顺舒适和手动挡的低油耗优势,从容实现无间断快速换挡,动力输出也更为平顺、持久。

得益于先进的 TSI＋DSG 动力总成技术,宝来 Sportline 零到百公里加速仅 9.7 秒,比速腾还快了 0.5 秒,百公里油耗仅为 5.2 L,燃油经济性和排放清洁率大幅提升。

宝来 Sportline 配置了同级别车中少有 ESP 车身动态电子稳定程序,可将严重车祸的几率减少 50%。该系统还具有 HHC 坡路起车辅助和 HBA 液压制动辅助两个功能,这些功能有效提升了宝来驾驶和乘坐时的安全性,并使其在同级别车中综合性能优势更为突出。宝来 Sportline 标配的侧气囊更将原有的保护升级为立体模式,全面塑造了宝来 Sportline 运动特性相呼应的安全保障,保证宝来 Sportline 在执行驾驶员命令时的安全与舒适,使之成为中国车市的一大亮点车型。

(资料来源:《华西都市报》,2010 年 12 月 9 日)

本章引言

在如今这个市场竞争不断升级的时代,面对层次繁多、需要各异的消费群体,没有哪一个企业能获得整个市场,也不能以一种商品和服务吸引住所有的消费者。因此,每一个企业必须找到最适合其发挥专长的领域,找到真正属于它的那块蛋糕。于是市场细分就成为每一个企业在竞争日益激烈的时代生存和发展所必须深入研究的重要课题。

所谓市场细分,就是把市场分割成为具有不同需求、性格或行为的购买群体,并针对每个购买者群体采取单独的产品或营销策略。市场细分在营销中起着主导作用,因为它是制定其他营销策略的基础。如今,市场细分已经成为我国营销成熟的企业普遍采用的策略。而处于竞争劣势的品牌也只有根据市场需求、竞争对手劣势和自身优势确定自己的细分市场,才可能寻找到自己的立身之地。

从宝来汽车的案例中可以看出,市场营销的成功首先应该是市场细分的成功。生产经营者应当从不同角度进行细分,找出适合自己的市场。日系车 2010 年遭遇寒流,市场表现也全面退潮,大多数厂家都使出了降价和推新车的促销招式,但市场大多反应平平。而同样的招式,在宝来用来,却带动了销量的上升和产值的增加。如果要剖析其中的原因,可以有很多方面。但就市场层面来说,宝来的市场细分战略功不可没。2010 年,大众通过对产品成功进行市场细分,宝来进军全新细分市场力作——运动范儿颠覆稳重形象,产品一经推出,即受到市场的热烈追捧。大众对产品进行市场细分,从消费者的需求出发,制造满足消费者对汽车性能、价格、心理等不同需要的产品,从而赢得了消费者,赢得了市场,赢得了经济效益和社会效益。

基本理论

2.1 消费者市场细分概述

2.1.1 消费者市场

2.1.1.1 消费者市场的基本概念

消费者是指为满足生活消费需要而购买货物和劳务的一切个人和家庭;消费者市场是指

消费者个人或家庭为个人或家庭消费而购买商品和劳务的营销场所和领域。

消费者市场又称最终消费品市场、消费品市场或生活资料市场,在市场营销中具有特殊的重要意义。现代市场营销倡导"消费者至上"、"消费者是上帝",把消费者需求的满足摆在第一位。所有的企业,无论是生产企业还是商业、服务企业,也无论是否直接为消费者服务的组织,都将对消费者市场的研究作为市场营销的首要课题。因为只有产品进入生活消费领域,满足人们的生活需要,营销活动才算最终完成。因此,只有消费者市场才是商品的最终归宿,即最终产品市场。而其他市场,如生产者市场、中间商市场等,虽然购买数量很大,往往超过消费者市场,但其最终服务对象还是消费者。即使从来不与消费者直接交易的企业,如制造商、批发商等,也必须研究消费者市场。从这个意义说,消费者市场是一切市场的基础,是起最终决定作用的市场。

2.1.1.2 消费者市场的特点

由于多种主客观因素的影响,消费者的需求往往复杂多样。但总的来说,各种需求之间仍然存在某些共性,这就是消费者市场的特点。掌握消费者市场的这些特点,对一切市场营销者都是十分必要的。

第一,分散性。因为人类生存和发展的需要,每一个人,在每一个阶段,都或多或少地需要通过购买消费品来满足自身的需求,都会成为消费者市场的购买者。消费人群的广泛分布、消费需要的长期性、消费行为的重复性使得消费者市场广阔,消费品的购买呈现人数众多、次数较多、地域分散、购买量小的特点。

第二,多变性。如今消费品种类繁多,大多数消费品具有较强的互补性和可替代性,消费者市场消费品的专用性日益降低,消费者在购买时有较大的选择空间和余地,使得消费品市场呈现复杂多变甚至瞬息万变的特点。

第三,随意性。消费者市场的购买者大都缺乏专门的商品知识和市场知识,购买行为往往凭借个人的偏爱、以往的经验和当时的情绪,同时容易受到广告宣传、商品包装和推销方式等外在因素的影响,从而表现出较大的随意性、不确定性、易变性。

第四,流动性。随着城乡交往、地区间往来的日益频繁,旅游事业的发展,国际交往的增多,人口的流动性越来越大,购买力的流动性也随之加强。往往同一个人会在不同的时间、地点、场合成为消费品市场的购买者。流动性的增大也使得一次性消费行为增多。

2.1.1.3 消费者市场的购买对象

市场的购买对象是多种多样的,但如果以一定的标准进行分类,消费者市场的购买对象可以分为不同的类型。

如果以消费者的购买习惯为标准,消费者市场的购买对象一般分为三类,即便利品、选购品、特殊品。

1) 便利品

便利品又称日用品,是指消费者通常购买频繁,希望根据需要随时购买的商品,如食品、报刊、洗衣粉、牙膏等。便利品一般是非耐用品,且都是消费者日常必需的,一般来说,消费者不会对产品的品牌、价格和质量作过多过细的考察,因此购买行为有很大的随意性和可变通性,往往愿意接受代用品。因此,对于便利品经营地点的选择,应以方便顾客及时、就近购买为原则。

2) 选购品

选购品是指价格比便利品要贵,消费者为了物色适当的物品,在购买前往往要花较多时间对许多家商品进行了解、比较才决定购买的商品,如家具、服装等。一般来说,消费者在购买前,对这类商品了解不多,因而在决定购买前总是要对同一类型的产品从质量、价格、款式等各方面进行比较。选购品的生产者应将销售网点设在商业网点较多同类产品销售点相对集中的商业区,方便顾客进行比较和选择。

3）特殊品

特殊品是指消费者能识别哪些牌子的商品物美价廉,哪些牌子的商品质次价高,而且愿意花较多时间和精力去购买的消费品,如电脑、电视、冰箱、化妆品、名牌服装、供收藏的邮票和钱币等等。消费者往往在购买前已经对这些商品有了一定的认识,认准了特定的品牌,一般不愿意接受代用品。为此,企业应注意争创名牌产品以赢得消费者的青睐,也要加强广告宣传,扩大本企业产品的知名度,同时要切实做好售后服务工作。

如按商品的耐用程度和使用频率分类,消费者市场的购买对象可分为耐用品和非耐用品。

1）耐用品

耐用品是指能够多次使用、寿命较长的商品,如冰箱、空调、热水器、音响等。消费者在购买这类商品时,决策较为慎重,一般会货比三家,反复权衡,确信商品的质量过硬、价格合理、服务到位的情况下才会作出购买决定。因此,生产这类商品的企业,必须注重技术创新,提高产品的质量和性能,同时要做好售后服务,满足消费者购买后的其他需求。

2）非耐用品

非耐用品是指使用次数较少、消费者需要经常购买的商品,如食品、洗涤用品等。生产这类产品的企业,除应保证产品质量外,要特别注意销售点的设置,以方便消费者能够及时购买到所需商品。

2.1.2　消费者市场细分

2.1.2.1　消费者市场细分的内涵

1）市场

“市场”这个词,最早是指买主和卖主聚集在一起进行交换的场所。在日常生活中,人们也习惯将市场看作是买卖的场所,如集市、商场、批发市场等。这是一个时空市场概念。

经济学家从揭示经济实质角度提出市场概念。他们认为,市场是一个商品经济范畴,是供求关系,是商品交换关系的总和,是商品内在矛盾的表现。总而言之,是通过交换反映出来的人与人之间的关系。

营销学是从卖者的角度来认识和理解市场的含义。营销学家菲利普·科特勒认为:“市场是由一切具有特定欲望和需求,并且愿意和能够以交换来满足此需求的潜在顾客所组成。”营销学要研究的是如何采取有效的措施,来满足消费者需求,其中包括现实需求和潜在需求。可以说,在营销学的范畴里,“市场”即等同于“需求”。买者构成市场,而卖者构成行业。

2）市场细分

市场细分理论是由美国市场学家温德尔·史密斯于1956年首先提出的。市场细分又称“市场区隔”、“市场分片”、“市场分割”等,是指营销者通过市场调研,根据不同消费群体对商品的不同欲望与需求、不同的购买心理、购买行为和购买习惯,把一个总体市场(总体市场通常太大,以致企业很难为之服务)划分成若干个具有共同特征的子市场,针对每一类消费者群体采取单独的产品或营销策略。这一理论一经提出,就被广泛地用来指导企业的市场营销活动,在为企业寻找目标市场、对产品进行精确市场定位、加强市场竞争地位方面起到重要作用。市场细分在为企业带来良好经济效益的同时,也更好地满足了消费者的不同需求。

3) 消费者市场细分

根据市场细分的定义,消费者市场细分指的是营销者根据不同消费群体的购买心理、购买行为和习惯,将消费者市场划分成若干个子市场,针对每一类消费群体采取独特的产品或营销策略。消费者市场细分的目的是为了研究各类消费市场中消费群体的心理活动规律以及由此而产生的消费特征和购买特点,从而为制定经营目标和产品定位提供依据。因此,分属于同一细分市场的消费者,他们的需要和欲望极为相似;分属于不同细分市场的消费者对同一产品的需要和欲望存在着明显的差别。这种类别的划分有利于企业找准自身产品的消费群体,满足他们的特定需求和偏好。例如,有的消费者购房是为了改变自身的居住条件,有的是用来投资,有的用来度假,有的是为父母购买,有的是为子女购买等。从购买动机上就可以把房地产市场细分为几个子市场。当然,对同一产品细分市场的依据很多,细分的结果也不同。

2.1.2.2 消费者市场细分的形式

前面介绍了市场、市场细分等术语的概念,目的是为了更为详细地描述消费者市场细分的方法。从理论上讲,所有市场都可以被细分,从而找到企业的目标顾客,提高获利性和经营效率,增强市场地位。细分消费者市场的变量主要有四类,即地理变量、人文变量、心理变量、行为变量。以这些变量为依据来细分市场就产生了地理细分、人口细分、心理细分和行为细分四种市场细分的基本形式。

1) 地理细分

地理细分(Geographic Segmentation)要求按照消费者所处的地理位置、自然环境来细分市场,如,根据国家、地区、城市规模、气候、人口密度、地形地貌等方面的差异将整体市场分为不同的小市场。地理变量易于识别,是细分市场应予以考虑的重要因素,但处于同一地理位置的消费者需求仍会有很大差异。地理变量之所以作为市场细分的依据,是因为处在不同地理环境下的消费者对于同一类产品往往有不同的需求与偏好,他们对企业采取的营销策略与措施会有不同的反应。比如,在我国南方沿海一些省份,某些海产品被视为上等佳肴,而内地的许多消费者则觉得味道平常。又如,由于居住环境的差异,城市消费者与农村消费者在室内装饰用品的需求上大相径庭。

2) 人口细分

人口细分(Demographic Segmentation)要求按照人口统计变量,如年龄、性别、家庭规模、家庭生命周期、收入、职业、受教育程度、宗教、种族、国籍等来细分市场。例如,不同年龄的消费者有不同的需求特点,青年人与老年人对服饰的需求差异较大。青年人需要鲜艳、时髦的服装,而老年人需要端庄、素雅的服饰。又如,由于生理上的差别,男性与女性在产品需求与偏好上有很大不同,如在服饰、发型、生活必需品等方面均有差别。再如,高收入消费者与低收入消费者在产品选择、休闲时间的安排、社会交际与交往等方面都会有所不同。正因为收入是引起需求差别的一个直接而重要的因素,在诸如服装、化妆品、旅游服务等领域根据收入细分市场相当普遍。

3) 心理细分

心理细分(Psycho-graphic Segmentation)要求根据购买者所处的社会阶层、生活方式、个性特点等心理因素,将购买者划分为不同的群体(后面将详细阐述)。

4) 行为细分

行为细分(Behavioral Segmentation)要求根据购买者对产品的了解程度、态度、使用情况及反应等的不同,将他们划分成不同的群体。按行为变量细分市场主要包括:① 购买时机。根据消费者提出需要、购买和使用产品的不同时机,将他们划分成不同的群体;② 追求利益。消费者购买某种产品总是为了解决某类问题,满足某种需要,然而,产品提供的利益往往并不是单一的,而是多方面的;③ 使用者状况。根据顾客是否使用和使用程度细分市场,通常可分为经常购买者、首次购买者潜在购买者、非购买者;④ 使用数量。根据消费者使用某一产品的数量多少细分市场,通常可分为大量使用者、中度使用者和轻度使用者;⑤ 品牌忠诚程度,企业还可根据消费者对产品的忠诚程度细分市场;⑥ 态度,企业还可根据市场上顾客对产品的热心程度来细分市场,不同消费者对同一产品的态度可能有很大差异。

2.1.2.3　消费者市场细分的意义

细分消费者市场,对企业营销具有十分重要的意义。营销大师科特勒曾说:"现代战略营销的中心,可定义为 STP 市场营销——就是市场细分(Segmentation),目标市场(Targeting)和市场定位(Positioning)。"可见,市场细分是企业战略营销的起点,企业只有通过细分市场,把握消费者的需求现状和发展动向,联系企业自身状况选准目标市场,瞄准目标消费群,选择最有利的市场面,才能在竞争中脱颖而出,取得良好的经济效益。

具体来说,科学的市场细分对企业在产品定位、价格制定、广告策略、包装设计和促销等营销要素组合的决策有着重要的指导意义。企业所面对的任何一种产品的市场,都有为数众多、分布广泛、需要各异的购买者。对此,任何一个企业都不可能全面予以满足,不可能为所有的购买者提供有效的服务,不可能占领所有市场。只有按照一定的标准对市场进行细分,评估选择对本企业最有吸引力的细分部分作为自己为之服务的目标市场,即实行目标营销,再确定自己在市场上的竞争地位,搞好产品的市场定位,才能避免由于没有明确的目标顾客和市场定位而进行盲目开发、盲目生产、盲目竞争。与整个市场相比,消费者的价值需要能在细分市场得到更好满足。例如,如果市场细分中要吸引的广告观众是寻求经济低价的消费者,那么广告就应强调产品的价格竞争力。

2.1.3　消费者市场细分心理

细分消费者市场的变量主要有四类,即地理变量、人文变量、心理变量、行为变量。以这些变量为依据来细分市场就产生出地理细分、人口细分、心理细分和行为细分四种市场细分的基本形式。本章的侧重点就是从心理特征的角度细分市场。

心理细分是以社会阶层、生活方式以及个性等变量作为划分消费者群的基础。社会阶层是指在某一社会中具有相对同质性和持久性的群体。处于同一阶层的成员具有类似的价值观、兴趣爱好和行为方式,不同阶层的成员则在上述方面存在较大的差异。很显然,识别不同社会阶层的消费者所具有的不同的特点,对于很多产品的市场细分将提供重要的依据。生活方式是指一个人怎样生活。人们追求的生活方式各不相同。生活方式从营销学角度来看,就是人们的消费方向,即人们对某方面的消费占总支出的比例。个性是指一个人比较稳定的心理倾向与心理特征,它会导致一个人对其所处环境作出相对一致和持续不断的反应。通常,个性会通过自信、自主、支配、顺从、保守、适应等性格特征表现出来。如今,企业对于消费者的生活方式和性格方面的差异越来越关注,主要原因就是在同一人文统计变量群体中的消费者可能表现出反差极大的心理特性,而这些心理特征可能导致差异极大的消费状态。

2.2 消费者年龄、性别消费心理特征

对于商品生产者和经营者来说,要想把握市场需求的现状和动态,并有针对性地开发适销对路的商品,就必须按消费者不同的需要内容、购买能力和购买愿望等标志对消费者作出必要的划分,研究不同消费群的消费心理。

消费群即消费者群体,是由具有某种共同特征的消费者组成的。属于同一消费群的消费者,在心理特征、习惯和购买行为等方面有共同之处。根据多种特征对消费者进行区分,就形成多个不同的消费群。本章对主要的消费群的消费心理特征作研究。影响消费心理的微观因素有性别差异、年龄差异、个性差异、家庭四个方面,这里主要分析性别差异和年龄差异对消费群的消费心理的影响,探讨不同消费群的消费心理特征。

2.2.1 消费者年龄消费心理特征

不同年龄阶段的消费者,由于受不同的社会环境、受教育程度、生理和心理特征的影响,他们之间形成了不同的需求结构和消费心理。因而,年龄是被中外市场学家和消费心理学家普遍采用的一项市场细分标准。

按照年龄,我们可以把人群分成少年儿童、青年、中年、老年四类。这些消费群体具有各自的消费心理特征。

从我国的情况来看,自 20 世纪 60 年代以来,我国少年儿童占总人口的比例在逐年下降,已经由 1964 年的 40.69% 降至 2000 年的 22.89%,而在这一期间,年龄在 65 岁以上的老年人所占比例则上升了 2 个百分点,中青年人的人口比例也上升了接近 10 个百分点,由此可见,我国正在步入人口老龄化国家的行列,这与我国 20 世纪 80 年代以来大力推行的计划生育政策是分不开的。随着人口出生率的下降,人口的自然增长率也随之下降,从 20 世纪 90 年代以来,我国人口的自然增长率逐年下降,已经由 1990 年的 1.44% 降至 2001 年的 0.70%。

2.2.1.1 少年儿童的消费心理特征

少年儿童消费者群体是由出生婴儿到 14 岁的消费者组成的群体。这一年龄阶段的消费者属于未成年消费者。

据有关统计资料,在世界各国的人口结构中,少年儿童所占的比例都相当大。即使在西方一些人口老龄化较为严重的发达国家,少年儿童所占的比例也有 30%;而在不少发展中国家,少年儿童在总人口中的比例则高达 40%。

在我国,虽然几十年来少年儿童占总人口的比重逐年下降,但始终保持在 20% 的比例之上。而 20 世纪 80 年代计划生育政策的广泛推行,又使得独生子女日渐增多。家长的爱护和国家对儿童的保护使儿童在物质和精神生活方面的条件都十分优越。为了保证儿童的健康成长,每个家庭都十分注意儿童的营养和保健;为了使儿童的心理健康发展和智力充分开发,家长都非常重视对儿童的智力投资和早期教育。这种情况有力地刺激了消费,使儿童用品市场迅速发展,不仅商品数量、种类迅速增加,而且商品质量也在不断提高。由此可见,少年儿童的消费市场非常广阔。因此,及时开展关于少年儿童消费状况的研究,对生产厂家和销售部门调整市场对策,为下一代德、智、体、美的全面发展提供了丰富多彩的消费品,将发挥重要的作用。

少年儿童的消费心理特点主要表现在以下几方面：

第一，依赖性。婴儿一降临人世，就开始他们漫长的社会化历程。由于生理的原因，儿童的发育须经历婴儿期、幼儿期、学前期、学龄期和学龄晚期等几个阶段。在这个过程中，他们身体的发育虽然很快，但始终不能摆脱对成年人的依赖，心理状态也远不够成熟。因此，在消费上，少年儿童同样要依赖于成年人。由于少年儿童处于个体消费的依赖期，这就决定了他们的市场心理的被动性。他们在购买现场往往缺乏主见，大都依照大人的意见行事；即使是购买自己的用品，也往往只知道要买什么而不太清楚为什么要买。

第二，模糊性。由于他们年幼，生活知识不多，缺乏商品知识和消费经验，不会挑选，因此在购物时总是捉摸不定、游移不决、左顾右盼，什么都喜欢又拿不定主意，这就是少年儿童市场心理的模糊性。上述两种市场心理会随年龄的增长而渐减。

第三，直观性。少年儿童在购买时不大注意商品的厂牌和商标，主要从对商品的直观印象进行比较选择。这种直观性市场心理要求企业在儿童用品的造型设计和外观包装的美化上狠下功夫。

第四，阶段性。由于身心发育的原因，学龄前儿童对消费品的需要，起初主要是生理需要和物质需要，只是随着年龄的增长，精神需要才逐渐发展和丰富起来。到了学龄期，少年儿童的消费行为开始发生变化，精神、文化和知识的需要逐渐发展并占据中心地位，少年儿童的消费重心逐渐从生理、物质的需要向精神、文化的需要转移，消费行为也开始从原来的全依赖型向半依赖型过渡。此时，由于学龄儿童学习、求知任务的不断加重，很自然地使他们对学习用品和文化、体育用品的需要增加，渐渐转变为精神、文化的需求与生理发育有关的物质需要并重。但是，学龄儿童的消费行为大半仍是依赖父母。到了学龄晚期，儿童已经步入少年期，随着身心的发展，他们的自我意识得到了发展，独立性意识也不断增强。这种情况反映在消费上，就表现为模仿性的减弱和自主性的增强。他们不仅能意识到个人的某些需要，而且往往愿意自己去购买所需要的东西，不愿让家长继续包办。即便是家庭的一些购买决策，他们也要积极发表意见。但是，由于心理发展水平和知识经验的限制，少年消费者选择商品的能力还比较弱，而且易为商品的外观所吸引，难以作出正确的购买决定。

2.2.1.2　青年的消费心理特征

1) 青年消费的特殊重要性

青年是一个消费需求丰富且购买力巨大的消费群体。从消费需求来说，青年对消费品的需求相当广泛，从满足低层次的生理需要的产品，到满足较高层次的心理、精神和文化需要的产品，都是青年消费的对象。从消费能力来说，相对于少年儿童而言，青年人已成为独立的购买行为决策者，具备了独立购物的能力，开始了自主性消费。同时，在整个家庭消费中，青年的消费选择和决策所起的作用也越来越大，家长们也往往主动与他们商量，然后再作出购买决策。参加工作后，青年有了稳定的收入来源，再加上没有任何经济负担，这为青年进行自主消费、满足自身各种不同需求提供了重要的物质基础。青年消费是我国消费领域的重要组成部分，对企业制定有效的营销策略具有十分重要的意义，对消费市场的发展变化起着举足轻重的作用。

2) 青年消费的心理特征

青年的商品需求与一般消费者有相同之处，又有其独特之处。这决定于青年的心理特征与行为的发展。同其他消费群体相比，青年具有鲜明的心理特征。

第一，追求新颖与时尚。青年人的一般心理特点是内心体验丰富，感觉敏锐，热情奔放，富于幻想，好奇心强，容易接受新事物，喜欢猎奇，反映在消费心理和消费行为方面，表现为追求新颖与时尚，追求美的享受，喜欢代表潮流和富于时代精神的商品。当今社会已步入高科技时代，青年人关注如何在崭新的时代空间中展现自我。因而，在消费市场上，青年常常是新产品的首批购买者和消费带头人。

第二，崇尚品牌与名牌。随着自我意识的发展和机能的成熟，青年人在群体活动中体现自身的地位与价值，追求仪表美、个性美，表现自我、展示自我的欲望日益强烈。反映在消费心理与消费行为方面，青年人特别注重商品的品牌与档次。在他们看来，名牌是信心的基石、高贵的象征、地位的介绍信、成功的通行证，追求名牌要的就是这种感觉。因而，青年人在购物时，虽然也要求产品性能好、价格要适中等，但对商品的品牌要求已越来越高。

第三，追求个性的张扬。青年人处于少年不成熟阶段向中年成熟阶段的过渡时期，自我意识明显增强。他们追求独立自主，力图在一举一动中突出自我，表现出自己独特的个性。这一心理特征表现在消费心理和消费行为方面，则是青年人消费倾向由不稳定性向稳定性过渡，对商品品质的要求提高，尤其要求商品有特色、上档次、有个性，而对那些一般化的商品不感兴趣。

第四，注重情感与直觉。青年人的情感丰富、强烈，同时又是不稳定的。他们虽然已有较强的思维能力、决策能力，但由于思想感情、志趣爱好等还不太稳定，波动性大，易受客观环境、社会信息的影响，容易冲动。反映在消费心理和消费行为方面，青年人的消费行为受情感和直觉的因素影响较大，他们较少综合考虑选择商品，而特别注重商品的外形、款式、颜色、牌子、商标，只要直觉告诉他们商品是好的，可以满足其个人需要，就会产生积极的情感，迅速作出购买决策，实施购买行为。对于商品的内在质量到底好不好，价格是否偏高，是否会很快过时，是否与原有的购买计划不符等问题，却很少考虑。尤其是当理智因素与感情因素发生矛盾时，总是更注重感情因素。总之，青年人购买活动中的情感色彩比较明显，而且其作用强度也比较大。

2.2.1.3 中年人的消费心理特征

我国的广大中年消费者，在工作中是骨干，在家庭中又是一家之主，肩负工作和家庭两副重担。但是，正是由于中年消费者这种特殊的地位，因而在家庭的消费决策中往往具有举足轻重的地位，说话算数，是家庭消费计划的设计者和实施者。

中年人在生理上和心理上都和年轻人有明显的不同，在消费需求上有明显的差异，其消费心理特征是：

第一，经验丰富，理智性强。中年人生活阅历广，购买经验丰富，情绪较稳定，一般能够理智地支配自己的购买行为，感情用事、冲动购买的现象比较少见。一般来说，他们注重产品的实际效用，注重价格与品质的统一，从购买欲望的形成到购买行为的实施往往要经过分析、比较和判断的过程，随意性很小。而且，他们通过反复购买、使用某种商品，对这种商品有着较为深刻的印象，逐渐形成固定不变的消费习惯和购买习惯，且不会轻易改变这种习惯。因而，他们在消费上大多理智、慎重、成熟、老练，购买行为大多有意识、有计划、有目的，极少冲动。

第二，量入为出，计划性强。中年处于青年向老年的过渡阶段，而中年消费者大多肩负着赡养老人和抚育孩子的重任，是家庭经济的主要来源。在消费上，他们一般遵循量入为出的原则，形成了勤俭节约、精打细算的习惯，对消费支出的计划性强，很少出现计划外开支和即兴消费的现象。在购买活动中，他们格外注重产品的性价比，希望物美价廉、物超所值。

第三,注意身份,稳定性强。中年人由于负担比较重,经济上虽有一定的收入,但要全面考虑全家生活的需要。中年人的消费需求,由于对家庭生活的现实思考,不再像青年人那样醉心于追求时尚,而是注意建立和维护与自己所扮演的社会角色相适应的消费标准与消费内容。为了节省时间和减轻负担,他们喜欢购买各种方便食品和可以减少家务劳动时间的耐用消费品,这也是注重实用的一种表现。

2.2.1.4　老年人的消费心理特征

我国已经步入老龄化社会,卫生和营养条件的改善使人均寿命得以延长。庞大的人口基数和一定的消费能力表明中国已经形成一个潜力十分巨大的银发市场。老年人的消费行为有着与其他消费群体不同的特点:

第一,消费经验丰富,消费行为保守。在长期的消费活动中,老年消费者积累了十分丰富的消费经验,并且在各类商品的消费方面一般有稳定的消费兴趣和爱好,对于自己长期使用的商品十分熟悉,挑选商品的时候比较严格。他们大多相信老牌子、老字号,不易受各种新产品宣传的影响,对新产品、新字号不放心,购买上相对显得保守,对于不了解的商品不轻易采用,极少发生冲动性购买。这对推广新商品的市场营销工作造成了一定的难度。

第二,消费习惯稳定,消费行为固化。消费惯性是老年人心理发展特点的综合反映,他们在长期的消费生活中往往形成了比较稳定的态度倾向和习惯化的行为方式。老年人的消费,已形成一个消费需要的稳定序列,其消费需求内容更多地跟他们的生理、心理特点的变化相联系。他们购买商品时一般要求方便,易于选取和获得良好的服务。

第三,注重商品的适用性,要求价格合理质量可靠。老年消费者把商品的实用性作为购买商品的第一目的性。他们强调质量可靠、方便实用、价格合理、舒适安全。至于商品的品牌、款式、颜色、包装装潢,是放在第二位考虑的。我国现阶段的老年消费者经历过较长一段时间的并不富裕的生活,他们的生活一般都很节俭,价格便宜对于他们选择商品有一定的吸引力。但是,在人们生活水平的改善,收入水平的提高,以及我国已形成买方市场下的情况下,老年消费者在购买商品时也不是一味追求低价格,品质和实用性逐渐成为他们考虑的主要因素。老年人在购买活动中较理智、重实用,特别注意商品的功能和质量,大多喜欢自己仔细挑选,不喜欢晚辈代劳。

第四,补偿性。很多老年消费者有补偿性消费动机。在子女成人独立、经济负担减轻之后,一些老年消费者试图寻找机会补偿过去因条件限制而未能实现的消费欲望。如今的很多老年人,既乐于在食物、营养滋补和医疗保健上投资,以求健康长寿,同时也乐于在文化娱乐、知识、技术信息等方面投资,以丰富晚年生活,更好地为社会服务,所以在书刊、报纸、杂志、广播、电视等方面舍得花钱,消费需要在日益扩大。

2.2.2　消费者性别消费心理特征

按照性别不同,可把消费者分为男性消费群和女性消费群。男性和女性由于生理和生活需要的区别,及其在社会中的地位、责任和义务的不同,导致了不同的性格和社会心理,表现在对商品和服务的要求以及购买行为上,都有明显的区别,这就是不同性别消费群的消费心理和购买行为。

男女性别不同,生理特点不同,天然需求有别,结果必然导致消费行为和消费心理的差异。其一,消费地位上的不同。在我国,成年妇女通常在家庭中充当主妇的角色,因此,在购置基本生活必需品方面,她们往往是主要决策者。但在购买高档、耐用消费品方面,成年男子则往往发挥主要的决策作用,而且在执行具体选购计划时,也是具体执行人,因为男性消费者在决策时一般比较果断,更有长远的眼光,所以较能获得女性的信赖。其二,消费需要上的差异。性别导致的在消费需要方面的差异自婴幼儿期就开始表现出来了。例如,女婴有女婴所需的服装,男婴又有男婴所需的服装。随着生理上的发育和成长,男女之间的生理和心理差别就更加明显。女性有一系列女性专用的消费品,如女性化妆品等;男性也自有一系列男性消费品,如电动剃须刀之类。因此,男女消费者各有自己的消费品市场。

2.2.2.1 女性的消费心理特征

如前所述,家庭日常生活消费品的购买大多是由女性来承担的,至于女性专业商品,则基本上由女性自主购买。因此,我们考察女性的市场心理,也应该按女性购买内容的不同,分为一般生活用品的女性市场心理和女性专用品的女性市场心理两部分。

1) 一般生活用品的女性市场心理

在我国现在的家庭经济中,家庭主妇大都是当家人,因此,在购买家庭日常生活用品时,女性的市场心理首先表现出实惠心理。她们总希望"少花钱多办事",并期望所购的商品能最大限度地满足家庭需要。由于传统文化的影响,我国的家庭主妇大都具有勤俭持家、精打细算、量入为出的美德,在目前中、低等收入家庭仍占大多数的环境下更是如此。这种实惠心理主要表现为:在权衡购买需要和购买动机时,以基本需要和实际需要为前提。在实施购买行为以前还要权衡利害得失,力求价廉物美,少花钱多办事。

同时,一般女性在个性心理上比男子具有更强的情感特征,在购买上也表现出明显的情感心理。她们易受购物环境气氛、现场人际关系的影响。对新颖的造型、华美的包装、芳香的气味等容易产生喜好的情感。购物时还善于联想。

最后,女性在购买现场还容易产生模仿性心理。女性容易受别人的影响而产生购买欲望,在实施购买时容易仿效别人。在日常生活中,女性总是留心观察别人及其子女的穿着打扮,注意别人的房间陈设,喜欢打听别人所购之物的性能、用途、质量、价格和使用和维修方法等。

2) 女性专用品的女性市场心理

女性专用品主要是指供女性消费的衣料、服装鞋帽、首饰、化妆品、卫生用品和药品等商品。女性专用品市场所经营的商品大多是"软性商品"和"包装商品"。所谓软性商品是指流行的装饰性的商品,如时装、鞋帽、装饰品等,其中尤以时装为最大量,这也是女性经常性支出数量最大的一项。所谓包装商品,主要包括化妆品、卫生用品和药品,尤以化妆品的比重为最大。

分析女性在购买女性专用品市场时所表现的心理状态,大致有以下几个心理特征:

第一,爱美心理。爱美之心人皆有之,而在女性身上表现得更为强烈。不论是青年女子还是中老年妇女,都愿意把自己打扮得漂亮一些。女性在为自己购买用品时,首先想到的是这种用品是否能保持自己原有的自然美,能否为自己增添时代美,而在具体挑选商品时比较侧重于外观造型美。

第二,时尚心理。赶时髦是一种社会现象,也是当代女性的一个明显的心理特征。时尚心理是爱美心理的一种具体表现。女性往往以时髦为美,但它又不同于一般的爱美心理,往往表现为追求先行和时新。在这类消费群体中,中青年女性较为普遍,尤其是青年女性,如在校大学生是其中显著的群体,从她们身上往往可以看出市场的流行趋势,她们喜欢标新立异,却往往忽略了商品的使用价值。

第三,炫耀心理。它是以购物来显示自己的某种超人之处的心理,是爱美心理的另一种表现,而且往往与爱美心理、时髦心理共存。当代女性,尤其是家庭收入较高的中青年女性,喜欢在生活中与人攀比,通常喜欢与处于同一层次、境况类似的人作横向比较,总想要拥有别人所拥有的和别人所没有的。表现在购买专用品时,女性都比较追求档次高的、价格贵的、质量好的或造型色彩奇特和与众不同的商品,以此显示自己经济条件的优越,地位的高贵,情趣的超俗、洒脱。这种心理特点在进入婚期的女性身上表现得尤其突出。

第四,自尊自重心理。女性敏感、自尊的心理素质在日常的消费活动中表现得尤为明显。她们往往以购买的内容和购买的标准来评价自己和别人。她们总是认为自己购买的商品最有价值,典型的表现是拿着刚买回来的商品让别人猜价钱,当别人猜的价钱高于她实际所花的钱时,则洋溢出得意的表情。

2.2.2.2 男性的消费心理特征

与女性相比,男性的消费心理特征则是购买动机较弱,购买决策速度快,自尊心强。

首先,购买动机较弱。与女性相比,我国男性的经济收入较高,但其中直接用于个人消费的部分却不见得高于女性。尤其是在经济文化较发达的城镇里,男性用于个人消费的平均购买力低于女性。

其次,注意商品品质和实用性。男性顾客购买商品多为理性购买,对商品性能和商品知识了解较多,注意商品的整体质量,只要整体质量可靠,个别地方的瑕疵不在意,注意商品的使用效果,不易受外界环境和他人的影响。

再次,选购决策速度快,购买行为果断迅速。与女性较多地从口传中获得信息不同,男性较多地从广告宣传中获得商品的信息。男性的购买动机一旦形成,购买行为就比较果断迅速。由于受传统文化的影响,男性在事业上比较有追求,因此,男性在对与知识、技能有关的发展类和自我表现类的消费品的需求方面比女性强烈。在现实的购买活动中,男性对商品功能的了解能力优于女性。因此,他们在高档消费品的选购方面成为直接或主要的承担者,而且市场心理大多是理智型的。

最后,在日常消费品市场上呈现盲目性。在购买日常生活用品时,一般的男性由于平时不太注意生活的细节,只在出现了某种实际需要时才临时想购买,有时甚至是奉命购买,而在选购时又不善于讨价还价,因此,男性在购买日常消费品的市场心理上又大多是盲目的。

2.3 消费者职业、阶层消费心理特征

2.3.1 消费者职业消费心理特征

2.3.1.1 职业的内涵

国外的一些学者专家从不同的角度来理解职业的概念。美国社会学家舒尔兹认为,职业是为了不断取得个人收入而从事的、具有市场价值的特殊活动,这种活动决定了从业者的社会地位。他认为,“职业”范畴的三要素是技术性、经济性和社会性。美国社会学家泰勒在他所著的《职业社会学》一书中也提出:职业的社会学概念可以解释为一套成为模式的、与特殊工作经验有关的人群关系。这种成为模式的工作关系的整合,促进了职业结构的发展和职业意识形态的显现。泰勒的观点指出了职业作为生产关系的本质。

我国一些学者认为,职业是指人们的从事相对稳定的、有收入的、专门类别的工作。它是对人们的生活方式、经济状况、文化水平、行为模式、思想情操的综合反映,也是一个人的权利、义务、职责,进而是一个人社会地位的一般性表征。

2.3.1.2 职业的群体类型

目前,社会中职业种类繁多,但各种类型的划分标准不清晰。在此,我们通过不同的视角来划分不同的职业群体。

1) 按岗位职责划分

《中华人民共和国职业分类大典》根据从业人员所从事的岗位职责来划分,有1 838种职业种类,如文秘、会计、教师等职业。

2) 按所在单位性质划分

该划分方式主要针对在职从业人员,有机关单位人员、事业单位人员、国有/集体企业人员、三资企业(合作、合资、独资)人员、私有/民营企业人员、待业/失业/下岗共六类。

3) 按职位划分

该划分方式主要针对企事业单位人员,有投资者/股东、高层管理人员、中层管理人员(中层干部)、普通职员四个层级。

4) 按当前的工作状况划分

该划分方式将职业划分为全职工作、兼职工作、待业/失业/下岗、个体经营户、自由职业者、退休、全职家庭主妇、学生、其他共八类。

5) 按劳动者的衣服领子划分

近年来,受西方职业群体分类方式的影响,我国的职业分类也开始流行运用衣服领子的颜色来诠释职业。其实它不仅是对职业类型的划分,也反映了社会个体的社会地位。1945年,美国社会学家苏瑟兰将社会群体分为两大类别:蓝领工人和白领工作者。随着网络时代的到来,社会又催生出了粉领职业群体和金领职业群体。

2.3.1.3 目前各主要职业群体消费心理特征

1) 国家公务员群体

国家公务员群体是指服务于国家各机关单位的从业人员,按照各行政级别不同,可分为科员、科级、局级、厅级等。该群体职业相对稳定,收入属于中等水平,福利待遇好。公务员群体,尤其是国家机关的领导者,掌握着国家权力,该群体的社会等级属于中上等级。

该职业群体的消费习惯及偏好:公务员群体非常讲究生活质量,追求高质量的生活,但是消费能力一般,消费频次多且稳定,生活消费属于中等水平,公务员群体的消费心理是理智型、谨慎型。

2) 事业单位群体

事业单位群体包括工商、税务、国有银行、电力、烟草、公安等单位的从业人员。该群体与公务员群体的权利和义务基本相当。目前来看,事业单位人员的工资待遇高,部分行业的灰色收入明显,因此事业单位人员的年收入较高,消费能力强。他们拥有一定的权力,属于中上层阶级。

该职业群体的消费习惯及偏好:事业单位群体对自身的生活、经济状况非常满意,因此他们喜爱消费,并且较为大胆,对购房、购汽车、外出旅游、投资相对积极。

3) 蓝领群体

蓝领群体是指体力劳动者,包括有技术的、半技术的工人,如农场工人、机械加工工人、矿工和建筑工人。他们靠自己的体力和简单的技能来获取报酬,工资水平不高,属于中下层阶层。

该职业群体的消费习惯及偏好:较低的收入使他们在消费过程中不得不精打细算,但是他们容易获得满足,在消费中也能自得其乐,即使在国内外品牌的跳跃闪烁下,看看、想想、买买是他们品牌商品消费的基本模式。

4) 白领群体

白领群体是指受过教育的中产阶级,有一定职业特权的人,如知识技术性强的工厂的工作人员、职员,实验室的技术人员,计算机编程人员及一些管理者。他们主要在写字楼里工作,大多受过良好的教育,因一技之长而被老板聘用,懂得把自己打扮得体,工作上能独当一面,处理问题的方式更趋实用,属于中等阶层。

该职业群体的消费习惯及偏好:高学历、高收入、高消费已成为当代白领必备的特征。白领群体往往用心去生活,他们喜欢追求品牌、时尚的消费品,以此彰显自己的品味。因此,他们也是城市中崛起的懂得怎样消费、怎样玩的新兴一族。

5) 粉领和金领群体

粉领和金领群体是指在家工作的自由职业者。家既是他们的栖息地又是工作场所,他们凭借电脑、电话和传真与外界联系,工作弹性较大。粉领和金领群体是知识经济孕育出的一代,他们思想活跃,易于接受新生事物,消费能力较强。金领的工作具有不重复性和比较复杂的特点,其成果较难评价。他们基础知识扎实,善于发现问题,注重"自我管理",才能、智力是他们最宝贵的财产,在一些大型的企业、外资企业从事如精算师、CFO、COO 等工作。

2.3.2　消费者阶层消费心理特征

在市场竞争空前激烈的今天,任何一个企业都无法把整个市场作为它的服务对象,而是有选择地进入几个有针对性的目标市场,因此,这里的关键便在于选准划分目标市场的变量,并把握不同细分市场的差异。现代市场营销学中,社会阶层是划分目标市场的一种重要参数。一般而言,不同社会阶层的消费者具有不同的购买行为。总的来说,低阶层的消费者通常存在一种立即获得感和立即满足感的消费心理,他们注重安全和保险因素;中层消费者一般讲究体面,怀有强烈的社会同调性,同一阶层内消费者彼此之间影响较大;上层消费者则更注重成熟与成就感,所以对具有象征性的商品比较重视,这种消费心理的差异将会直接影响企业的产品计划、广告设计和价格策略等等。因此,企业的营销主管必须明确自己产品的服务对象应是哪一个社会阶层,以及该阶层消费者的主要购买行为特征,从而做好产品和市场定位,提高营销绩效。

2.3.2.1　低收入群体消费状况

从某种程度上说,目前低收入群体也就是指贫困人口。改革开放 30 年来,我国贫困人口总数不断下降。然而,贫困人群的结构却发生了变化。改革开放以前,我国城镇地区的贫困人口主要是指那些无工作能力、无储蓄或其他收入来源和无亲友抚养赡养的"三无人员"。当时城镇职工之间的收入差距很小。这主要是由于当时社会的高就业、低工资、收入平均化造成的。直到 20 世纪 90 年代初,受二元社会结构的影响,中国的贫困问题一直都集中在农村地区。但是随着改革开放的深入和农村扶贫工作的开展,1978 年农村贫困人口是 25 000 万人,到 1986 年下降到 12 500 万人,2005 年年底已经下降到 2 365 万人。然而与此相比,城市贫困问题却有发展的趋势。城市贫困逐步成为一个对城市居民构成潜在影响的社会问题。以2004年为例,专家们估计的数据是,城镇人口贫困发生率为6%~8%,高于同期的农村。

低收入水平消费者的家庭,其消费以基本生活消费为主,影响这一层次居民消费的主要原因是收入水平低且增加缓慢,所以增加其收入是最有效的启动这一层次居民消费的手段。由于收入水平越低,消费倾向就越高,所以增加低收入水平居民的收入将对促进整体消费带来较大效用。政府可以考虑以税收和补贴方式调整收入分配,增加对低收入水平居民的补贴,如加强社会保障建设、增加对失业(下岗)工人的补贴、完善最低生活保障体系等等。

2.3.2.2　中等收入群体消费状况

中等收入群体的消费者家庭的收入基本稳定,在满足日常消费之外略有结余。这一层次消费群体的家庭占到城镇家庭总数的60.98%,收入占到居民收入总数的58%,是我国消费的主体部分。

据我国城镇居民家庭基本情况调查结果的资料显示,目前中等收入消费群体占据较大比重,处于“多收少支”和金融资产积累阶段。这部分居民属温饱型消费群体,其基本的消费需求已经满足,正积聚资金向更高一层的消费提升。但由于住房、医疗、教育等各项改革的集中推进,使这些居民预期支出大增,有钱也不敢花。

这一消费群体的消费特征表现为对未来收入与支出不良预期,即期消费变得缩手缩脚。造成居民消费行为谨慎的原因,一是居民对未来预期收入增加缺乏信心,二是居民对未来因相关改革引起的预期支出增加比较担心。此外,传统消费仍在很大程度上对这一群体的消费行为起着很大的支配作用。人们崇尚“收支相抵、略有结余”,忌讳“寅吃卯粮”,因而即期收入成为当前消费的最大极限。他们极少“负债”消费或“超前消费”,不愿意把明天的钱提前到今天来用。上述因素导致不少居民消费心理趋于保守,消费行为更加谨慎,大量的购买力沉淀下来,以获得“未来安全”需要。

2.3.2.3　高收入群体消费状况

如今生活宽裕的高收入居民,十分关注生活质量的提高,消费意向仍较高,但消费倾向已经出现明显变化。例如,随着生活水平的不断提高,高收入群体的饮食观念发生了转变,消费档次也逐年提高,粮食消费比重继续走低,副食品消费比重逐年上升;讲究营养和风味,讲吃“精”、吃“怪”;由于生活节奏的加快和消费观念的更新,高收入居民在外用餐的支出明显增加。同时,他们的投资意识日益增强。调查显示,越来越多的高收入居民,在消费时追求精神消费和服务消费,教育、文化、通信、保健、住宅等成为消费热点,追求时尚化与个性化日趋明显。例如,除了满足物质生活需求外,旅游消费成了“假日消费”热点,外出游览名胜古迹,出境领略异国风情,成为高收入居民假日消费的重要内容。又如,投资教育已成为高收入居民消费的一个重要组成部分。社会就业竞争日趋加剧,人们越来越感受到就业的压力和竞争的压力,体会到投资教育的重要性,用于教育方面的投入逐年加大。表现为高收入居民在文教类的消费中,逐步转向重视子女智力开发和自身素质的提高。

要点重述

消费者市场是指消费者个人或家庭为满足生活消费需要而购买货物和劳务的营销场所或领域。所谓市场细分,是指按照消费者欲望与需求把一个总体市场划分成若干个具有共同特征的子市场,针对每个购买者群体采取单独的产品或营销策略。其目的是为了研究各类消费市场中消费者群的心理活动规律以及由此而产生的消费特征和购买特点,从而为制定经营目标和产品定位提供依据。心理细分是以社会阶层、生活方式以及个性等变数作为划分消费者群的基础。人口因素相同的群体,可以展示出不同的心理现象,因为消费者需求受个人生活方式及其性格等因素的影响。

影响消费的微观因素有性别差异、年龄差异、个性差异和家庭差异四个方面,本章主要分析性别差别和年龄差别对消费的影响。

不同年龄阶段的消费者,因其生理、心理的差异,造成他们之间不同的需求结构和消费心理。因此,年龄是被中外市场学家和消费心理学家普遍采用的一项市场细分标准。按照年龄,我们可以把人群分成少年儿童、青年、中年、老年四部分。这些消费群体具有各自的消费心理特征。

男女性别不同,生理特点不同,天然需求有别,结果必然导致消费行为和消费心理的差异。

现代市场营销学中,职业、社会阶层是划分目标市场的重要参数。不同职业、不同社会阶层的消费者具有不同的购买行为,这种差异的大小随消费领域的不同而不同。

关键术语

消费者市场细分　　消费者市场细分心理　　消费心理特征

问题思考

例 2.1　在美国,在市场细分这一营销行为上,"万豪"可以被称为超级细分专家。这家著名的酒店针对不同的细分市场成功推出了一系列品牌:Fairfield(公平),Courtyard(庭院)、Marriott(万豪)以及 Marriott Marquis(万豪伯爵)等等。在早期,Fairfield 是服务于销售人员的,Courtyard 是服务于销售经理的,Marriott 是为业务经理准备的,Marriott Marquis 则是为公司高级经理人员提供的。后来,万豪酒店对市场进行了进一步的细分,推出了更多的旅馆品牌。在高端市场上,Ritz-Carlton(波特曼·凯丽嘉)酒店在为高档次的顾客提供服务方面赢得了很高的赞誉并备受赞赏;Renaissance(新生)作为间接商务和休闲品牌与 Marriott 在价格上基本相同,但它面对的是不同消费心态的顾客群体——万豪吸引的是已经成家立业的人士,而"新生"的目标顾客则是那些职业年轻人;在低端酒店市场上,万豪酒店由 Fairfield Inn(公平客栈)衍生出 Fairfield Suite(公平套房),从而丰富了自己的产品线;位于高端和低端之间的酒店品牌是 Towne Place Suites(城镇套房)、Courtyard 和 Residence Inn(居民客栈)等,它们分别代表着不同的价格水准,并在各自的娱乐和风格上进行了有效的区分。

例 2.2　想让头发顺滑就用"飘柔"、想去屑可以用"海飞丝"、想给头发增加营养用"潘婷"、想专业美发用"沙宣"——单单从洗发水产品中,宝洁公司就细分出多个世界著名品牌去抢占不同的市场。在进入中国的十几年中,宝洁公司已经在中国日化行业占据了半壁江山,其攻城掠寨的强劲发展势头让人侧目。"宝洁"依靠市场细分策略及多品牌营销策略这两大武器,将无数对手杀得"一地鸡毛",也让市场见识了其出色的营销策略。

思考　在产品和服务严重同质化的今天,在大家为同一个市场拼得头破血流的时候,我们是否应该从战略高度来考虑突破和创新呢?你从万豪酒店和宝洁公司的案例中得到怎样的启发?它们各自的市场细分策略又有怎样的侧重点?

3 消费者的个体心理活动

奢华优雅的王品台塑牛排

　　王品台塑牛排是中国台湾地区知名企业台塑集团董事长王永庆先生招待贵宾的名菜,亦是中高档奢侈美食界交相学习模仿的典范。它以独有却朴实真诚的营销心理之道,成功地占有了属于自己的市场,虏获了社会大众向往并喜爱的心。其缘由是王董事长经常出席各种宴会,却不习惯血淋淋的牛排,于是王太太和主厨精心研制出一道全熟牛排,虽然全熟却鲜嫩多汁,这道牛排马上得到王董事长的喜爱,久而久之也成了台塑集团招待贵宾的一道代表菜品!执著于对美味的严格定义,王品历经数千小时的严格选材,精心研发之后,发现一头牛只有第六至第八对肋骨,经72种中西香料腌浸2天2夜,在250℃烤箱烘烤一个半小时,才能成为保持100％鲜嫩度、独具中国口味的牛排,因此,一头牛只能供应六客王品台塑牛排!

　　王品台塑牛排从一上市就打出奢华优雅牌,这无疑会得到社会中高层收入又追求新颖时尚人群的青睐,也无可厚非地会吸引到关注生活质量,想要较高幸福指数的那一类人群。它以响亮霸气又成功的王品旗号,满足了对品牌有忠诚度、崇尚品牌与名牌的消费者,成功地优化了企业的资源配置,让王品在竞争中依旧获得生存和发展。

　　王品台塑牛排的营销策略把握住了消费者个体心理活动。消费者从需要到购买动机再到购买行为,无论是整个过程还在各个步骤本身,它都是一个多样且复杂的过程,王品在这方面做得很到位。生日、结婚纪念日的优惠和特别服务,让周期性需要和惠顾购买动机萌芽,点亮消费者的兴趣并加快决策,最终使消费行为成立,且好感不减。王品有自己独一无二的文化:诚实(对人对事,以诚实为第一要务);群力(群策群力,团队精神);创新(行事成熟而不守旧);满意(凡事让客户满意,让公司满意,让周围的所有人都满意)。这显然是积极向上的综合社会精神文化,受到欢迎亦是意料之中。除此之外,王品追随社会方式的变化,合理价格满足小康家庭,把自己标榜在流行的前线,不同流行时段推出不同餐品,从不落后。

　　"一走进王品台塑牛排,立刻被一片金灿灿的色彩所包围。金色的墙壁、金色的窗帘、金色的座椅、金色的台布,而这一切都被天花板上挥洒下的金色灯光笼罩其中。无可比拟的华贵与奢靡。而仔细审视四周,才发现还有诸多精致的细节,色彩艳丽的玫瑰,初绽娇嫩的百合,抽象派的挂图都在这一片金色中展示着自己的独特魅力。被眼前的一片瑰丽深深吸引,却全然没有意识到其实自己也已成为这其中的一部分。低头一看,白色的衣裙和鞋子早已镀上一层淡淡的金黄色,忍不住陶醉其中。仿佛进入了一个与门外隔绝的动人的世界。沿着一段华丽的旋转楼梯走上二楼。同样的富丽堂皇,而不同的是这里更添了几分温馨和浪漫。高雅华贵的太妃椅是玫瑰红色,成为女士们的心仪之选;情侣专座用纱制的红色帘子隔开,更添几分浪漫和婉约;而玫瑰花簇拥的长廊,更让无数人为之惊艳不已。"这是一位女性顾客对王品内部装潢、她的用餐环境及她当时心理活动的详细描述,这样的美好动人,怎能不吸引顾客去流连忘返一下?

　　人、产品、服务是企业的三要素。王品有好的人才,有质佳的产品,更是因为它恳切的服务,才发展成了如此优秀的企业。王品台塑牛排标榜尊贵,因此,当顾客来用餐,服务生只微微鞠躬,鞠躬15度,并保持浅浅的微笑。客人入座1分钟内,送上冰水,服务生躬身15度,手持玻璃杯肚下方杯脚处,将冰开水送至餐刀右上方,距牛排刀3厘米处。2分钟后送上菜单、点餐后3分钟送上热面包,72~92分钟用餐完毕,精准估计客人从用餐到完毕的时间。针对处理投诉也有一个标准化的流程:当客人打电话抱怨"我的牛排太小了"等话语,接线生会键入投诉内容,半小时内计算机系统自动通知管理阶层,层层上报,3天内店长、区经理登门请求谅解,写下改善报告书,7天内总经理回函致歉,董事长戴胜益也会亲自打电话向客人赔罪。实际上,员工十分谦恭有礼,微笑待人的服务态度,能让美食更添美味,无论是家人、情侣还是商业伙伴,都能宾至如归。

　　(资料来源:http://baike.baidu.com/view/3944391.htm)

本章引言

　　在本案例当中,王品台塑牛排关注消费者的一系列心理变化,调整营销策略而取得了成功。王品集团秉承"焦点深耕"的服务理念,对服务、对产品、对人员管理的不断深度挖掘,从而在业界获得良好的口碑。

　　本章我们将讨论与消费行为有关的一些个体心理现象,如消费者的需要、购买动机、购买决策、购买行为及个性心理特征等,了解这些个体心理现象是理解和把握消费行为和市场营销活动的前提和基础,对开展市场营销有重要意义。因此,我们在简要介绍有关的基本概念的基础上,将重点讨论某些心理现象对消费行为的影响。

基本理论

3.1　消费者的需要和购买动机

3.1.1　需要与动机的一般概念

　　要了解需要的概念,就有必要弄清楚需要与需求、欲望的异同。心理学家一般认为,需要是指由人自身生理条件或者社会因素所导致的那种欠缺的或未满足的主观感受状态。这种未满足的主观感受状态是一种不舒服的紧张状态,它会促使人们采取一定的措施去缓解。比如,由于长时间未进食而感觉到肚子饿,人们就只有吃东西才能缓解肠胃内部的不舒服状态。人的需要是多种多样的,既有物质方面的,又有精神方面的。但是,必须指出的是,不论是什么性质、什么类型的需要都不是市场营销工作所能创造和改变的,它们总是具有一定的"天然性"和"固定性"。那么,市场营销活动影响或者激发出来的到底是什么呢? 准确地说,市场营销活动激发和影响的是人们的消费欲望。所谓欲望,是指希望得到能够满足某种基本需要的具体产品的愿望。这种欲望或者愿望才是营销活动的对象。同一种基本需要可以产生不同的消费欲望,当然也可以通过不同的产品来满足。比如,可以用土豆充饥,也可以用汉堡包来填饱肚子。

换句话说,为数不多的基本需要可以产生多种多样的欲望。

所谓需求,是指有能力购买并且愿意购买某种产品的欲望。综上所述,需要、需求和欲望三者之间是有很大区别的,市场营销活动不能创造或者影响人的需要,它只能影响或者创造人的消费欲望和消费需求。

所谓动机,是指个体所具有的推动其实际活动以满足其欲望和需求的内驱力。这种内驱力是由未满足的需要所造成的紧张状态产生的,而且是人的所有消费行为产生的根本动力和深层原因。动机过程模型,如图3.1所示。

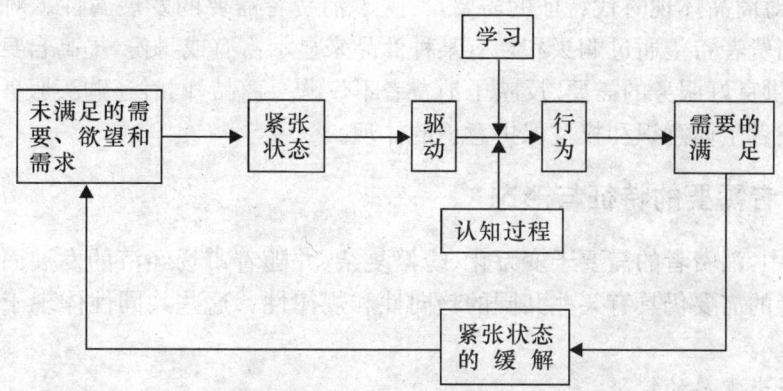

图 3.1 动机过程模型

从图3-1可以很直观地看出,消费者的一切消费行为都是由一定的需要、欲望或者需求导致的,换句话说,消费者的所有消费行为都是为了满足或者缓解自己的某种特定的需要,因此,市场营销的任务就是刺激消费需求,从而帮助消费者满足自己的需要。

3.1.2 消费者需要的分类

人类的消费需要是多方面的,十分复杂,可以从不同角度对消费需要进行分类。

按照需要的起源不同,可以分为自然的需要、社会的需要。自然的需要又称生理需要,是指消费者为维持和延续生命,对于衣、食、住、睡眠、安全等基本生存条件的需要。社会的需要又称心理需要,是指消费者在社会环境的影响下所形成的带有人类社会特点的某些需要,如社会交往的需要、对荣誉的需要、自我尊重的需要、表现自我的需要等。

按照需要的对象不同,可以分为物质的需要、精神的需要。物质的需要是指消费者对以物质形态存在的、具体有形的商品的需要。这种需要反映了消费者在生物属性上的欲求。精神的需要是指消费者对于观念的对象或精神产品的需要。这种需要反映了消费者在社会属性上的欲求。

按照需要的形式不同,可以分为生存的需要、享受的需要和发展的需要。生存的需要,包括对基本的物质生活资料、休息、健康、安全的需要。满足这类需要的目的,是使消费者的生命得以维持和延续。享受的需要表现为要求吃好、穿美、住得舒适、用得奢华,有丰富的娱乐生活。这类需要的满足,可以使消费者在生理和心理上获得最大限度的享受。发展的需要体现为要求学习文化知识、增进智力和体力、提高个人修养、掌握专门技能,在某一领域取得突出成就等。这类需要的满足,可以使消费者的潜能得到充分释放,人格得到高度发展。

按照需要的层次不同,可以分为生理的需要、安全的需要、爱和归属的需要、尊重的需要、自我实现的需要。美国心理学家马斯洛于1943年提出了"需要层次理论",把人类多种多样的需要划分为上述五种基本类型。其中,生理的需要是个体为维持生存和发展对基本生活资料的需要,也是各类需要中必须首先满足的最基本的需要。唯有生理需要获得满足后,人们才有可能再产生新的其他方面的需要。

按照需要的商品性能不同,可以分为对商品使用价值、审美功能、时代特征、社会象征和良好服务的需要。对商品使用价值的需要是消费者需要的基本内容。消费者对商品的需要,首先表现为要求商品具有特定的使用价值。对商品审美功能的需要,体现了人类追求、向往美好事物的天性。对商品体现时代特征的需要,反映了消费者需要的发展属性。对商品社会象征性的需要,是消费者希望通过购买和拥有某种商品来显示富有或身份,提高自身的社会地位或知名度。对提供良好服务的需要,反映了消费者不仅购买商品,同时还购买服务的现代需求观念,是现代消费者主体意识和权益保护意识的体现。

3.1.3　消费者需要的特征与形态

现实生活中,消费者的需要千变万化、纷繁复杂,并随着市场经济的发展而不断充实。尽管如此,消费者的需要仍具有某些共同的趋向性和规律性。这些共同性体现于消费者需要的基本特征之中。

3.1.3.1　消费者需要的特征

1) 多样性

这是消费者需要的最基本特征。它表现为不同消费者的需要各不相同、千差万别。由于各个消费者的收入水平、文化程度、职业、性格、年龄、民族和生活习惯不同,自然会有多种多样的爱好和兴趣,人们不同的需求差异,就表现为消费需求的多样性。不仅如此,就同一消费者而言,需要也是多方面的。消费者不仅需要吃、穿、用、住,还需要娱乐消遣,如欣赏音乐、美术、体育比赛等,这些都体现了消费需求的多样性。

2) 发展性

消费者的需要不是一成不变的,随着社会经济发展和人民生活水平的不断提高,人们对商品和服务的需求不论是在数量方面还是在质量方面或品种方面,都在不断发展。

3) 层次性

消费者的消费需要是有层次的,一般地说,总是由低层次向高层次逐渐延伸和发展的。当低层次的、最基本的生活需要,即满足生存的需要被满足以后,就会产生高层次的社会需要和精神需要,这就是消费需求的层次性。

4) 伸缩性

消费者的消费需要受外因和内因的影响,具有一定的伸缩性。内因的影响包括消费者本身需求欲望的特征、程度和货币支付能力等等;外因影响主要是商品的供应、价格、广告宣传、销售服务和他人的实践经验等等。两个方面因素都可能对消费需要产生促进或抑制作用。

5) 周期性

消费者的消费是一个无止境的活动过程,人的一生是一个不间断的消费过程。一些消费需要在获得满足后,于一定时间内不再产生,但随着时间的推移还会重新出现,并具有周期性。

6) 互补性和互替性

消费者的需要对某些商品具有互补性的特点。例如,购买钢笔时可能会附带购买墨水,购买自行车时可能会附带购买打气筒、修理工具、车锁、坐垫套及上光蜡等等。因此,经营互有联系或互补的商品,不仅会给消费者带来方便,还能扩大商品的销售额。此外,许多商品具有可以互相替代的特点。在市场上,经营者常遇到这种情况:某种商品的销售量减少而另一种在消费上可以替代的商品的销售量增加。例如,丝绸和呢绒销售量增长,棉布的销售量就可能相对减少。

7)可诱导性

消费者的需要是可以加以诱导、引导和调节的,即可以通过环境的改变或外部诱因的刺激、引导,诱发消费者需要发生变化和转移。

3.1.3.2 消费者需要的基本形态

在现实中,多种多样的消费需要并非都处于显现的状态,而是存在于各种不同的形态中。从消费需要与市场购买行为的关系角度分析,消费者的需要具有以下基本存在形态。

1)现实需要

现实需要是指消费者已经有对某种商品的实际需要,且具有足够的货币支付能力,而市场上也具有该种商品,因而消费者的需要随时可以转化为现实的购买行动。

2)潜在需要

潜在需要,是指目前尚未显现或明确提出,但在未来可能形成的需要。潜在需要通常由于某种消费条件不具备所致,如市场上缺乏能满足需要的商品;消费者的货币支付能力不足;缺乏充分的商品信息;消费意识不明确;需求强度低弱等。然而,上述条件一旦具备,潜在需要可以立即转化为现实需要。

3)退却需要

退却需要是指消费者对某种商品的需要逐步减少,并趋向进一步衰退之中。导致需要衰退的原因,通常是由时尚变化,消费者兴趣转移;新产品上市,对老产品形成替代;消费者对经济形势、价格变动、投资收益的心理预期等引起。

4)不规则需要

不规则需要又称不均衡或波动性需要,是指消费者对某类商品的需要在数量和时间上呈不均衡波动状态,如许多季节性商品、节日礼品,以及对旅游、交通运输的需求,就具有明显的不规则性。

5)充分需要

充分需要又称饱和需要,是指消费者对某种商品的需求总量及时间与市场商品供应量及时间基本一致,供求之间大体趋向平行。这是一种理想状态。

6)过度需要

过度需要又称超饱和需要,是指消费者的需要超过了市场商品供应量,呈现供不应求的状况。这类需要通常由外部刺激和社会心理因素引起,如多数人的抢购行为;对未来经济形势不乐观的心理预期等。

7)否定需要

否定需要是指消费者对某类商品持否定、拒绝的态度,因而抑制其需要。之所以如此,可能是商品本身不适合其需要,也可能由于消费者缺乏对商品性能的正确认识,或者因旧的消费观念束缚、错误信息误导所致。

8)无益需要

无益需要是指消费者对某些危害社会利益或有损于自身利益的商品或劳务的需要。例如,对香烟、烈酒、毒品、赌具、色情书刊或服务的需要,无论于消费者个人或社会都是有害无益的。

9) 无需要

无需要又称零需要,是指消费者对某类商品缺乏兴趣或漠不关心,无所需求。无需要通常是由于商品不具备消费者所需要的效用,或消费者对商品效用缺乏认识,未与自身利益联系起来。

从上述关于需要形态的分析中可以得到重要启示,即并不是任何需要都能够直接激发动机,进而形成消费行为。现实生活中,有的需要如潜在需要、零需要、否定需要、退却需要等,必须给予明确的诱因和强烈的刺激,加以诱导、引发,才能驱动消费行为。此外,并不是任何需要都能够导致正确、有益的消费行为。有些需要如过度需要、无益需要等,就不宜进一步诱发和满足,而必须加以抑制或削弱。

3.1.4 购买动机类型

消费者的购买动机与消费者的需要一样,也是复杂多样的,可以从不同的角度,用不同的方式对其进行分类。

用概括的方法对消费者的购买动机进行分类,一般分为两大类:

生理性购买动机和心理性购买动机。随着人类社会的发展,现代社会的消费者出于单纯生理性购买动机的行为已经少见,通常是两类动机交织在一起,其中一类起主导作用。对在质量、效能、外观等方面基本相似的商品,消费者总要从中选择能获得心理上最大满足的一种。常见的消费者购买动机有以下几种。

1) 求实购买动机

这是以注重商品和劳务的实际使用价值为主要目的的购买动机。

2) 求新购买动机

这是以注重商品和非商品的新颖、奇特、时尚为主要目的的购买动机。

3) 求美购买动机

这是以注重商品的欣赏价值和艺术价值为主要目的的购买动机。

4) 求廉购买动机

这是以注重商品价格低廉,希望付出较少的货币而获得较多物质利益为主要特征的购买动机。

5) 求名购买动机

这是以追求名牌商品或仰慕某种传统商品的名望为主要特征的购买动机。

6) 储备购买动机

这是以占有一定量的紧俏商品为主要目的的购买动机。

7) 自我表现购买动机

这是以显示地位、身份和财富为主要目的的购买动机。

8) 好胜心购买动机

这是以争强斗胜或为了与他人攀比并胜过他人为目的的购买动机。这类消费者购买商品往往不是出于迫切需要,而是出于不甘落后、胜过他人的心理。

9) 好癖性购买动机

这是以满足个人特殊爱好为目的的购买动机。有些人特别偏爱某一类型的商品,如有些人喜欢养花、养鱼,有些人喜欢摄影、集邮以及收集一些古玩、字画等。因此,他们会经常购买与其嗜好、兴趣有关的商品。

10)惠顾购买动机

这是以表示信任而购买商品为主要特征的购买动机。消费者从经验或印象出发,对某种商品、某个厂家、某家商店、某个售货员等产生特殊的好感,信任备至,在购买中非此不买。

以上列举的仅是现实生活中常见的一些很有限的消费者购买动机。需要指出的是,消费者仅由一种动机而采取行动的情况在现实生活中为数不多,常常是多种动机共同作用的结果。因此,不能孤立地研究和看待上述各种动机。

3.1.5 消费者购买动机的作用

心理学认为,动机在激励人的活动方面具有下列作用。

1)始发作用

动机是人们行为的根本动力,具有引发个体活动的作用。消费者的购买行为就是受其购买动机的驱使而进行的。

2)导向(或选择)作用

动机不仅能引起行为,而且还能使行为指向一定的方向。个体消费者可以同时有多种动机,但这些动机中,有些目标一致,有些相互冲突。如果不能同时满足,那么某种最强烈的动机使行为在一定范围内,朝着特定的方向,选择性地决定目标,即首先满足人们最强烈、最迫切的需要。

3)维持作用

动机的实现往往要有一定的过程。在这个过程中,动机可以贯穿于某一具体行动的始终,不断激励人们,直至动机实现。

4)强化作用

即由某种动机引发的行动结果对该行为的再生具有加强或减弱的作用。满足动机的结果能够保持和巩固行为,叫作"正强化";反之,减弱和消退行为,叫作"负强化"。

5)中止作用

当某种动机得到满意的结果,如消费者在某方面的需求获得满足之后,便会中止有关的具体行动。

3.2 消费者的购买决策和购买行为

3.2.1 消费者购买决策分析

3.2.1.1 购买决策的概念与作用

决策,从汉语词义来讲,是指从思维到作出决定的过程,或者说是决定或决断。从一定意义上讲,购买行为的全过程实质上是消费者不断进行决策的过程。消费行为的实质,就是通过购买活动及购买结果满足某种未满足的需求,而为实现满足特定需求这一目标指向,消费者作为行为主体,在购买过程中必须进行评价、选择、判断、决定等一系列活动。如在购买之前,要确定需要什么商品,是买还是不买?买什么牌子的?买多少?到哪里去买?等等,在购买过程中要选择品牌,衡量价格水平,确定购买型号;在购买之后还要对所得与所费进行比较,评价其效用的大小,是否值得,为下次购买提供决策依据。上述这样一系列的购买目的的确立、手段的选择和动机取舍的过程,就是消费者的决策过程。

决策活动在消费者的购买行为中占据重要地位。

首先,决策的进行与否决定购买行为的发生与否。当消费者经过认定需要,选择商品,作出购买的具体决定时,一次购买行为才实际发生。其次,决策的内容规定着购买行为的发生方式。经决策确定的购买商品,购买地点、数量,决定着消费者何时、何地、以何种方式进行购买。再次,决策的质量决定着购买行为的效用大小。正确的决策可以使消费者以较少的费用、时间买到质价相符、称心如意的商品,最大限度地满足特定消费需要。反之,错误的决策,会使得消费者的所费超过所得,需要无法满足,甚至导致不同程度的心理挫折,进而影响以后的购买行为。

3.2.1.2　购买决策的特点和内容

1) 购买决策的特点

消费者决策与其他决策活动相比具有以下特殊性:

(1) 决策主体的单一性。由于购买商品是消费者主观需要、意愿的外在体现,直接表现为消费者个别的独立活动。因此,一般是由消费者个人单独进行决策活动,或与直接购买者关系密切的群体,如家庭、亲友共同进行。

(2) 影响决策因素的复杂性。消费者的决策虽然表现为个人的、相对简单的活动,但却受到多方面因素的影响和制约。如消费者个人的性格、气质、兴趣、生活习惯与收入水平,消费者所处的空间环境、社会文化环境和经济环境等。各种刺激因素,包括产品本身属性、价格情况、企业的信誉和服务水平,以及各种促销形式等,都会对消费者的决策内容、方式及结果产生影响。

(3) 决策内容的情景性。由于影响决策的各种因素不是一成不变的,而是随着时间、环境、地点的变化不断发生变化,因此,消费者的决策具有明显的情景性,其具体内容方式因影响因素的不同而异。

2) 消费者购买决策的具体内容

人是有思想的动物,所有人类的行为都是大脑对刺激物的反应。对内外环境刺激变化的反应,促成了消费者的购买及其行为。对购买决策的分析也要从环境对思维的刺激入手,要分析购买的主体——消费者,购买的客体——商品和购买环境等几个方面。其具体内容包括:

(1) 购买原因决策。购买原因决策也就是为什么要购买的决策问题。

(2) 购买目标决策。购买目标决策也就是为什么买这种商品而不买那种商品的决策问题。

(3) 购买方式决策。购买方式决策即决定怎么购买的问题。消费者在购买商品时,要事先决定采用什么方式,是自己去买还是托人代买? 是直接去买还是间接邮购、函购? 是现金购买还是使用信用卡? 是全部当时付款还是分期或延期付款等等。

(4) 购买地点决策。购买地点决策是解决消费者去哪儿购买的问题。消费者到哪儿去买与惠顾动机有关。

(5) 购买时间决策。购买时间决策是指在什么时候去购买商品。购买时间的决策,一般同工作性质和生活习惯有关系。此外,商品本身的季节性、时令性也影响购买时间。

（6）购买频率决策。购买频率决策就是消费者决定多长时间购买一次。这方面的决策与商品的寿命、使用周期以及家庭状况有直接的联系。

总之，一般人的购买行为，都要对上述几方面进行决策，而后才能将思维与行动相结合。

3.2.1.3 消费者购买决策过程

消费者购买商品的决策活动有一个发生、发展和完成的过程。经过长期的对消费者行为的研究，学者们得出一个购买过程模式，这个模式最适合于对比较复杂的购买决策过程的分析。它把消费者的购买决策过程分为五个阶段：需要的认知——寻找信息——比较评价——作出决策——购后评价。

1）需要的认知

根据心理学研究，当人们缺乏某种东西时，心理上会产生某种紧张和不安的感觉，当这种感觉被人所意识到后，便产生解除这种紧张与不安的心理愿望，这便形成了一定的需求。由"缺乏感"转为"需求感"构成了消费者产生购买动机的原始基础。这种需求可以由内部刺激引起，如饥饿、寒冷等；也可由外部刺激引起，如看到别人吃东西引起食欲；或因从杂志上、电视上看到时装广告而产生要购买时装的欲望，这些就是需要的认知。

2）寻找信息

为了满足需要，就要寻找信息，产生了需要，并不一定能转化为购买动机和进而实现购买，只有当某种需要的欲望和相应的能满足这种需要的客观事物（外界刺激）结合在一起时，动机才能产生。可见，在需要和动机之间，有一个把它们联系到一起的媒介，这个媒介就是有关商品的各种信息。

3）比较评价

各种方案的利弊不一，为此，需要加以比较评价。选择评价的标准会因消费者价值观念不同而异，对同一方案，不同的消费者会作出完全不同的评价，其取舍的结果也迥然相异，比较评价所用时间也有长有短，一般对于紧俏、名牌、低档商品、日常生活用品等，消费者在选择时所花时间较短，而对高档耐用、价格昂贵的消费品，选择的时间则较长。

4）作出决策

在对各种方案进行充分比较评价后，便可确定最满意的方案，即作出购买决策和实现购买，这是购买行为的中心环节。消费者对商品信息进行比较评价后，已形成购买意图，然而从购买意图到购买决策的过程，还要受两种因素的影响。

第一个因素是其他人的态度。例如，某女青年已准备购买一件高档时装，但她的朋友或家里人持否定的态度，告诉她那件时装不值得买，这就会影响其购买意图。否定态度越强烈，或持否定态度者与购买者关系越密切，则改变购买意图的可能性越大。

第二个因素是意外的环境因素。购买意图是在预期家庭收入、预期价格和预期收益的基础上形成的，如果发生了意外的情况——失业、意外急需、涨价或亲友带来该产品令人失望的信息，则很可能改变购买意图。

5）购后评价

在消费者购买并使用了某商品后，会有某种程度上的满意和不满意，这将直接影响消费者作出是否继续或反复购买的决策。消费者购买商品的目的是为了消费，而消费是发生在购买以后的。这就是说，前面所从事的一切购买活动都是手段，而最后的消费才是目的。而从产品或服务的消费中得到利益和满足才是真正达到了目的。因此，购后阶段对消费者是很重要的。

消费者的购后评价主要表现在两方面：一是购买的满意程度，二是购后行为。

由上述决策阶段可看出，消费者决策是一个完整的过程，这一过程始于购买之前，结束于购买之后。因此，只有从过程的角度加以分析，才能对消费者决策作出完整准确的理解。

3.2.2　消费者购买行为分析

3.2.2.1　消费者购买行为的概念与特点

1）消费者购买行为的含义

所谓行为，是指人们在外部刺激的影响下，经由内部经验的折射而产生的具有目的性的活动。它受人的内部特性和外部环境的影响，是个体与环境相互作用的结果。如果人的行为发生在消费者的购买活动中，就自然产生了消费者的购买行为。所谓购买行为，是指消费者为满足某种需要而发生的购买商品的一切活动。任何个人，为维持个体及家庭的生存，都必须不断地消费他们所需要的商品和劳务，以满足其心理和生理方面的需要。因此，消费者购买行为是人类社会中最具普遍性的一种行为方式，它广泛存在于社会生活的各个方面，成为人类行为系统中不可分割的重要组成部分。

2）消费者购买行为的特点

（1）消费者购买行为与心理现象的相关性。消费者购买行为是消费者心理的外在表现，消费者心理现象是消费者行为的制约因素和动力，两者互相影响和互相作用。消费者的心理现象包括心理活动过程和个性心理特征两个方面，它们既制约着消费者的经济活动，也促进了消费者的购买行为。

（2）个体消费行为受社会群体消费影响的制约性。人是一切社会关系的总和，任何个人从本质上讲，必然是社会的人，他总是隶属于某一个阶层、团体、家庭和民族，不同集体的成员，其消费行为必然会受到所属群体的制约和影响。

（3）消费者购买行为活动中的自主性。消费者在购买行为中，一般都呈现出自主性。他们整个心理活动的过程和实现购买行为都是自主完成的，尽管外界因素在很大程度上影响到消费者的行为，但消费者购买行为的实施，最终取决于消费者个人的主观支配。

（4）消费者购买行为的可变性。消费者在实现购买目标的过程中，由于外界条件的发展、变化，以及消费者个人内部因素的变化，包括知识、经验的积累和作用，会使消费者的行为方式发生变化。

3.2.2.2　消费者购买行为类型

在购买活动中，消费者的购买行为千差万别。按照不同的标准对消费者进行分类，探索消费者购买行为的差异性，总结其变化规律，有助于我们更好地分析研究消费者的心理活动过程，为全面认识消费者行为奠定基础。

1）按照消费者购买目标的选定程度区分

（1）全确定型。此类消费者，在进入销售现场，发生购买行为之前，已有明确的购买目的，对所要购买商品的种类、品牌、价格、性能、规格、式样等都有明确的要求。

（2）半确定型。这类消费者在进入销售现场前，已有一个大致的购买目标，但目标还不很具体、清晰，要经过选择比较才能决定。例如，某女青年计划买一件羊毛衫，选择哪种款式、牌子、颜色、价格、档次等方面的要求尚未完全明确。为此，女青年在购买过程中，需要对各种牌号、款式、色彩、价格的羊毛衫进行了解、比较，并希望得到别人的参谋、帮助，最后根据自己的爱好、需要确定一个明确的目标。

（3）不确定型。这类消费者在进入销售现场，发生购买行为前，没有任何明确的购买目标，进入商店主要是参观、游览，一般是漫无目的地观看商品，或随便了解一些市场商品销售情况，碰到感兴趣与合适的商品也会购买。他们是否购买与商店内外部环境条件及消费者心理状态有关。

2）按消费者表现的不同特征区分

（1）习惯型。这类消费者的购买行为特点是喜欢根据过去的购买经验、使用习惯来购买商品。他们在长期的购买活动中，往往会对某种商品或某家企业产生一种特殊的感情，非常信任、熟悉，以致形成某种定势。在这种偏好和信任的基础上，消费者决策果断，成交速度快，不受时尚风气的影响，购买行为表现出很强的目的性。

（2）理智型。这类消费者的特点是，在购买活动中善于观察、分析比较，根据自己的经验和对商品的知识，广泛收集所需要商品的信息，经过周密的分析和思考，才能作出购买决定。因此，此类消费者，在整个购买过程中保持高度的自主，并始终由理智来支配行动。

（3）感情型。此类消费者的购买行为特点是带有浓厚的感情色彩。表现在选购商品时，感情体验深刻，想象力和联想力特别丰富，审美感觉也比较灵敏。例如，有些消费者看到某件时装就会联想到自己穿上就会变得年轻漂亮；由"双喜牌"、"幸福牌"的商标就会联想到吉祥如意和自己的幸福等。

（4）冲动型。此类消费者的特点是情绪易于冲动，心境变换剧烈，对外界的刺激反应敏感，在购买过程中表现为冲动式购买。他们对产品的选择以直观感觉为主，易受广告宣传或产品造型、色调等外观的影响，并喜欢追求新产品和新时尚产品，对价格是否合算、产品是否真正适用不大考虑，常凭个人兴趣购买，交易迅速，买后往往感到并非是自己最满意或最需要的，因而产生懊悔之情。

（5）经济型。这类消费者对商品的价格非常敏感，往往以价格的高低作为选购标准。这类消费者又可以分为两种类型：一种是对廉价商品感兴趣的消费者；一种则是喜欢选购价格高的商品，认为价格高的商品必然质量好。因此，经济型又称选价型。

（6）从众型。此类消费者的特点是易受众人同一购买趋向的影响，对所要购买的商品不作分析、比较，只要众人购买，便认为一定不错。因此，在市场上经常发生这样的情况，只要有较多的人购买某种商品，就会有人跟随购买，尽管所购商品并非是自己急需的商品。

（7）不定型。此类消费者的特点是购买心理活动不稳定，缺乏购买经验，他们是不常购买或奉命购买商品的人，他们在购买过程中，缺乏主见，对自己需要的商品没有固定偏爱，往往长时间处于犹豫不决的状态。这类消费者渴望遇到态度温和的销售人员，乐于听取他们的介绍。

3）按消费者在购买现场的情感反应区分

（1）沉静型。此类消费者在购买活动中，很少受外界因素的影响，感情不外露，举动不明显，沉默寡言，态度持重，交际适度，但不随和，不愿与销售人员谈与商品无关的话题。他们往往属于神经过程平静而灵活性低、反应比较缓慢而沉着类型的人。

（2）谦顺型。此类消费者在选购商品时，愿意听取销售人员的介绍和意见，作出购买决定较快，他们很少重复检查商品质量，但对销售人员的态度很敏感。这些消费者往往属于神经过程比较薄弱，难以忍受神经紧张，内心体验较深刻的一类人。

（3）活泼型（健谈型）。此类消费者在选购商品时，能很快与销售人员接近，愿意与他们或其他顾客交换意见,话题多、兴趣广、爱开玩笑,有时甚至谈些与选购商品无关的话题。他们往往属于神经过程平衡而灵活性高,环境适应能力强,兴趣爱好易于变化的一类人。

(4) 反抗型。此类消费者在购买过程中,往往不能听取别人的意见,对销售人员的介绍持有戒心,异常警觉,持不信任态度。甚至于销售人员越是推荐、介绍其产品,他越不买。他们多属于性情孤僻、独立、主观意志较强的一类人。

(5) 傲慢型(激动型)。此类消费者在选购商品时,表现出傲慢的态度,神气十足,甚至会用命令的口吻提出要求,且情绪易于激动,稍不合意就会与销售人员发生争吵,不能自制。他们多属于神经过程强烈,而抑制能力差,情绪易于冲动的一类人。

以上所述并非是消费者购买行为的全部类型。在现实生活中,消费者购买行为远非几种简单的类型所能归纳,而是相当复杂的。因此,确定分析消费者的购买行为,必须结合现实购买环境,结合消费者的言行特点,以及他们对商品的心理反应等方面进行具体的分析。

3.3　消费者的个性心理特征对消费行为的影响

消费者在购买活动中所产生的感觉、知觉、记忆、思维等心理过程,体现了人类心理活动的一般规律,但在现实的市场活动中,每一个消费者的购买行为都不可能是完全相同的,从心理学的角度看,构成消费者各具特色的购买行为的心理基础,是消费者的个性心理特征。

个性是表现在人身上的经常的、稳定的、本质的心理特征。消费者的个性心理特征,就是消费者在各自的实践活动中经常表现出来的比较稳定的个性心理特征和特殊性。

影响个性心理特征形成和发展的因素,既有先天的,也有后天的。先天因素是人的个性心理特征的生物属性,它对人的心理活动有重大影响;后天因素是人的个性心理特征的社会属性,它对个性心理特征的形成、发展和转变有决定性的作用。人的个性心理特征具体表现在一个人的气质、能力、性格、兴趣等方面的特点上。

3.3.1　消费者的气质

气质是一个人典型的稳定的心理特征,是指决定一个人心理活动的全部动力,并为个体所独有的心理特点。它主要是由先天因素决定的。

气质主要表现出人的心理过程两方面的特点:一方面是心理过程的动力性,另一方面是心理过程的指向性。心理过程的动力性主要包括两个侧面:一是心理过程的速度和稳定性,如知觉的速度、思维的灵活程度、注意集中的长短;二是心理过程的强度,如情绪的强弱、意志努力程度。心理过程的指向性,则是指有人内倾,有人外倾。

一个人属于哪种气质,可以根据以下六种特性判断。

(1) 感受性。即个体对外界影响产生感觉的能力。

(2) 耐受性。即人在经受外界事物的刺激作用后,在时间和强度上的耐受程度。

(3) 敏捷性。即对外界影响(或刺激)的敏捷度。

(4) 可塑性。即当外界环境或要求变化时,一个人在适应上的难易,采取行动的迟缓,态度上的果断或犹豫等。

(5) 兴奋性。即指情绪上的兴奋性和表现情绪的强烈程度。

(6) 外倾性和内倾性。外倾性是兴奋性强的体现,内倾性则是抑制过程占优势的反映。

气质使每个人的行为带有一定的色彩、风貌,表现出独特的风格。一个具有某种气质特征的消费者无论购买什么商品,也无论出于怎样的动机和在什么场合,都会表现出同样的行为特点。气质可以影响一个人进行活动的方式和效率。对于同一商品,不同气质类型的消费者会以完全不同的方式购买。外向型的消费者往往主动询问其他顾客的看法,并愿求助营销人员的帮助。内向型的消费者则相反,一般不主动与周围的人交谈,喜欢自己认真仔细地观察商品,不愿向营销人员或他人求助。

3.3.1.1 气质的类型

关于人的气质类型和学说,古今中外的流派较多,从古希腊的学者到今天的现代心理学家,都提出过气质理论并对其进行了分类。

前苏联心理学家巴甫洛夫从 20 世纪 20 年代末开始,在研究心理活动基础时,发现并证明了人的行为受神经系统决定和控制,通过对高级神经活动类型与规律的研究,提出了气质的高级神经活动类型说。巴甫洛夫认为,人的气质与人的高级神经活动类型密切相关。通过研究,他发现了人的高级神经活动过程的三个基本特征:① 神经活动过程的强度,指大脑皮层的兴奋与抑制过程的强弱;② 适应能力,指兴奋与抑制之间力量对比不平衡还是平衡;③ 灵活程度,指兴奋与抑制相互变换速度的快慢。神经活动强度、平衡性和灵活性不同的结合形成了四种基本类型,这四种类型就是传统上所说的胆汁质、多血质、粘液质、抑郁质四种气质类型的神经生理机制。如表 3.1 所示。

表 3.1

四种气质类型的神经生理机制

高 级 神 经 活 动 特 点 和 类 型				气质类型
强	不平衡	兴奋型		胆汁质
	平 衡	灵活性高	活泼型	多血质
		灵活性低	安静型	粘液质
弱	抑制型			抑郁质

不同的气质类型在购买行为方面表现不同。一个消费者的气质特点,虽然在每次购买行为中有所显露,但只有在多次购买行为中,才能全面而鲜明地表现出来。

1) 胆汁质气质类型

这类消费者的购买行为表现是:表情喜形于色,言语易于冲动,情绪变化激烈,行为干脆利索,购物决策果断,属于兴奋型。

2) 多血质气质类型

这类消费者的购买行为表现是:热情活泼好动,情绪易于转换,反应机智灵敏,实现沟通迅速,言行举止快捷,属于活泼型。

3) 粘液质气质类型

这类消费者的购买行为表现是:情绪变化缓慢,安静稳重踏实,固执多疑怯懦,反应从容不迫,言行拘谨自制,属于安静型。

4) 抑郁质气质类型

这类消费者的购买行为表现是:心绪消沉于内,反应迟钝犹豫,冷漠孤僻寡欢,多疑内省仔细,言行缓慢腼腆,属于抑郁型。

3.3.1.2　气质理论对营销活动的意义

我们在介绍和研究气质理论时,有几点应强调一下:第一,以上所分析的四种气质理论只是一般的划分,事实上,现实生活中绝对属于某种气质类型的人并不多,大多数人是以某一种或某两种气质为主,兼有其他气质特征的混合型。第二,人的气质类型不能作社会评价意义上的判断。第三,气质不决定一个人的成才方向和成就高低。气质虽然使人的心理活动染上独特色彩,但它并不能决定一个人的智力发展水平。那么,气质理论对营销活动有什么意义呢?

第一,根据消费者的气质特征,能更正确地理解消费者行为和活动的某些特点。例如,多血质的消费者,兴趣容易发生变化,接受新事物快,向这样的消费者推销新产品容易被接受购买。粘液质的消费者,固执保守,对这样的消费者应向其推销传统类商品,他们既容易接受,也愿意购买。

第二,掌握消费者气质类型的表现特征,在销售中因势利导。消费者的气质类型主要在四个方面有所表现:

(1) 表现在消费者决定购买商品的速度方面。有些气质类型的人决定速度很快,而有些气质类型的人决定速度很慢。一般是多血质和胆汁质的消费者决定速度快一些,而粘液质和抑郁质的消费者决定购买的速度慢一些。

(2) 表现在消费者与营销人员接触的主动性方面。多血质和胆汁质的消费者与营销人员的接触要主动一些,而粘液质和抑郁质的消费者与营销人员接触的时候要被动得多。

(3) 表现在与营销人员相处的关系方面。多血质和胆汁质的消费者与售货员主动接触,相处比较容易;而粘液质和抑郁质的消费者比较被动,因而相处的时候不太容易沟通。从情绪方面讲,多血质的消费者情绪不太稳定,容易作出冒犯营销员的行为,而抑郁质的消费者由于对事物十分敏感,容易觉得受到了营销人员的伤害。

(4) 表现在对于商品的消费感受方面。粘液质的消费者在消费感受方面比较深刻,抑郁质的消费者在消费体验方面更加深刻,如果他们感觉商品确实很好,他们会铭记于心,如果对于商品不满意,他们作出的反映也会十分激烈,并且由于消费感受十分强烈,对于不满意的商品要求退货或退款的心理经常出现,购买之后,也容易出现后悔的心理。

由于不同气质类型的消费者在购买行为中的表现不同,因而要求营销人员在接待不同气质类型的消费者时就要区别对待,因势利导,采用不同的推销方法。

3.3.2　消费者的性格

性格是人们在对待客观事物的态度和社会行为方式中表现出来的稳定倾向。它是人的个性中最主要的心理特征,一个人如果对某些客观事物的态度和反应在生活中成为经验得到巩固,就会成为其在特定场合中习惯表现的行为方式,并由此构成其性格特征。

性格能够表现出一个人独特的稳定的个性特征,比气质更能反映出一个人的心理面貌。性格和气质互相渗透、互相作用,两者都以高级神经活动类型为生理学基础。它们的主要区别是:① 存在的客观基础条件不同。气质与神经系统密切联系,性格则较多地受到社会生活环境的影响。② 稳定性时间长度不同。气质的稳定性在相当长的时间内,甚至人的一生中都不会变化。性格也有相对稳定性,但可能由于生活中的突发事件、重大挫折而变化。③ 互相影响的侧重面不同。气质对性格的情绪性和表现速度、对性格的形成和发展的速度、动态有一定的影响。性格则在一定程度上掩盖和改造气质,使它服从实践所要求的行为方式。

3.3.2.1 性格的特征和分类

1) 性格的特征

性格有着较复杂的结构,是个概括性的概念,具有多方面的特征:

(1) 情绪特征。主要表现于情绪、情感活动的强度、稳定性、持久性上。例如,冲动还是冷静,稳定还是波动,乐观还是悲观,抑郁还是开朗等等。

(2) 意志特征。主要表现于意志力强弱和自控水平上。例如,坚强还是懦弱,明确还是盲目,独立还是依赖,镇定还是慌张,主动还是被动等等。

(3) 理智特征。主要表现于对客观事物认识的方法和速度上。例如,感知事物是主动摄取还是消极灌输,分析问题是细致还是粗略,思维方面是阻滞还是顺畅,想象方面是空幻还是现实等等。

(4) 态度特征。主要表现于对社会、集体、他人、个人活动的关系和态度上。例如,交际还是独处,同情还是冷酷,节约还是奢侈,谦虚还是傲慢等等。

2) 性格的分类

消费者的性格是千差万别的,按照不同的角度和标准,可以有不同的区分。

(1) 从理智、情绪、意志三种心理机能何者占优势来划分:

第一,理智型。用理智衡量一切和支配自己的言行,这种人在购买活动中善于权衡利弊得失。

第二,情绪型。言行举止受情绪左右,这种人容易受各种诱因的影响而进行冲动性的购买。

第三,意志型。这类消费者购买目标明确,购买决策果断;在购买过程中,能够确立自觉、明确的购买目的,并且克服购买过程中的困难,排除各种干扰,完成购买行为。

(2) 从消费者心理活动的倾向性来划分:

第一,外倾型。这类消费者开朗、外露,善于交际,在购买中易受周围环境、其他顾客的态度以及营销人员态度的影响和感染。

第二,内倾型。这类消费者沉静、内向,在购买中往往要经过反复权衡后才会作出购买决定。

(3) 从个体活动独立性的程度来划分:

第一,独立型。这类消费者有主见,能独立自主地作出判断和选择,不易受外界因素的影响。

第二,顺从型。这类消费者缺乏独立性和主见,易受暗示影响,购买时往往犹豫不决。

(4) 从社会生活方式来划分:

第一,理论型。这类人求知欲强,其兴趣主要在于观察、分析、推理方面,好钻研,自制力强,对于情绪的控制能力较强。

第二,经济型。这类人倾向于务实,从实际出发,注重财力物力人力和效率等因素,在消费行为中这一类消费者对于商品的价格、商品的真正质量是很关心的。

第三,艺术型。艺术型的人重视事物的形象美和心灵的和谐,善于审视美好的情景,善于享受各种美好的事物,把美的价值看成高于一切。

第四,社会型。社会型的人以爱护他人关心他人作为自己的职责,一般为人善良随和,宽宏大量,乐于交际。

第五,政治型。政治型的人对于权力有极大的兴趣,十分自信,自我肯定,讲原则守秩序,也有的人十分自负,比较专横。

第六,宗教型。宗教型的人是指那些重视命运和超自然力量的人,一般有比较稳定甚至很坚定的信仰,退却现实,乐于沉思和自我否定。

3.3.2.2　性格理论对营销活动的意义

以上对性格的分类,未必全面,而且它们之间并无好坏之分。同时,大多数消费者由于受多种因素影响,他们性格类型往往不是单一的,而是中间型或混合型。营销人员研究消费者的性格特征及类型,目的是更好地做好销售和服务工作。因此要通过观察、交谈或调查分析等手段,认识和把握消费者的性格特征,提高营销艺术水平。根据消费者的性格特征,营销人员在介绍商品时应注意把情感的唤起与理性的号召结合起来加以运用。因为无论何种类型的消费者,他们对商品的认识或多或少都带有理性及感情色彩。例如,名牌羊毛衫一直是人们消费的热点,用户除了在情感上接受其色彩绚丽、精致美观外,还从理性上认识到它的轻巧舒服、保暖性好、社会流行等。因此,心理沟通应当尽可能综合运用情感唤起和理性号召这两种形式。

3.3.3　消费者的能力

所谓能力,是指人顺利完成某种活动所必须具备的并且直接影响活动效率的个性心理特征。

3.3.3.1　消费能力的种类

消费能力或者是消费技能,是消费者为了尽量达到满意以及完美的消费效果而培养的一种能力。就消费者消费各类商品所需要的基本消费技能来说,主要有以下三种。

1) 对于商品的感知辨别能力

感知辨别能力是消费者在接触、了解和认识商品时所具备的一种能力,是消费者深入认识商品的前提,也是形成对商品第一印象的条件,因此,可以谓之推动消费行为的先导能力。

2) 对于商品的分析评价能力

消费者对于商品的分析评价能力,主要反映在对于商品信息的收集,对于信息来源的分析评价,对于他人消费行为的评价,对于购物场所的评价,对于商品本身特点的认识和评价能力等。

3) 选购商品时的决策能力

消费者选购商品时的决策能力,主要反映在选择商品时能否正确地作出决策,购买到让自己满意的商品。

3.3.3.2　消费能力的形成

消费能力是人们在实践生活当中逐渐形成的一种生活技巧,是通过有意识地学习一些知识,逐渐积累一些消费经验等途径,慢慢形成的。从个人形成消费技能的方式上看,主要有三种方式:

1) 消费经验的积累

在形成消费能力的过程中,消费经验更多的是通过自身的消费实践而形成的。消费者自己消费某种商品有了一定的消费经验,在以后的购物行为中,他会参照上一次的消费经验来评价将要购买的新商品。

2）逐渐接受有关消费知识形成消费能力

接受外界的各种商品信息而逐渐形成的消费能力,主要是指消费者在有意无意之中,接受广告的宣传,听从亲朋好友、同事邻居的介绍和推荐,在各种场合接触到该商品的一些信息等,逐渐对于该商品有了一定的了解,对于购买和使用该商品的情况有了一定的认识,这种消费能力一般不是主动培养的。

3）在个人兴趣和爱好支配下形成对商品的消费能力。

消费者在自身强烈的兴趣和爱好的支配下所形成的消费能力是主动自觉地形成的。在这种情况下,他们一般会非常主动地搜集商品的有关信息,甚至当他们得到了难以搜集到的信息或购买到难以得到的商品时,会如痴如醉。

为了培养消费者在某一类商品方面的消费能力,使他们的消费兴趣能相对集中于某一类商品,企业就应采取可行的途径、方式,使消费者掌握挑选、比较、评判、购买、使用商品的知识和技能,促进消费者购买能力的提高,当消费者有了相当水平的消费技能之后,他们会主动地购买企业所希望的某一类商品。

3.3.4　消费者的兴趣

兴趣是人们积极探索某种事物或爱好某种活动的认识倾向。从心理学的角度看,兴趣属于人的个性心理特征结构中的个性倾向性。正是有这种认识的倾向,才使人对某种事物或某种活动予以特别关注,对某种事物给予优先注意。在消费行为中,消费者的兴趣促使他们认识商品,收集商品信息。

3.3.4.1　兴趣的特点

1）指向性

人们的兴趣总是指向某种客观事物,有具体内容和对象,即为兴趣的指向性。消费者兴趣的指向性可能是消费观的具体体现,也可能是在具体的购物环境中被各种外部因素所诱发的对某类商品的兴趣。

2）持久性

消费者对于发生兴趣的商品,刚开始是处于觉得有趣的阶段,如果这个阶段能够继续发展下去的话,消费者会逐渐对于这类商品形成爱好,有的消费者甚至会对这类商品产生强烈的癖好,养成稳定的消费习惯。

3）差别性

人们的兴趣指向范围有大小,对象、内容的区别,即为兴趣的差别性。不同的年龄和职业,兴趣的投向性有很大的差别。有的人兴趣爱好比较广泛,有的人则兴趣单一等等。

4）效能性

兴趣对个体实际活动所达到的效能的大小,即为兴趣的效能性。兴趣在人们身上发生后,所起的作用因人而异。有的人很容易付诸行动,越做越有兴趣;有的人则只说不练,兴趣慢慢消退。

3.3.4.2　消费者兴趣的主要类型

就人的一般兴趣而言,按照不同的标准可以把兴趣划分为不同的类型。

1）从兴趣的程度与兴趣的范围来划分

（1）癖好型。这是兴趣强度最大的一种类型。这类消费者对于某类商品形成了兴趣,甚至形成了消费习惯,如果不消费这种商品,会有严重的心理不适应感和失落感。

(2)固定型。这类消费者经过多次消费选择,对于某类商品已经产生了稳定的兴趣,这种程度的兴趣一般也不会轻易地丧失。

(3)新奇型。这一程度的消费兴趣会发生在任何一位消费者的身上,如商品的外表、包装、式样等特征具有新意,商品的价格、功能、质量等方面具有特点,从而对这类商品产生兴趣。

激发消费者对于商品的兴趣总是有益于消费行为的实现,所以激发了消费者对于商品的兴趣,是营销工作走向成功的第一步。

2)从消费者感兴趣的商品类型划分

(1)消费者对于新产品的消费兴趣。这类兴趣产生的主要原因是商品新颖别致,尤其是以前在市场上没有出现过的商品,消费者又能够形成新的消费需要,这类商品很容易引起消费者的兴趣。

(2)消费者对于商品新颖的式样产生的消费兴趣。企业在商品功能方面的改进,商品包装方面的变化,商品式样的翻新,一些促销措施给商品所赋予的新形象等,一般都会激发消费者的消费兴趣。

(3)消费者主动寻求商品新风格产生的兴趣转移。一种商品经过较长时间的消费,有一些消费者会出现厌弃的消费心理,他们会主动地寻找新风格、新式样的商品。

由于消费者的兴趣会不断地转移,在开发市场、为消费者提供商品的时候,就应该不断地开发出新的商品式样,新的商品风格,以及新的商品种类来,不断满足消费者的需要。例如,改革开放之后,城市居民的生活水平有了很大程度的提高,家家都有大米吃,相对于没有大米吃的生活,吃大米是让人满意的,但天天吃大米也就觉得这种饮食方式的单调了,所以有的人又开始对常吃的大米没有什么新鲜感了。于是,饮食市场上出现了许多新变化,大街小巷出现了卖窝头和烧饼的摊子,人们都愿意买点窝头、烧饼回去尝一尝。这就是消费者兴趣发生转移的现象。

3.3.4.3 消费者兴趣对消费行为及营销活动的影响

1)消费者的兴趣刺激购买行为的发生

首先,消费者在自己兴趣的支配下,购买商品的数量容易超过他们的需求水平。

其次,在消费者兴趣的影响和支配下,消费者往往会随时随地注意搜集和积累感兴趣商品的资料和知识,从而为未来的购买活动作准备。在实际购买感兴趣的商品的过程中,由于兴趣所致,情绪高涨,注意力集中,态度积极,能够缩短决策和挑选过程,较迅速地作出购买决策,完成购买行为。

最后,消费者如果对某种商品发生持久性兴趣,比较容易形成消费偏好和习惯,会形成长期性、重复性的购买行为。

2)利用兴趣与消费者探究意向的联系,做好产品的宣传

人们的兴趣与探究意向有联系,越是具有神秘色彩的东西,人们越喜爱探个究竟,越容易产生兴趣。在商品的消费中,我们可以看到许许多多这样的情况,由于人的好奇心或者探索事物奥秘的愿望的支配,从而对某些商品产生消费的需求。比如,一家经营饮料的商店,地处一座大楼的侧后,不易被人发现,店主人在大楼的一侧贴了广告,"不许向后看!"结果,过路行人不仅没有不向后看,反而都要亲自看一看后面到底是什么东西不许人看。原来,后面是商店的厅堂,人们正兴高采烈地品尝饮料,于是许多人也被吸引进入商店喝上一杯,这就是利用了人

们对于被禁止事物的兴趣,吸引了顾客来商店的。

　　3)运用限定销售的原理,促进产品销售

　　消费者的兴趣还表现在追求商品的奇异特点方面,对于有求异型消费心理的人来说,他们愿意想方设法购买那些难以买到的商品,主要是因为越难买到的商品,越可以显示出他与别人的区别,满足了一种与众不同的自豪感。

　　由于越是难以买到的商品、越是被限制消费的商品,越容易激发人们的消费愿望和兴趣,所以,在市场销售中,有的厂商就故意制造一种气氛,让消费者觉得这种商品很难在一般的商店里买到,消费者会觉得这样的商品更吸引人,从而提高购买的兴趣。限定销售的原理,正是利用了这种消费心理。例如,某公司推出一款新式照相机,只生产2万台,60%在本国销售,消息一公布,2个月内的订单就超过了2万台,结果只好采取抽签的办法销售,没有抽到购买签的消费者还到市场上以高价购买这种照相机,限定销售的办法取得了巨大的成功。

要点重述

　　需要是指由人自身生理条件或者社会因素所导致的那种欠缺的或未满足的主观感受状态。所谓动机,是指个体所具有的推动其实际活动以满足其欲望和需求的内驱力。

　　消费者作为行为主体,在购买过程中对商品进行评价、选择、判断、决定等一系列活动,确立购买目的和手段,对动机进行取舍的过程,就是消费者的决策过程。所谓购买行为,是指消费者为满足某种需要而发生的购买商品的一切活动。消费者的购买行为具有以下特点:消费者购买行为与心理现象的相关性;个体消费行为受社会群体消费影响的制约性;消费者购买行为活动中的自主性;消费者购买行为的可变性。

　　个性是表现在人身上的经常的、稳定的、本质的心理特征。消费者的个性心理特征,就是消费者在各自的实践活动中所经常表现出来的比较稳定的个性心理特征和特殊性。人的个性心理特征具体表现在一个人的气质、能力、性格、兴趣等方面的特点上。气质是一个人典型的稳定的心理特征,是指决定一个人心理活动的全部动力,并为个体所独有的心理特点。性格是人们在对待客观事物的态度和社会行为方式中,表现出来的稳定倾向。所谓能力,是指人顺利完成某种活动所必须具备并且直接影响活动效率的个性心理特征。兴趣是人们积极探索某种事物或爱好某种活动的认识倾向。

关键术语

　　需要　动机　购买动机　决策　购买决策　购买行为　个性心理　特征　气质　性格能力 .兴趣

问题思考

　　例3.1　哈根达斯无论是价格制定还是包装设计都走高端、奢华路线。冰淇淋作为一种甜品并不是生活或生理必需品,人们却愿意花大价钱消费,这是典型的满足精神享受的需要,而哈根达斯的营销策略亦牢牢把握住这点,将面子工程做到极致,让所有消费它的顾客都得到奢华体验。对于它的核心客户群,即高端消费阶层,高昂的价格、奢华的包装无疑是对其身份的彰显,也是其高生活质量的体现,满足了这个阶层求新、求名、自我表现的购买动机。而对次一级消费群,即中高收入群体也愿意偶尔奢侈一下体验尊贵享受,这当中也带有一定好胜心购买动机。有了这两类稳定的消费群体,哈根达斯逐步将自己打造成一种生活理念、一种文化现象,从而吸引到更多人慕名而来。

　　思考　哈根达斯的高价位路线让它和消费者在一定程度上达到了"双赢"的结果,这种现象主要体现在什么产品上?

　　例 3.2　30 岁的张先生最近圆了多年来的汽车梦——花几万元买了一辆"南菱"吉普车。张先生买到新车后,第一时间将其改头换面,卸下原来的车标,换上"三菱"标志。由于此车型与"三菱"帕杰罗相似,"克隆"得也像模像样,驶在路上颇能鱼目混珠。张先生说,买车时就做好了换车标的打算,换了车标后,还真找到了一种驾驶高档车的感觉。

　　思考　张先生的购车和换车标这两种行为,分别是在什么需要和动机驱使下产生的?

4 消费者的社会心理活动

汾酒的文化营销战略

"汾酒有着几千年传统的酿造文化,所以我们认识到经营产品就是经营文化,在销售产品的过程中传播汾酒的文化,真正使消费者在饮用汾酒的过程中,品尝到中华民族博大精深的酒文化。这就是我们与兄弟企业的差别化。"汾酒集团董事长李秋喜非常看重汾酒的文化塑造。

汾酒确立了"清香汾酒、文化汾酒、绿色汾酒"的经营理念,大有将文化营销进行到底的意图。李秋喜认为,文化汾酒是汾酒集团进行差异化竞争的战略,是汾酒集团的比较优势。"我们已经出台了汾酒集团 5 年文化战略,开始逐步实施。相信大家在未来的 5 年中,可以看到汾酒文化好戏连台。"

自 2009 年以来,汾酒围绕文化定位,开展了诸多文化营销活动,成绩依稀可见。从 2009 年的 37.8 亿元攀升到 2010 年的 53.7 亿元,文化营销对销售额的带动可见一斑。

第一,文化事件营销。围绕"世界环境日"策划"低碳生活,绿色汾酒"主题宣传活动;围绕汾酒荣获巴拿马世博会唯一甲等大奖章开展"世博营销"活动,包括在北京召开纪念汾酒荣获巴拿马甲等大奖章 95 周年纪念大会等,通过宣传企业诚信,彰显企业社会公德;在北京举行纪念版国藏汾酒拍卖会,设立全国酒行业第一个非公募基金会——汾酒集团公益基金,促进品牌美誉度提升,等等。

第二,品牌形象展示。目前,汾酒集团在全国有 540 多家专卖店,通过实物、视频和品鉴活动的形式,在专卖店和其他高端消费场所进行产品及企业形象展示,直观地宣传汾酒的历史文化和品牌文化;通过参加各种国际国内的大型展览会,在现场布展时融入更多汾酒文化的元素;利用广播电视、楼宇视频等动态形式和高速路牌、报纸杂志等静态形式相结合的宣传,全方位展示汾酒文化。

第三,开辟新市场。走进政府部门、大型企事业单位、部队,通过文化渲染和文化渗入,拉近汾酒与目标消费群的距离,努力提升汾酒的品位,试图在高端白酒和定制酒市场开辟一席之地。

第四,培育消费体验。邀请优秀客户、消费者代表、社会知名人士以及业务合作单位,深入汾酒集团参观体验,感受生活,让他们更直观地了解和认识汾酒,进而达到占领心智的目的,并有意培养潜在的客户群和消费群。

第五,借力文化宣传。在文化宣传层面,汾酒与《销售与市场》等国内一流媒体深度合作,有效互动。通过借助外力,力争将汾酒的文化力转化为市场的推动力。

(资料来源:http://www.cmmo.cn/article-52754-1.html)

本章引言

　　消费行为作为个体行为,首先受到个人因素的影响,在每一个体之间表现出不同的特点。消费行为同时也是一种社会行为,必然受到其所处的社会历史条件的制约和当时社会环境因素的影响,因而又有着某些共同之处。只有从社会因素角度去研究消费者心理活动的规律,才能科学地解释消费行为,并为下一期消费行为的预测提供切实可靠的依据。各营销单位可以据此制定恰当的营销策略,消费者也可以自觉地调控自己的消费行为。这里所说的社会和环境因素,主要包括社会文化、消费习俗和社会流行、家庭等。

　　在产品的背后,往往蕴藏着一种隐性的基因——文化。企业向消费者销售的不光是单一的产品,满足消费者精神上的需求,给消费者以文化上的享受,才是产品深入消费心智的核心所在。这要求企业应当转变观念,转变营销方式,重视文化营销。众所周知,可口可乐之所以能够成为全球知名品牌,并持续百余年历史不衰,那是因为它用美国特有的文化张力,将美国文化贯穿于每一次营销活动中,人们喝到它常常会感受到来自美国文化的渗透。汾酒经营业绩之所以能够迅速提升,销售额从 2009 年的 37.8 亿元攀升到 2010 年的 53.7 亿元,在于其确立了"清香汾酒、文化汾酒、绿色汾酒"的经营理念,在销售产品的过程中传播汾酒的文化,真正使消费者在饮用汾酒的过程中,品尝到中华民族博大精深的酒文化。

基本理论

4.1　文化与消费心理

4.1.1　文化

4.1.1.1　文化内涵

　　文化的概念,有广义和狭义之分。广义的文化,是指人类在社会历史发展过程中创造的物质财富和精神财富的总和;狭义的文化,则特指以社会意识形态为主要内容的观念体系,是宗教、政治、教育、道德、法律、文学、艺术、哲学、风俗等意识形态构成的领域,是精神文化的重要组成部分。广义的文化是一种社会历史现象,其外延极其广泛,涉及宗教信仰、价值观念、社会态度、风俗习惯、伦理道德、行为方式、生活方式等诸多内容。在现实生活中,社会文化总是以各种不同的形式(显现的或潜在的)向社会公众传授着一定社会的社会规范、价值标准,从而也对消费者的消费心理与消费行为产生影响。从文化对消费者心理和行为的影响来看,文化可以被认为是后天习得并用来调节特定社会成员消费行为的价值观、信仰和习俗的总和。

　　文化的含义广泛,范围涉及整个社会,为更好地、更有针对性地满足消费者的需要,各类市场营销机构和市场营销人员的战略应该适时地转向文化细分后的次级构成部分或亚文化群,即在特定习俗和行为方式上大致相同的文化群。只有这些亚文化群才能更多地为市场营销者创造更多的成功机会。

　　亚文化是指不合主流的或某一局部的文化现象。此处的亚文化取后一种含义。根据人口特征、地理位置、宗教信仰等,可以将一个文化分成几个亚文化。一种亚文化可以代表一种生活方式,它不仅包括与主流文化共通的价值观念,还包括自己独特的价值观念。每一个亚文化群体都有其自身得到群体成员认同的某些独特的生活和行为方式。在同一个主体文化范围内,亚文化的差异可能导致消费者在购买什么、怎样购买、何处购买等方面的差异。

影响消费者决策的亚文化因素主要包括:消费者的年龄、性别、种族以及收入水平和地域差异等方面。各亚文化群造成了各社会集团、各局部组织独特的生活方式。这些局部的组织和社会集团产生于一定的环境条件并遵循其独特的行为规范和道德标准以及信仰、风俗、习惯等,从而形成一定的亚文化和亚文化群。我国目前各民族文化和中国社会文化相比,对其所属的消费者影响更大、更深远。

4.1.1.2 文化的特点

1) 文化具有习得性

文化的习得性又称后天习得性,是指文化不是一种先天的生理现象,而是一种后天的社会现象。文化不是先天获得的,而是后天通过个人的努力学习得到的。每一社会个体从出生起就生活在一定的社会环境中,受到环境潜移默化的影响,从语言、风俗习惯、生活方式等多方面都深深地烙下了社会的印记。

2) 文化具有实用性

文化的实用性是指文化的存在能够满足一个社会大多数成员的需要。它通过推出满足人们生理或心理需要、个人或社会需要的方法,为人们解决面临的问题,提供规划和方向的指导。从文化的角度讲,一个企业的产品或服务应该能够以适当或可以接受的方式解决个人和社会的需要。如果一件产品由于其使用不能满足人们的需要,而不再为人们所接受,那么生产这种产品的企业就必须做好调整或修正产品供应计划的准备。同时,市场营销人员必须能够敏锐地观察到各种新兴的习俗和信念,以便采取有效的营销措施。例如,随着人们健身意识的增强、双休日及长假制度的实施,参加各种体育锻炼和旅游活动的人日益增多。在这种情况下,及时向市场推出各种档次的健身和旅游运动鞋的企业就能够扩大市场占有率,增强市场竞争地位。

3) 文化具有动态性

文化的动态性是指随着社会物质文明的进步,文化也处于不断变化、发展之中。辩证唯物主义原理告诉我们,物质决定意识,社会文化随着社会物质生产的发展而发展。每一次社会生产的进步,都有与之相适应的文化的进步。例如,随着科学技术的进步,生活水平提高了,人们的消费习惯也会发生很大的变化。在饮食方面,过去由于物资匮乏,人们一直追求处于食物链顶端的高蛋白、高脂肪食品,而现在生活水平提高了,许多处于食物链底端的食品已列入消费者的食谱,新的科学的饮食习惯逐渐建立起来。条件变化了,营销人员也必须重新调查研究,作出营销策略的适当调整。

4) 文化具有相对稳定性

文化的相对稳定性是指产生于一定社会环境的文化,一旦形成,便会保持相对的稳定,并在相当长的时期内发生作用,任何力图影响和改变既定文化的努力,都是很难奏效的。例如,不同国家在商标的选用上有着不同的喜好和禁忌,日本人喜樱花忌荷花、英国人喜熊猫忌大象、中国人喜红色忌白色等等。这些风俗习惯一般很难在短时期内改变。消费者也只能适应其所处社会的文化要求,否则,很难为社会所接受和承认。营销人员也必须遵循这一文化要求。

5) 文化具有综合性和整体性

文化是一个统一的整体,是由多种价值观、信仰、习俗等组成的统一整体。文化包含的诸多要素之间往往是互相结合、互为补充的互补关系,各要素相互结合着构成一个有机的整体。文化从其本质上来看具有综合性和整体性的特点。

6) 文化具有间接调控性

文化包含一些理想的行为标准或模式,从而使社会成员在特定情况下对某一思考和行为方式有一个共同的理解。这种由群体共享的行为和思想方面的理想模式就是规范;当实际行为与规范发生背离时,就要受到惩罚。亦即通过向那些抱有违反社会规范念头的个人施加某种压力,促使其行为朝着与社会理想状态相一致的方向转化。

4.1.2　社会文化对消费心理的影响

消费心理是在一定的外界环境中形成的,社会文化就是促成消费心理形成的重要外部因素之一。所以,社会文化和亚文化与消费心理密切相连,对消费心理有很大的影响。

一方面,社会文化影响消费者的购买动机。社会文化可以通过控制人的某些心理需求,进而控制人的购买动机。凡是符合社会文化和亚文化要求的购买动机,会得到鼓励并得到充分体现;那些不被本社会、本民族文化允许的动机及心理需求,会受到抑制、批判,最终无法转化为购买行为。

另一方面,社会文化影响购买基准。所谓购买基准,是指消费者用以选择购买方案、购买动机的准则。消费者的消费行为,总是建立在某种购买基准之上的。购买基准的建立,离不开消费者所处的文化环境。消费者在购买商品之初,由于购买实践经验的缺乏,往往表现出犹豫不决、被动等特点。为了改变这种状况,消费者必然通过广泛搜集信息、反复学习、比较、亲自实践等环节建立购买基准。购买基准的建立与学习是分不开的。而消费者的学习涉及社会文化的诸多方面。因此,购买基准的建立离不开社会文化。不同的国家,语言文字、风俗习惯、道德标准等文化环境有很大差异,所以,消费者的购买基准也相应地具有差异性。

4.1.3　影响消费心理的社会文化因素

社会文化对消费心理有着很大的影响,概括起来,影响消费心理的社会文化因素主要有以下几个方面。

4.1.3.1　社会习俗影响消费心理

社会习俗是指风俗习惯。风俗是指长期形成并世代相传的风尚;习惯是指长期重复而巩固下来的行为方式。社会习俗主要表现在人们的信仰、饮食、婚丧、节日、服饰、居住等多个方面。

每个国家和民族都有自己独特的风俗习惯。这些风俗习惯很多是受自然环境和经济条件以及宗教的影响而形成的。它在心理上反映了该民族共同的心理和情感,各民族对自己的风俗习惯都比较敏感。了解并尊重当地的风俗习惯,是营销活动成功的关键一环。

4.1.3.2　社会时尚影响消费心理

社会时尚是指新颖趋时。它作为一种社会文化现象,有着独特的运动规律。时尚以其新奇、从众以及价值原则影响着消费心理。在时尚的最初阶段,消费者受求新、求美、自我表现等心理的驱使,追逐某一新奇的商品,直到需求被满足。而在时尚开始之后、下降之前的一段时间,许多消费者加入时尚的潮流,顺从大多数人,希望得到社会认同。众多消费者认为高档就是时尚,以追求高档来追随时尚,这种心理影响着消费者的购买动机以及购买行为的实施。

4.1.3.3　民族传统与宗教信仰影响消费者心理

每个民族都有自己的传统,传统观念对人们的消费行为有着无形的影响。中华民族具有5000年悠久历史,各族人民在长期的生活实践中积淀了自己的文化,而民族传统则是民族文化的一种折射和反映。

首先,民族精神导致大众化的消费行为。我国人民历来重视人与人之间的关系和感情上的联系,在生活方式上也习惯于和周围环境保持一致,不愿意过分引人注目。在这种求同心理的影响下,在消费行为上,大众化的商品比较受欢迎。但随着改革开放的深入发展,对外交往日渐增多,一些旧的消费习惯也正在被新的消费习惯所代替,特别是在青少年中,敢于标新立异的越来越多。这是我国消费心理的一种新的动向。

其次,勤俭节约的传统导致消费的重积累性和计划性。勤俭节约一向是我国人民的优良传统,在花费上,重视储蓄积累,注意精打细算,量入为出。随着我国小康社会建设步伐的加快,人们生活水平和生活质量有所提高,先富起来的部分地区和部分人的购买能力有所提高,要求进一步改善生活,重视舒适享受,讲求美化生活,这是我国消费者心理的另一新动向。

最后,感性思维方式导致商品认知过程中的品牌意识。我国人民受传统感性思维方式的影响,在评价和认知商品时,经常采用大体的、直觉的思维方法,先对商品有一个总体印象,然后从其性能上找出得到该印象的依据,以印证该印象的正确性。所以,我国人民在购买商品时,容易受商品品牌的影响,特别倾向于购买名牌产品。

宗教信仰是人们对世界的一种特殊看法,不同的宗教信仰表现出人们不同的观念和行为方式。人们的消费行为,不可避免地要受到宗教信仰的影响。这种影响具有很强的地域性。宗教信仰对消费行为的影响主要体现在:影响消费者对所消费商品种类的选择;影响消费者对所消费商品式样及外观等方面的选择;影响消费者选购商品的行为方式(因宗教信仰的不同,各宗教教徒所禁止消费的商品也有所不同)。另外,每一种宗教信仰的支持者,使用不同特点的宗教用品,也可以归属于消费行为中的一类特殊行为方式。此处以佛教为例加以说明。

在消费商品的种类方面,一般虔诚的佛教徒是禁止食用肉类食品的,提倡素食,把消费动物性的食品看作是对神的不尊重、不虔诚。佛教徒所消费的宗教用品有:香火、爆竹、专用纸张等等,佛教徒所供奉的神的塑像,也是他们所消费的一种特殊的商品,这类商品因教徒人数的多少,而影响市场的大小。另外,因普通消费者对佛教生活的好奇,他们也购买佛教用品,如佛鼓、佛像等,这类商品已经成为旅游业的重要纪念品。

佛教徒崇尚清心寡欲的生活,不允许饮酒。在这方面,法国一家酿酒公司曾惹怒泰国人。这家公司将佛像和寺庙的图案印在酒瓶的标签上,泰国人认为这是亵渎佛教的行为。泰国的留法学生在法国商店里发现了这种叫作"泰国鸡尾酒"的酒精饮料,便通知了泰国政府,并开始采取行动阻止这种酒的进一步发售。因为泰国是一个佛教国家,90％的人信仰佛教,而饮酒与杀人、偷盗等罪恶一样被列为佛门五戒之一。

4.1.3.4　价值观念影响消费者心理

价值观念也影响着消费者心理和消费行为。此处的价值观念,是指消费者用于评判和衡量商品价值的心理标准。消费者的需要、兴趣、观念的不同,消费价值观念也存在差异。消费者评判和衡量商品价值的心理标准随着社会的进步而发展。消费者的价值观念既和所处的自然条件和社会时代有关,同时也和民族的传统、风俗习惯有关。另外,消费者价值观念和他的文化修养、志趣有关。商品的生产者和经营者必须高度重视消费者消费观念的这种变化,努力使商品的艺术功能与经营场所的美化效果融为一体,更好地满足消费者的需求。

4.2　消费习俗和消费流行

4.2.1　消费习俗对消费者心理的影响

4.2.1.1　消费习俗

消费习俗是人们在长期的消费过程中形成的,具有一定倾向性的消费习惯。消费习俗具有稳定性、继承性、普遍性的特征,一旦形成就不易变动,可以被后代传承。这种消费习俗在一定的人群中是被普遍接受和共同遵循的。不同国家、不同地区的消费者,他们的消费习俗是不同的。例如,自选商场在欧美各国很普遍,但在西班牙却举步维艰,原因是当地人认为无人售货是对顾客的冷漠,因而不愿意光顾。

消费习俗从形成的原因上,可分为民族性消费习俗、宗教性消费习俗、地域性消费习俗、喜庆性消费习俗和纪念性消费习俗等。

4.2.1.2　消费习俗对消费者消费行为的影响

消费习俗的形成与沿袭既有政治、经济、文化、历史的原因,又有消费心理的影响。不同民族的消费习俗具有差异性。比如,中国人很欢喜的兰花,尤其是紫罗兰,对于法国人来说,它却是失恋的象征。中国消费者喜欢的水仙花,在西方消费者的眼中却暗喻着消费者的自恋。

在穿着方面,不同国家不同民族的消费习俗存在着较大差异,商品的生产者和销售商如不注意研究这一类习俗,就有可能遭受失败。比如,中国的女性消费者在袜子的穿着方面,一般的习惯是必须穿着袜子,不管长筒袜、半高筒袜,还是浅筒袜,都是可以穿着的,也都可以用于美化体型,只要她能够使袜子与自己的打扮协调就行了,相对而言以穿浅筒袜子的人数更多一些。中国的女性消费者对于穿鞋子不穿袜子不太习惯。而在美国,女性消费者在袜子的消费方面却遵循着较为严格的习俗:穿着长裤,可以穿长筒袜,也可以不穿袜子;穿裙装,要么穿长筒袜,要么不穿袜子。从中国与美国女性穿着袜子的不同习俗中可以看出,中国女性消费者对浅筒袜子的需求量更大,对长筒袜的需求量要少一些,而美国的女性消费者则正好相反。

不同的地理环境,也是影响消费习俗的因素之一。从大的方面讲,诸如服装、空调、居室布置等商品的消费,受地理环境的影响是很大的,在地理条件的影响和限制下,形成了不同地理环境中各具特色的消费习俗。这些习俗反过来又对商品的消费提出了新的要求。

消费习俗一旦形成,不仅直接影响人们的日常消费生活,而且影响人们的消费心理,影响着人们的生活情操与品位,进而影响消费者的消费行为。

消费习俗对消费者行为的影响主要表现在四个方面:一是形成普遍性的购买行为。消费习俗能够在某些特定的情况下引起消费者对某些特定商品的普遍需求。二是形成长期性的购买行为。消费习俗一旦形成就会世代相传地进入人们生活的各个方面,强有力地影响着人们的购买行为。三是形成周期性的购买行为。消费习俗是周期性出现的,消费习俗的反复性、重复性使购买行为在非特定的时间内,需求减少或不产生一定的购买行为。四是形成无条件性的购买行为。消费习俗是为广大消费者所接受的行为方式,它使购买行为较少有条件的限制。

消费习俗对消费者消费行为的影响更多地会通过传统节日表现出来。

4.2.1.3　传统节日影响消费行为

各个国家和地区有着各不相同、多种多样的传统节日。传统节日一般可分为以下几类：① 节气性节日，如我国的春节、端午节、中秋节等。② 国家节日，如各国的纪念日、建国日。③ 民族性的节日，如日本的樱花节、巴西的狂欢节、我国的重阳节、蒙古族的那达慕等节日。④ 宗教性节日，如西方大多数国家都要过的圣诞节、复活节，伊斯兰教的斋戒节、古尔邦节，我国傣族的泼水节，白族和彝族的火把节等。⑤ 国际性节日，如五一国际劳动节、六一国际儿童节、三八国际妇女节等。⑥ 其他类型的节日，如西方的情人节、母亲节，我国的教师节等。

传统节日的到来，会对人们的消费行为产生比较明显的影响。主要表现在以下几个方面。

1）促成人们工作时间内压抑的消费需求的实现

比如，儿童的一些消费愿望因父母平常工作比较繁忙而难于抽出时间去完成。在国人的传统观念中，节日期间儿童所提出的消费愿望一般会予以满足。成人的消费愿望也可能因为工作的繁忙而难以抽出时间去选购商品，在节日期间，人们选购商品的时间相对来讲要比平常多一些，购买商品的比例也就要相对高一些，虽然节日期间参加购物的人相当多，限制了一部分消费者的购物兴趣，但大部分消费者仍然会在节日期间去购买他们希望得到的商品，并不因为节日期间拥挤的人群而却步。

2）导致模仿性消费行为的出现

节日期间购买商品的消费者陡增，社会个体往往在热闹的购物环境中受到他人影响，出现从众性的消费行为。当有人在抢购某种商品时，其他人即使没有购买的准备，也可能参与抢购。

3）引发与节日相关的特殊商品消费

比如，人们一般都把婚庆类的活动放在节假日期间举行，节假日期间对结婚用品的购买和消费量就特别大。中国的春节期间，除了正常的食品消费外，消费者往往还要购买春节的专门用品和礼品；巴西的狂欢节期间，要消费大量的装饰性商品、舞蹈用品等；日本的樱花节期间，到室外赏花观花的人漫山遍野，要消费大量的摄影纪念品、方便食品、工艺品以及为外地来日本赏花观花的游客准备的纪念品；在全世界都流行的情人节里，情人们互送礼品，如情人贺卡、节日鲜花、情人纪念品，以示关怀和友爱。

由此可见，商品的销售必须研究消费者本身特点和他们的消费习俗，如果厂家仅凭主观意愿和喜好向别人推销商品，而忽略当地消费者的特点和消费风俗，其结果必然是在市场中处处碰壁。

4.2.2　消费流行与消费者心理

4.2.2.1　消费流行

1）消费流行的概念及特点

消费流行是指消费者在追求时兴事物的消费风潮中所形成的从众化需求。一种或一类商品由于它的某些特性受到众多的消费者欢迎，在一段时间内广泛流行，有时这种商品在短时间内甚至成为消费者狂热的追求对象。这种商品，我们就称之为流行商品。这种消费现象，即消费流行。与一般消费相比，消费流行具有自身的特点。

（1）消费流行具有短暂性。这是消费流行的主要标志，是指消费者对某种商品或劳务的需求在短时间内急剧膨胀和增长，消费流行来势猛、消失快，其流行期长则三五个月，短则一二个月。对流行产品,消费者多为一次性购买,重复购买率很低。

(2) 消费流行具有一致性。消费流行由从众需求决定,消费者对流行产品或劳务的需求在时空范围上也趋于一致。由于流行产品流行时间相对短暂,这种一致性使得流行产品购买活动高度集中,从而出现流行高潮。

(3) 消费流行具有地域性。地域性是指消费流行往往出现于特定区城、特定的人口群体中。如果这种消费流行具有大众化的特点,就很容易被更多的人口群体接受和仿效。受地理位置和社会文化因素等影响,在一定的地域内的人们,往往具有某种区别于其他地域的共同信仰、消费习惯和行为规范。因此,在 A 地区流行的某种商品,在 B 地区不一定流行。

(4) 消费流行具有传递性。受地理位置、交通条件、文化层次、收入水平等多种因素影响,消费流行总是以一地为中心兴起,然后向周围扩散,于是在地区间、在时间上形成流行传递态势。传递性使得流行产品或劳务在不同的时空范围内处于流行周期的不同阶段。

(5) 流行具有相关性。这是指人们的消费需求相互关联、相互依存,组成某种消费需求群,表现出奇特的系统组合特征。例如,在西服热兴起时,消费需求并不会局限于西服本身,往往伴随着衬衫、领带、皮鞋、袜子等消费品需求量的同时上升。此时,消费者对西服的需求实际上就构成了一个需求群。

(6) 消费流行具有变动性。从发展趋势来看,消费流行总是处于不断变化之中。求新求美是当代消费者永恒的主题,也是社会进步和需求层次不断提升的反映,这必然导致流行品的不断涌现。同时,人们消费需求由于兴趣、爱好和习惯的变化,在历史发展的过程中常常出现反复。一段时间内为人们所喜爱的某种商品,随着消费"热"的退潮,会成为"明日黄花",无人问津。然而,一段时间之后,它很可能又卷土重来,重新在市场上出现和流行。

(7) 消费流行具有周期性。消费流行尽管具有突发性、短暂性等特点,但同时,某种消费倾向自发端到退潮,有一个初发、发展、盛行、衰老、过时的过程,这个过程即为消费流行周期。

消费流行和生产发展水平有关,它一旦产生,就会对社会生产产生重大的影响。从现象上看,消费流行的变化十分复杂,流行的商品、流行的时间、流行的速度都不一样。但是从市场的角度考察,消费流行仍有一定的规律性。

2) 消费流行的分类

消费流行分类的方法很多:按消费流行的性质,可分为食品流行、服装流行和日常用品流行;按消费流行的速度,可分为迅速流行、缓慢流行和一般流行;按消费流行的范围,可分为世界性、全国性、地区性消费流行,还有阶层性的消费流行;按消费流行的时间,可分为长期流行、中短期流行和短期季节流行。

3) 消费流行的方式

消费行为的流行,就是一定时期内常常出现一种为一个团体、阶层的许多人都接受和使用的商品式样。消费者通过对所崇尚的商品的追求,获得一种心理上的满足。消费流行的方式一般有以下几种:

(1) 自上而下流行。先由社会领袖和上层社会的人们首先采用某种消费方式,然后越来越多的其他层次的人采用,使之流行起来,成为时尚,如中山装、列宁装的流行就是如此。

(2) 横向流行。即社会各阶层之间相互诱发横向流行的方式。往往由社会的某一阶层率先使用,继而向其他阶层蔓延、普及,如耐克运动系列在我国某些社会阶层的流行即是如此。

(3) 自下而上流行。它是由社会的下层先采用,然后向上层推广而形成时尚的,如牛仔裤原是美国西部牧人的服装,现在连美国的前总统里根都穿过;领带源于北欧渔民系在脖子上防寒的布巾,现在成为与西装配套的高雅配饰,等等。

流行不管是何种形式,其过程一般由"时髦领袖"所带头,而后引发了许多人效仿,形成"时代潮流"。引发流行的除了"领袖"或榜样作用之外,还有商品的品质、宣传的影响。

4.2.2.2 消费流行与消费心理

研究消费流行,要看到消费心理对消费流行形成与发展的影响,同时还要看到消费流行引起的消费心理的变化,即两者的相互影响。

一方面,消费心理对消费流行的形成发展产生影响。对消费流行产生影响者主要来自以下几个社会阶层:

(1) 高收入阶层。由于收入高,消费水平也高,这一阶层人士生活消费支出有很大的选择自由,生活消费表现为高层次、多样化,对购买新商品态度坚定。

(2) 社会地位较高阶层,如作家、画家、影视演员、歌星等。从消费心理角度考察,这部分人中那些具有良好的商品认知行为,购买商品追求新颖、美观、名牌、多功能心理的消费者,对消费流行的形成作用大。由于他们对生活消费有较大的选择自由,因而对市场上新商品比较敏感,勇于购买使用。他们追求的是商品新颖、美观、名牌、功能多带来的心理愉悦作用。

(3) 对消费流行发展影响较大的还有一部分消费者,他们收入中等或中间偏上,也具有某种社会地位但不及前一部分人的社会威望高。还有些人是刚刚进入较高收入阶层的人员,他们的消费选择是攀比心理、模仿消费,这种消费带有较大的盲目性。有些企业就抓住这种心理,加强对有一定社会地位、有社会威望人士所使用商品的宣传,博得众多消费者效仿,带动消费流行的发展。这些中等收入阶层人数多,产生购买行为后,对社会其他人影响作用也大,他们的模仿消费心理带动了社会其他阶层的从众消费行为。在购物后,他们通过对商品的初步使用,产生对购买行为的买后心理评价。这些心理活动有一种正常的发展过程,循序渐进。

另一方面,在消费流行的冲击下,消费心理也会发生许多微妙的变化,考察这些具体变化,也就成为研究消费心理、搞好市场营销的重要内容。

(1) 认知态度的变化。按正常的消费心理,顾客对一种新商品,往往开始时持怀疑态度。按照一般的学习模式,对这个事物有一个学习认识的过程。有的是通过经验,有的是通过亲友的介绍,还有的是通过大众传播媒介传送的信息来学习。当然,这种消费心理意义上的学习过程,不同于正规的知识学习,它只是对自己有兴趣的商品知识予以接受。但由于消费流行的出现,大部分消费者的认知态度会发生变化,首先,是怀疑态度取消,肯定倾向增加;其次,是学习时间缩短,接受新商品时间提前。在日常生活中,许多消费者唯恐落后于消费潮流,一出现消费流行,就密切注视其变化。一旦购买条件成熟,则积极购买,争取走入消费潮流之中,这样,消费心理就从认知态度上发生了变化。认真分析后,我们可以看到,这是消费流行强化了消费者的购物心理。

(2) 驱动力的变化。人们购买商品,有时是由于生活需要,有时是因为人们为维护社会交往而产生的消费需求,如对自行车作为代步工具、手表作为计时手段的需求。由于这两种需求产生了购买商品的心理驱动力,这些驱动力使人们在购物时产生了生理动机和心理动机。按一般消费心理,这些购买动机是比较稳定的。当然有些心理动机也具有冲动性,如情绪动机,这种情绪变化是与个人消费心理相一致的。但是,在消费流行中,购买商品的驱动力会发生新的变化。如有时明明没有消费需求,但看到很多人购买,也加入了购买商品的行列,这是一种盲目的购买驱动力。这种新的购买驱动力可以划入具体购买心理动机之中,如求新、求美、求名、从众心理动机;但有时,购买者在购买流行商品时,并没有上述心理动机。因此,只能说是消费流行使人产生了一种购买的、新的心理驱动力。研究这种驱动力对于认识消费流行为什么来势凶猛具有重要的意义。

在消费流行中,原有的一些消费心理也会发生反方向变化。因为在正常的生活消费中,消费者往往要对商品比值比价,从心理上作出评价和比较后,再去购买物美价廉、经济合算的商品。但是,在消费流行的冲击下,这种传统的消费心理受到冲击。比如,一些流行商品明明因供求关系而抬高了价格,而消费者却常常不予计较,趋之若鹜。相反,原有正常商品的消费行为有所减少,如为了购买时装,对其他服装产生了等一等或迟一些时候再购买的消费心理活动。在正常的消费活动中,消费者购买商品是某种具体的购买心理动机起主导作用。比如,购买商品注重实用性和便利性的求实心理动机,但在消费流行中就会发生变化,对实用便利产生了新的理解。因为,一些流行商品从总体上比较,功能比原有老产品多,这当然会给生活带来便利,特别是一些吃的商品和家庭用品,更便利实用。这些消费者加入消费流行,是心理作用强化的直接结果。

在购买商品中,有些顾客具有惠顾和偏好的心理动机。由于对商品的长期使用,产生了信任感,或者对印象好的厂家、商店经常光顾,购物时非此不买,形成了购买习惯。在消费流行冲击下,这种具体的消费心理发生了新变化,虽然这些人对名产品、老牌子仍有信任感,但耳濡目染的都是流行商品,不断地受到家属、亲友使用流行商品炫耀心理的感染,也会逐渐失去对老产品、老牌子的惠顾心理。这时,如果老牌子、老产品不能改变商品结构、品种、形象,不能适应消费流行的需要,就会有相当一部分顾客转向流行商品,如果这些企业赶不上流行浪潮,就会失去老顾客。

个人购物偏好心理是在长期的消费生活中养成的习惯心理,这种习惯心理的养成是建立在个人生活习惯、兴趣爱好之上的。在消费流行中,这种偏好心理还会发生微妙的变化。有时,是消费者个人认识到原有习惯应该改变,有时是社会风尚的无形压力使之改变。

这些常见的消费心理在消费流行中发生了变形,但综合来看,其变化的基础仍然是原有的心理动机,只不过形成了强化或转移的形式,并未从根本上脱离消费心理动机。

4.2.2.3 消费流行周期的特点及营销对策

按照市场营销学的理论,消费流行中流行商品的生命周期决定着消费流行的周期,但是,它又和一般商品生命周期的各个阶段不完全一样,还带有流行商品自身的特点。按照商品市场生命周期的理论,商品进入市场有一个发生、发展,到最后被淘汰的过程。一种新产品出现,它的功能不但能代替老产品,而且某些方面还超过了老产品,这就意味着老产品的市场寿命将终结、新产品开始发展。从整体上看,一种产品的寿命周期大致可分为四个阶段:市场介绍阶段(商品的萌芽期)、市场增长阶段(商品的成长期)、市场成熟阶段(商品的成熟期)、市场衰退阶段(商品的衰退期)。而消费流行的周期可以分为流行初发期、流行发展期、流行盛行期、流行衰退期和流行过时期。每一阶段都有着各自不同的特点,企业应针对其特点,采取不同的营销对策。

1) 流行初发期

这是由于好奇心强,少数的消费者对某种即将流行的商品产生需求的阶段。在这个阶段,应该充分发挥新闻媒介具有引导流行的权威作用。每年的国际流行色预测、服装款式预测和流行商品预测等,无不是利用新闻媒介发布的。同时,运用综合性广告宣传。商品的生产者和经营者准备好强有力的广告信息,通过不同的形式,宣传一个或几个相类似的形象,并用相同的语言,不断地反复进行宣传,以使消费者公众对之加深印象。如今,美国女人减肥成风,有报道称其原因有二:一是爱美的天性,这属于内因;二是各种广告的作用,这属于外因。美国的各种新闻媒介、医生以及时装店老板每天都用大量的广告"围剿"胖子,使其无地自容。广告连篇累牍地称胖子如何多灾多病,如何不够风光体面,使之产生自卑感,逼迫着美国女人只好饿着肚子减肥,综合性广告宣传运动创造了流行减肥的现象。

2) 流行发展期

流行发展期表现为多数消费者对某种流行商品有所认识,开始产生大量需求。该商品成为流行品端倪渐显,使得过去观望、等待的消费者开始购买该种商品,因此需求量剧增,市场成为"卖方市场",出现供不应求局面。这时,企业采取的对策是:利用现有设备和人力,最大限度地扩大生产规模,全力开拓市场,大量销售产品。

需要指出的是,消费流行品与一般产品不同,它主要体现在"时兴"上面。当流行形成初潮后,可适当降低价格,使流行速度加快,让大量的消费者采取超时购买行为,使市场需求不断扩大,形成理想的流行浪潮。

消费流行具有时间相对短暂,购买行为集中、一致的特征,这就要求企业可采取"短渠道"和"宽渠道"的渠道策略,即减少流通环节,增加中间商数量。环节少,有助于消费流行高潮形成;中间商数目多,通过多个批发商、零售商销售流行产品,有助于消费流行范围的扩大,便于在相对较短暂的时间内将流行品销售出去。另外,中间商数目多,可弥补消费流行梯度性形成的空当,变滞后的消费流行市场机会为企业机会,扩大市场占有率。

3) 流行盛行期

该阶段,某种商品备受广大消费者青睐,在市场上广为流行。这一阶段,该种商品市场销售量达到高峰,预期价格回落,持观望态度的消费者极少,市场出现供求平衡态势,该流行品的仿冒品也日渐增多。此时,企业应采取下列对策:一是加强广告宣传,特别提醒消费者注意辨别伪劣假冒产品。二是提高产品质量,增加花色品种,扩大市场。三是加强市场预测,全力进行新产品开发,做好转产新品的准备工作,以便在竞争中处于主动地位。

从价格来说,流行高潮过后,流行趋势大减,企业可继续降低价格,甚至采取大甩卖的形式处理过时的流行品,加速资金周转并致力于新产品的开发。

4) 流行衰退期

这一阶段,某种流行商品已基本满足了市场的需求,销量渐呈降势,出现供大于求的局面。此时,市场演变为"买方市场",企业之间竞争激烈。企业在这一阶段要采取的对策是:一是降低产品价格,让利于消费者,迅速处理剩余产品,避免大量的积压和库存。二是及时调整生产,试销新品,预测市场需求,以适应新的市场状况,迎接新一轮的消费潮流。

5) 流行过时期

在此阶段,人们对某种商品或劳务的需求热情渐渐消失,只在少数人身上残留着这一消费流行的痕迹。企业在此之前应进行危机研究,在思想上有所警觉,行动上有所准备,随机应变。

企业要想推出流行商品,需要具备一定的经济实力,冒较大的风险。一旦把握了消费者心理,推出流行商品获得成功,又可以使企业获得丰厚的利润。开发流行商品对于企业来说,是一个具有很大诱惑力的市场机会,但又可能成为一个陷阱。为了抑弊扬利,最有效的手段是调查预测市场需求，研究消费心理，掌握消费流行的运动规律。

4.3 家庭对消费的影响

个人的最初集合体是家庭，家庭是社会的细胞。作为社会组成单位的家庭，必然对消费心理和行为有着某种程度的影响。

4.3.1 我国家庭消费的行为特征

我国家庭消费行为特征是随着物质文化生活水平、社会消费风尚等因素的变化而变化的。与西方经济发达国家相比，我国家庭消费还处在由理性消费向感性消费逐步过渡的时期，理性消费尚占有更大的比重。主要表现为以下几个方面。

1）实用性

商品的实际使用价值仍是影响我国家庭消费行为的核心因素。新产品优越的功能特征是吸引家庭消费的最重要因素。虽然不少消费者开始越来越重视商品的社会、心理属性，但从总体上看，还是追求商品功能实用、性能稳定、安全可靠，在此前提下，要求商品美观、时尚、新颖和具有个性化。

2）经济性

尽管我国家庭消费者的生活水平已有了很大的提高，但长期形成的以追求价廉物美为主要目标的消费行为特征仍十分明显，人们总是力图用最少的花费去获得最大限度的需要满足。当然，随着我国家庭可随意支配的货币不断增加，家庭消费行为将呈现更多的感性消费特征。

3）理智性

我国家庭消费者一般在购买商品时都表现得比较理智，完全在感情冲动下采取购买行为的情况并不多见，往往是在多种购买动机的复合作用下采取购买行为的，大多是理智与感情相结合，偏重于理智的购买行为。所以，产品策略、价格策略常常是打动消费者的主要市场营销策略。

4）计划性

勤俭节约是我国的传统美德，至今仍保持着这一良好传统。表现在消费行为上，讲求统筹兼顾，量入为出，重视储蓄和累积性消费，不乱花钱。

5）中心突出性

在我国的许多家庭中已形成了以独生子女为中心的消费模式，父母常常节制自己的消费，却不惜花费重金来满足子女的需要，子女的消费支出常常要占到家庭日常消费的一半以上。随着子女年龄的增长，孩子开始有了自己选择商品的意识，对于小食品、饮料、文化娱乐用品有了独立的消费决策权，父母也开始重视征求他们的意见，子女在家庭中的发言权越来越大，对消费决策的影响作用越来越强。尤其是文化程度高、经济条件好、民主气氛浓郁的家庭，更会充分重视子女的意见与要求。

1999 年，国家统计局下属美兰德公司对北京、上海、广州、成都、西安五大城市作了一次调查。结果显示，这五个城市 0～12 岁孩子每月消费总额要超过 35 亿元，平均每个孩子要花672 元。调查显示，北京 1 个孩子 1 个月要花掉 761 元，上海为 736 元，而这些钱 60% 以上用在服装和食品上，其中，近 40% 的钱是孩子以零花钱的形式花出去的。

4.3.2 小康社会的家庭消费形式

随着我国全面建设小康社会步伐的加快,我国城乡居民的家庭消费形式也出现了一系列的变化。概括起来,我国小康社会的家庭消费形式主要有以下几种。

4.3.2.1 扩大型生存消费形式

面向生存需要的家庭消费,是指为了维持家庭成员生命的延续和满足家庭成员生理需要的基本消费。家庭生存消费的内容涉及家庭生活的方方面面,但最主要的是吃、穿、住等方面。在食品消费方面,改革开放前后我国城乡居民家庭的食品消费无论是数量还是质量都有巨大变化;在服装消费方面,改革开放以来,我国城乡居民家庭的服装消费水平大幅度提高,实现了由满足蔽体护身需要向满足装饰美化需要的转变;住房消费方面,实现了从20世纪80年代简单追求住房面积到目前家庭住宅的艺术化、舒适化的转向。

4.3.2.2 个性化享受消费形式

改革开放以来,随着生产力的发展,家庭收入水平的提高,我国城镇居民家庭已全面进入了享受消费阶段,农村居民家庭除少数还没有脱贫外,也开始部分进入享受消费阶段。目前主要有以下两个方面的表现:一是恩格尔系数下降,食品消费进入副食型高质量化阶段;二是耐用品消费增长迅速,家用电器全面进入城乡居民家庭。此外,文化娱乐消费水平也正在逐步提高,如去歌舞厅休闲娱乐,到音乐厅听音乐,去影剧院看戏,以及体育健身、美容保健等,正在成为一种消费时尚。

4.3.2.3 闲暇型发展消费形式

20世纪90年代以来,随着知识经济时代的来临,给家庭的发展提出了新的要求,小康家庭的发展需要逐步强化和扩大,将成为一种主导性的消费。家庭发展消费就是家庭适应社会环境变化的要求,为实现家庭幸福最大化的目标,而对提高家庭成员综合素质进行资金和时间投入,且家庭成员获得全面发展的活动。这主要体现在以下方面:首先,在家庭消费中用于文化教育发展消费的支出迅速增长。就我国情况来看,城镇居民家庭用于文化教育和娱乐的消费支出占总消费的比重由1990年的8.8%上升到1999年的12.4%,农村居民家庭也由1990年的5.4%上升到1999年的10.67%。其次,在家庭时间资源的安排上,闲暇时间所占的比重不断上升。随着双休日和长假制度的推行,我国城镇家庭正在全面进入小康式的闲暇消费,如旅游、读书、文体、健美等。尤其是旅游消费现已成为一种主要的闲暇消费方式。2000年,全国出游人数达到74 445万人次,旅游收入为3 176亿元,比上年增长12.1%。这种闲暇消费既具有享乐功能,更具有精神和文化陶冶功能。

4.3.3 家庭消费的功能

现代社会生产包括物质生产、精神生产和人类自身的生产三大部分。与此相适应,家庭消费的功能也就具体表现为以下三个方面。

4.3.3.1 家庭消费促进社会物质资料生产的发展

第一,家庭消费通过消费需求的满足,产生发展生产的原动力。人类要生存和发展,必然产生消费需要,必须有消费资料。通过消费,使需要得到满足。需要满足了,又会产生新的需要。这种新的需要的产生是第一个历史活动。第二,家庭消费推动着第Ⅱ部类生产的发展。物质资料生产是人类存在和发展的基础。如果把社会生产当作周而复始、不断更新的运动过程来考察,生产作为"起点",消费作为"终点"的界限就会在一定意义上发生变化。通过消费,直接创造出对消费资料的需求,引起和推动消费资料生产的发展。第三,家庭消费通过第Ⅱ部类的发展,促进第Ⅰ部类的发展,使两大部类得以协调,共同发展。因为,第Ⅱ部类生产的发展及其内部结构的变化,必然会对第Ⅰ部类提出新的要求,促使生产生产资料的第Ⅰ部类发生变化,进行产业结构和产品结构的调整。

4.3.3.2　家庭消费提高人的精神文明程度

家庭消费随着结构的改善,能增进人的身体健康,有利于陶冶情操,净化心灵,增长知识和才干;可以引导人们树立正确的世界观、人生观和价值观;可以培养人们的组织观念,成为有纪律的人;可以帮助人们学文化、学科学、学技术,成为有文化的人。

4.3.3.3　家庭消费促进人自身的优化

人类自身的生产就是人口的生产和再生产。众所周知,一个人从出生到成为具有一定生产技能和劳动熟练程度的生产者,需要经过十多年的成长、发育和接受教育的单纯消费阶段。在这个过程中,人的消费就直接起着生产自身的作用,为使人成为现实的生产者作准备。如果家庭消费在结构上不断改善和趋于合理,就会促进人口生产和再生产的优化,并对整个社会物质生产和精神生产的增长提供必要条件。

4.3.4　家庭因素对消费行为的影响

家庭消费功能能否充分发挥作用,受许多因素影响和制约,其中包括诸多家庭因素。概括起来,影响家庭消费行为的家庭因素主要有如下几方面。

4.3.4.1　家庭消费首先要依赖于家庭收入

收入水平是影响家庭消费的基本因素。因为家庭消费的各项内容都随着收入的变化而变化。收入水平高、购买能力强,就会使理想的消费成为现实的消费;就会使消费品的数量增多、质量高、领域广。家庭消费对社会生活的推动作用和功效就能得到充分发挥。而在收入水平非常低的情况下,人们多方面的需要很难得到满足,其家庭消费功能的发挥必然受到很大限制。

家庭消费水平是同家庭收入水平成正比的,收入水平的高低决定消费水平的高低。在我国,1996～1999 年间,城乡居民家庭收入年均实际增幅分别达到 5.6％和 5.4％。同期,城乡居民家庭实际消费水平平均分别提高 6.1％和 5.7％。不仅如此,家庭收入水平还决定家庭消费结构。目前,我国家庭生活消费的恩格尔系数已由 1980 年的 62％下降到了 1999 年的 46％左右,其中,城镇居民家庭消费的恩格尔系数由 1978 年的 57.4％大幅度下降到 1999 年的41.9％;农村居民家庭消费的恩格尔系数由 1978 年的 67.6％下降到 1999 年的 52.6％,消费档次明显提高,消费层次明显增多,消费个性明显突出,品牌选择性增大,出现了消费多样化的态势。随着收入水平的提高,目前我国城乡居民家庭,尤其是城镇居民家庭,正步入小康家庭的消费阶段。

4.3.4.2　家庭消费方针也影响家庭消费行为

家庭消费方针,即家庭消费的生活目标和达到生活目标的时间表,即家庭预期通过何种方式积累财产,以便在预定的时间内逐步达到其生活目标。小康家庭尤其如此。在这里,生活目标的内容包括家庭的住宅和对子女的抚养、教育、就业、结婚以及家庭主要成员退休生活安排等。这种家庭生活目标按其影响因素不同,又可分为家庭的社会目标、个人目标和团体目标三类。家庭的社会目标是指家庭受社会影响而产生的目标,如子女教育、食物和服饰以及文化消费等,受到社会的法规保护和伦理道德的规范,对家庭的消费支出有很大的影响;家庭的个人目标主要是指家庭中个别主要成员的愿望,如追求舒适生活的享受和较高社会地位等,也会影响家庭的消费支出;家庭团体目标是指家庭作为一个整体而产生的目标,如购买住宅、大型家具和度假旅游等,这些对家庭消费会有重大影响,而且还能协调家庭消费社会目标、个人目标和团体目标的关系。总的来说,家庭生活目标决定家庭消费的类型特征,如生存型消费为主、发展型消费为主、享乐型消费为主等,这些不同的消费类型其消费的内容、结构、目的和方式是很不一样的。美国学者温德尔·贝尔和小安德森等人,在考察家庭生活目标的基础上,将家庭消费分为三种类型:一是"以家庭为中心的家庭",此处的家庭特指家庭成员尤其指子女,这类家庭的凝聚力很强,上一代人与下一代之间的隔阂不明显,家庭中一直把孩子作为中心,家庭重视储蓄,重视对孩子素质、能力、专长、爱好教育等的投资;二是"以事业为中心的家庭",家庭"户主"有很强的事业心,家庭的支出、家庭"户主"的精力和时间主要投放在事业的发展上,此外,用作家庭地位象征的支出,即家庭社交活动支出也比较突出;三是"以消费为中心家庭",其主要愿望不在事业方面,而是竭力提高目前的生活水平。同生活享受有关的商品和劳务的支出,如各种奢侈性的支出、经常性旅游的支出等,构成了家庭消费支出的主要内容。当然,除了以上三种典型的家庭外,也存在一些综合型家庭,如"家庭与事业并重的家庭",较少注意生活享受;"家庭与消费并重的家庭",对事业关心较少,不太注重发展性支出;"事业与消费并重的家庭",对家庭本身不那么关心,大部分支出用于事业方面和生活享受方面。

4.3.4.3 家庭生命周期影响家庭消费行为

家庭生命周期是指从建立家庭开始到该家庭分解的过程。这其中可分为若干阶段,而不同阶段的家庭消费行为是不一样的,于是引起消费结构的变化。一般来说,家庭生命周期分为单身阶段、新婚阶段、满巢阶段、空巢阶段和独居阶段等。在单身阶段,其消费比较简单;在新婚阶段,消费需要急剧增大,但限于收入水平,只能有重点地购买,以购买耐用消费品为主;满巢阶段,收入开始增加,孩子出世并逐渐长大,用于抚养和教育孩子的支出和医疗支出大幅度增加;空巢阶段和独居阶段,子女已长大外出工作,多数不在家庭中生活了,家庭主人也开始退休,收入相对减少,这时家庭消费支出会大幅度降低,但医疗支出会迅速增加。

4.3.4.4 家庭构成状况影响家庭消费行为

家庭构成状况是指家庭成员人数、年龄、性别和各成员间的关系对家庭消费的影响。这集中表现在两个方面:一是家庭成员中谁是购买决策者,即"户主",不同的决策人对商品的选购有不同的决定作用,因而影响消费结构和水平;二是家庭规模的大小,这也是影响消费结构的重要因素。目前,小康家庭规模趋向小型化,对耐用消费品的购买最可能呈相对稳定趋势,对方便食品、旅游、教育、娱乐和劳务需求则呈大幅度上升趋势等。

要点重述

消费行为不仅仅是一种个人行为,更是一种社会行为,必然受到其所处的社会历史条件的制约和当时社会环境因素的影响。只有从社会因素对消费行为的影响角度去研究消费者心理活动的规律,才能科学地解释消费行为,并为下一期消费行为的预测提供切实可靠的依据。各营销单位可以据此制定恰当的营销策略,消费者也可以自觉地调控自己的消费行为。这里所说的社会和环境因素,包括社会文化、消费习俗和社会流行、家庭等。

社会文化主要通过社会习俗、社会时尚、民族传统与宗教信仰、价值观念影响消费者的购买动机和购买基准,从而影响消费者的消费心理和消费行为。

消费习俗是指人们长期消费过程中形成的具有倾向性的消费习惯。消费习俗主要通过传统节日影响消费者的消费行为。消费流行与消费心理的影响是双向互动的:一方面,通过高收入阶层、社会地位较高阶层及一部分介于两者之间的具有盲目攀比心理、模仿消费群体的带动,对消费流行的形成发展产生影响;另一方面,在消费流行的冲击下,也会带来消费者认知态度、购物驱动力等心理的微妙变化。生产厂家和产品营销人员应该把握消费流行周期各阶段的特点,制定切实可行的营销对策。

作为社会组成单位的家庭消费,具有促进社会物质资料生产发展、提高人的精神文明程度、促进人自身优化的功能。随着向全面小康的进一步迈进,我国城乡居民家庭出现了多样化的消费形式,但从总体上呈现出实用性、经济性、理智性、计划性和中心突出性等特点。

影响城乡居民消费行为的家庭因素主要有家庭收入、家庭消费方针、家庭生命周期、家庭构成状况等方面。

关键术语

社会文化　消费习俗与消费流行　家庭因素　消费心理与消费行为

问题思考

例 4.1　2002 年在上海上市的素儿迷你痘贴膜,创新自己的营销推广方法,通过平面广告的设计,成功地将产品的功效性和时尚性融为一体。它创造的素儿卡通形象,已经深入上海热爱卡通、追求时尚的女孩儿心中。"素儿"在上市之初,成功地通过女孩们的偶像"F4"来推动产品销售。在营造时尚氛围的同时,它更时刻不忘讲述自己的功效"有效针对刚长出的单个或多个新生痘"。2002 年 11 月上市后,在 2 个月内即成为知名品牌。

例 4.2　2000 年后一段时间内,引领中国消费品营销创新的保健品行业陷入困境。2001年下半年上市的"成长快乐",是依据中国第三次全国营养调查结果研制,根据中国儿童营养状况设计的儿童维生素矿物质营养补充剂。在美国市场上,复合维生素、矿物质产品占据保健品销售额的半壁江山,可谓是保健食品市场上的战略产品类别。除了跨国制药公司施贵宝、苏州立达外,中国市场上的地下"进口维生素"还有很多。"养生堂"扛起民族大旗,引领众多民族企业对洋维生素发动反攻。在众多产品中,获得重大成功的还只有"成长快乐"。

思考　什么是社会文化?影响消费心理的社会文化因素主要有哪些?试结合上述两例加以分析。

5　商品广告心理

凉茶大战中的娃哈哈金银花凉茶定位

在饮料市场里，凉茶已经成为一个大品类，与水、可乐、果汁、茶等并驾齐驱，且趋势在上升，其规模甚至有超过可乐的可能。凉茶饮料王老吉凭借"怕上火喝王老吉"——如此"一箭穿心"的广告语迅速成为凉茶第一品牌，上市短短 4 年就形成近百亿元的销售规模，成为凉茶业的"领头羊"，被称为定位的典范。"和其正"是福建达利集团生产的一种凉茶的品牌，是中国凉茶行业的一支劲旅，其产品的定位，除具有王老吉的"预防上火"作用外，还可"熬夜伤神补元气"，强调清火气、养元气、老少皆宜，撼动着"王老吉"雄霸天下的市场地位。但是 2009 年 5 月 11 日，卫生部指出王老吉在饮料中添加夏枯草涉嫌违规，但时隔 4 天，卫生部又指出王老吉添加夏枯草"没问题"。这看似一场闹剧的食品安全事件，在经过了 3 天的媒体炒作之后，似乎又归于平静。但来自民间关于王老吉是是非非的争议，一直没有平息……

王老吉凉茶"夏枯草事件"的争议尚未远去，2009 年饮料巨头杭州娃哈哈集团有限公司重磅高调地推出了金银花凉茶，且电视广告中喊出了"不含夏枯草"的口号，其不寻常的市场举动，无疑又给当前的凉茶市场刮来了一阵"飓风"。娃哈哈金银花凉茶采用独特的热水提取方式，恒温 95℃，既不会将金银花中的苦涩成分一同提炼出来，又让金银花中的有效成分绿原酸最大限度地保留，更特别添加浓缩苹果汁，在有效保持其药理功效的同时更能让人甘醇畅饮。不言而喻，娃哈哈金银花凉茶显然就是在搭凉茶老大王老吉的便车，否则就单一凉茶而言，娃哈哈这个凉茶新人不会是（至少目前不会是）王老吉的对手。伴随王老吉、邓老凉茶、黄振龙、金葫芦、和其正、潘高寿和白云山等凉茶品牌在全国扩张步伐的加快以及娃哈哈集团的参与，凉茶市场竞争更为激烈。

目前，饮料市场上的凉茶品类繁多，卖点尤以防治上火、去火为主，而随着具有预防流感、清热解毒功效的金银花凉茶的横空出世，2010 年夏天饮料市场的格局再一次被打破。饮料营销专家陈玮在接受《广告主》记者采访时认为："金银花是这两年在药店和超市流行的中药保健饮品，在爆发甲型流感的今天，消费者对于具有抗病毒功效的金银花更是钟爱有加。娃哈哈看准时机进入金银花凉茶这一品类，展现出的是一种极高的市场敏锐度。"娃哈哈金银花凉茶一经上市，便以"不含夏枯草，凉而不寒"的产品特点，受到各地消费者喜爱。业内专家指出，在人们越来越注重健康的今天，娃哈哈金银花凉茶将以"健康新凉茶"的身份迅速占领市场，引发饮料行业健康凉茶消费热。而且，除大量在电视等媒体做广告外，娃哈哈公司在全国 100 多个城市，同时向流感易发人群免费赠送合计价值 2 500 万元的金银花凉茶。娃哈哈此举，将金银花的关注度再一次推向高峰！

这也说明所有的传播活动,都是为了协助品牌去建立、加强或巩固一个定位,以此影响消费者的购买决策。

娃哈哈抓住机会,见缝插针,且有些"落井下石"的广告策略,直接叫板王老吉以及和其正等凉茶前辈们,确实够勇猛。细心的消费者可以发现娃哈哈将其金银花凉茶定位于"清内火、更解暑",从这个角度来看,并没有脱离目前凉茶产品千篇一律的"火"字诀,"更解暑"虽然强化了产品在口感上的功效,但也把自己打入了季节性产品的周期局限。而娃哈哈金银花凉茶却选择在秋季大做广告,而且伴随着新中国成立60周年之际,金银花凉茶推出了全家健康全家福大征集活动,时间为2009年9月15日至2009年10月31日。真不知道这个"更解暑"如何做解释,并且宣称"有金银花凉茶不用戴口罩",言下之意可以预防流感,但是否真正如此不得而知。有不少专家认为,娃哈哈利用"不含夏枯草"做卖点是不是有点儿晚了。其实夏枯草与金银花在药理功效上有很多相似之处,医书上对夏枯草与金银花的使用禁忌上都讲到"脾胃虚寒者忌用"。所以,一旦人们认识到原来夏枯草与金银花也是"表亲"关系,不知道这个"不含夏枯草"是不是也打了金银花一耳光。杭州娃哈哈集团有限公司市场部副部长陈新华认为"提出'不含夏枯草'的口号,这和原来感冒药广告说不含PPA是一样的策略。"另外,其包装瓶身设计和康师傅茉莉清茶形似,大瓶口,没有突出明显特点。2010年3月中旬,整个事件有了重大的戏剧性的转折,国家卫生部正式发出通知,允许夏枯草作为凉茶配方使用。据悉,曾因添加夏枯草一事,王老吉被推向大众质疑的风口浪尖。这次卫生部正式给夏枯草正名,对"王老吉"而言,无疑是一个利好消息;对我国凉茶市场也是利好信号,其正面意义自不待言。那么娃哈哈的金银花凉茶又何去何从呢?值得我们进一步关注。

(资料来源:《中国市场》,2010年第27期)

本章引言

在社会主义市场经济条件下,企业为了在营销活动中获得成功,不仅仅要生产出符合社会需要的优质产品,同时还要有相应的促销策略。如今,广告作为一种非常重要的促销手段,日益受到企业关注与青睐。"好货也要好推销"就是人们在营销实践中总结出来的经验。在当今的社会,如果企业依然满足于"桃李不言,下自成蹊"、"酒香不怕巷子深"、"皇帝的女儿不愁嫁",已不再灵验了。在市场竞争日益激烈的今天,即使企业的产品质量上乘、价格合理、销售渠道通畅,但是,如果广告宣传不到位,消费者对商品的认识模糊甚至是闻所未闻,产品就很难获得好的市场销路,企业就很难生存和发展。因此,深入研究商品广告心理,把握消费者的心理脉动,进而采取适当的广告策略,对于增强企业的营销能力,提高产品的知名度,占领市场的一席之地并蓬勃发展有着至关重要的意义。

无论如何,不含夏枯草,并不能给娃哈哈带来多少好处,倒是另外一个差异化重要卖点——金银花,却很有新意,毕竟这是一款不同于王老吉、和其正、潘高寿等口味同质化的凉茶。其营销格局相当于可口可乐和七喜的竞争,同是碳酸型饮料,但有了不同口味的选择,势必有一些爱好尝鲜的人去尝试新口味,以及新口味带来的不同品牌心境。随后依托娃哈哈用强势产品十几年建立起来的销售渠道,占领超市,轰炸街头小巷,结合活动营销,让娃哈哈金银花凉茶充满市场并不困难。

基本理论

5.1 广告及有关媒体的心理特点

5.1.1 广告的概念与心理功能

5.1.1.1 广告的概念

广告,单就字面解释,"广"即广大,广阔;"告"即告知。"广告"即广而告之,向广大公众告知某种事物。

一般说来,广告的概念有广义和狭义之分,它们有不同的特点,表述也不相同。广义的广告定义多种多样。美国市场学会定义委员会把广告的概念界定为:"广告是有明确的发起者以公开支付费用的做法,以非人员的任何形式,对产品、劳务或某项行动的意见和想法等的宣传介绍。"1980 年,我国出版的《辞海》对广告的注解是:"向公众介绍商品、报道服务内容或文艺节目等的一种宣传方式,一般通过报刊、电台、电视台、招贴、电影、幻灯、橱窗布置、商品陈列等形式来进行。"《辞源》的解释比较简明扼要,即"以其事布告于众也。"广义的广告的概念,表述虽然不同,但基本的含义还是一致的,是指一切面向公众的宣传活动,不仅包括出售商品和劳务的宣传活动,而且包括影响公众认识的非营利性的宣传活动。可见,广义的广告有以营利为目的的经济广告和不以营利为目的的非经济广告两大类型。非经济广告是指为了传递某种思想观念,或者达到某种宣传目的的广告,它不获取利润,如各级政府的公告,党、政、军、宗教、教育、卫生等方面的启事、声明等。经济广告又称商业广告或营销广告,是指广告者为了获取利润,通过传播媒体将有关商品的或劳务的信息传递给消费者的一种宣传方式。

狭义的广告,是指同商品经济相联系的,以传播商品和劳务信息为主要内容的经济行为,又称经济广告或商业广告。本篇所讨论的广告,属于狭义的解释之列,即商业广告(市场营销广告)。从这一前提出发,参照各家所说,我们可以给广告下个定义:广告是指广告主有计划地通过付费媒体,对商品、劳务或观念所进行的信息沟通和促销活动。

5.1.1.2 广告的心理功能

广告是商品经济的产物。在商品经济条件下,没有不做广告的商人,也没有不依赖广告进行商品销售的商业活动。生产的社会化、商品化越发展,就越是需要在产品的生产者和消费者之间互通信息。在国外经济界,有这样一句名言:"推销商品不做广告,犹如在黑暗中送秋波。"这句话说得形象且深刻。企业的富有思想性、艺术性、真实性和科学性的广告,对于促进生产、引导消费、加速商品的流通,活跃市场竞争,丰富人民的物质文化生活,无疑具有重要的意义。从这个意义上说,广告是联系商家和消费者的桥梁,是两者的信息沟通渠道。

对于营销企业来说,广告的最大功能就是加速商品流通和扩大商品的销售,广告是促进商品销售的重要工具。在商品经济活动中,广告扮演着十分重要的角色,发挥着非常重要的作用,这主要是由于广告本身具有的心理功能所决定的。我国广告的发展有着悠久的历史。随着广告在工商业、服务业的广泛运用,广告的功能不断多样化。从营销心理学的角度来看,广告的心理功能主要有以下几个方面:

第一,传播功能。传播经济信息、宣传商品是商业广告最基本的功能。商业广告的内容大多是宣传商品的成分、性能、用途、规格、质量、特点、使用、维修和养护的方法。这实质上就是通过各种媒体,把上述信息向社会广为传播。消费者根据广告所提供的信息,可以及时寻找到自己所需要的商品。实践证明,广告在传递经济信息方面,是最迅速、最节省、最有效的手段之一。

第二,诱导功能。商业广告的最终目的在于引起消费者的注意和兴趣,诱发消费者的购买欲望,并通过对商品的宣传、介绍,激发消费者的消费需求和购买行为。商业广告,能吸引人们的注意,使其对广告宣传、介绍的商品产生兴趣并激发购买欲望,这种欲望进一步发展下去,就会引导出购买的行为。尽管产生购买的决定性因素是消费者的主观需要,而不是客观上的广告刺激。但是,广告对促成消费者的购买行为所发挥的巨大影响力是不容忽视的。从某些商品在进行广告宣传前后的销售额的明显变化中,就可以看到广告对促进销售所发挥的积极作用。

第三,教育功能。良好的广告采用文明道德、健康向上的表现形式与内容,对扩大消费者的知识领域、丰富精神生活、指导科学消费和促进社会主义的两个文明建设,都有潜移默化的作用。良好的广告还可以让人们通过对作品的观赏,给人以美的享受,是雅俗共赏、一举多得的美育方式。

第四,促销功能。企业对广告的最直接的要求是促销,促销是广告的基本功能。因为企业之间在生产效率、产品质量、花色品种、包装装潢、适销对路等各个方面实际上存在着差别,通过竞争区别了优劣,有利于提高企业的管理水平和发展生产。而广告则是开展竞争的一个重要条件,它为企业在竞争中创名牌、树信誉而宣传;为新技术、新工艺、新产品而呐喊,从而使广告成为企业间开展竞争、促进销售的一种工具。通过广告对商品和服务的宣传,企业把有关信息传递给广大消费者,引起消费者的注意,深化消费者对商品的认识,增强购买信心,加速购买决策。因此,广告是促进商品销售的重要手段,被人们誉为推销术。

5.1.2　广告媒体的心理特点

广告的传播是通过广告媒体来进行的。广告媒体是广告者向广告对象传递信息的载体。广告媒体是指所有使广告接受者产生反映的物质手段和方法,即广告信息和广告创意的物化形象的载体,广告信息和广告创意只有通过媒体才能传递。广告媒体的使用直接关系到信息传播的影响范围和准确程度。广告与消费者的沟通必须通过与广大消费者的视觉、听觉联系的物质,借助这些起沟通作用的物质本身的吸引力和传播力,使广告诉求引起消费者的注意与兴趣,并深入人心,否则就不能实现广告的目的。

随着科学技术的发展,广告媒体越来越多,不同的媒体具有不同的特点,对消费者的心理具有不同的影响。因此,广告的设计制作要充分利用不同媒体所引起的不同的心理效应,以求得最佳的效果。当前广告媒体种类繁多,具体来说包括报纸、杂志、电视、广播、电影、网络、电子显示屏、扩音机、幻灯、包装物、直邮广告、分发广告、户外广告、交通广告、空中广告、人物广告等等。在市场竞争日益激烈的今天,广告媒体还有不断扩大的趋势。凡是能够起传播作用的事与物,都可被称作广告媒体,我们正处于一个"多媒体"时代。

广告的种类繁多,但是我们还是可以将它们大致分为以下几类。

5.1.2.1　印刷媒体

凡是利用印刷技术作为广告信息的载体,都属于印刷媒体,印刷媒体主要有以下几种。

1）报纸

报纸是印刷媒体中使用最为广泛的媒体,种类繁多,发行量大。如今,报纸是我国使用最普遍的广告媒体。据不完全统计,我国的报纸已达上千种,其中地方报纸约为90%。这些报纸都兼有广告业务。报纸广告的心理特征主要有:

第一,消息性。报刊向来是以刊登新闻信息为中心的。因此,其消息性也反映在广告方面。尤其是新产品研制成功的消息在报纸上刊登后,可以促进新产品的销售,即新产品和服务的推出可以利用新闻信息的形式达到广告效果。

第二,广泛性。我国报纸的发行非常广泛,读报的人日益增多,读者可以很方便地看广告。因此,报纸广告也越来越具有广泛性。

第三,准确性。报纸广告向来以传播及时、准确著称。它能用最快的速度把广告信息准确地传递给消费者,并可以反复地、连续地传播,能给消费者留下深刻的印象,且便于保存。因此,报纸是一种强有力的以理性诉求为主的广告媒体。

第四,权威性。报纸在人们心目中素有威望,具有权威性,人们对报纸传递的广告信息往往比较信赖。这一方面是由于报纸历史悠久;另一方面是由于报纸是有形的,读者能看在眼里,拿在手中,容易产生信赖感。此外,报纸的商业化、广告化尚不十分严重,读者较容易接受报纸上刊登的广告。

根据报纸的这些心理特点,营销企业在利用报纸做广告时,一般适用于介绍通用性较强的新产品、新技术,树立商标和传播企业的名声,宣传优质产品,开发区域性目标市场等。而且,要注意标题和图案应醒目,立意要新颖,版面结构要简洁,文字要清晰易懂,图案要形象生动,简明清楚。

2）杂志

杂志也是印刷媒体中使用较为广泛的一种。但杂志不像报纸那样以新闻为主,而是分门别类,专业性较强。因此,杂志是做各类专用产品广告的良好媒体,宣传效果显著。杂志广告具有以下心理特点:

第一,针对性强。杂志的针对性强,各个杂志都有自己的读者对象,是做各类专用商品广告的主要媒体。一般来说,杂志的读者有一定的专业水平和较高的文化修养,容易接受广告的宣传,尤其是对本专业范围产品的广告更为注意。因此,杂志可以针对特定消费者群的兴趣、爱好、气质、性格、知识水平、价值观念等进行有效的广告宣传,可以取得非常显著的心理效果。

第二,保存期较长。杂志不像报纸那样时效性强,一期杂志可以吸引读者不断翻阅或传阅,而且便于长期保存。因而,杂志广告的保存期长、稳定性强,使读者能够得到较长时间的重复刺激,有利于扩大和深化广告宣传的心理效果。

3）直邮广告

随着我国邮电事业的大力发展,直接邮件剧增,使之成为一种主要的广告媒体。它具有以下心理特征:其一,具有针对某一特定阶层的选择性。不同的消费者具有不同的消费需求,形成了若干特定的阶层。直接邮件广告的对象主要是针对这些特定阶层的。其二,并排性少。消费者一天收到数封直接邮件的情况比较少,即使一天收到数封直接邮件,还是具有单独阅读性。

但是,直接邮寄广告的不足之处也很明显,如广泛性不如广播、电视、报纸、杂志等广告媒体强;显露性小;反应速度较慢,回收反馈时间长,回收率低。为此,精美别致的外壳、得体的措辞、幽默生动的语言、方便的回执,是提高直邮广告的回收率和效果所必须具备的要素。

5.1.2.2　视听媒体

1) 广播

广播作为用电波传播声音的工具,几乎无时不在,无处不及。因此,用广播做广告媒体,必然具有其他媒体所不具有的特殊效果:

第一,传播速度快,消息及时。广播广告传播迅速及时,它不受交通和路程的限制,能够以最快的速度把广告消息传递给千家万户和广大消费者,很适合时效性强的广告。

第二,传播范围广,不受时间和空间限制。广播广告的对象广泛,而且不受文化水平的限制,从学龄前儿童到白发老人都可以收听;不受时间和空间的限制,空间广泛,只要不受干扰,不论在什么地方都可以用收音机收听,这是其他广告媒体所难以做到的。

第三,针对性强,感染力强。广播广告通过声音,用多种多样的宣传形式,传播不同的广告内容,易于各类不同的消费者收听。广播广告的感染力强,因为广播的手法很多,如演讲、对话、讨论、讲座等都可以,而且从古至今,口语始终是人类交流的一种主要方式。

第四,灵活性高。用声音来传递广告信息,无论在时间上和空间上都有较大的灵活性。同时,广播广告的形式也很灵活,可以配乐,也可以单播,可以对答,也可以穿插情节,不拘一格,有利于提高广告的宣传效果。

当然,广播广告也有其负心理效应,如声音转瞬即逝,不留痕迹,使人没有更多的思考和回味的余地,广告内容不易查找、保存与核实,过耳不留,难以讲清楚复杂的问题,听众往往仅仅对于表面的东西存有记忆;必须顺序收听,不能选择,而且必须在一定的时间内按照排列顺序收听,不能提前也不能推后,给收听者带来很大的不便;只能诉诸消费者的听觉,不能反映商品的实体、形象,因此,消费者对商品的印象不深刻。

鉴于广播广告的上述优缺点,广播广告适用于:企业对厂牌、商标和企业形象的宣传;企业介绍已经被社会普遍认识、名称型号便于消费者记忆的常规产品。为了提高广播广告的效果,要做到语言简练生动,口语化、大众化,使人易听易懂。

2) 电视

电视是集现代电子技术之大成,最有前途的广告媒介。电视把视觉形象和听觉形象有机地结合起来,表现手法丰富多彩,对人们有着巨大的吸引力。因此,电视已经成为当今最重要的现代化广告媒介。电视作为广告媒体具有独特的心理特点:

首先,传播范围非常广泛。如今,电视在我国已经普及,电视给广大观众以美的享受,为广大消费者所喜闻乐见。因此,电视广告的覆盖面很广,能广泛吸引消费者。

其次,表现力强。电视广告的表现力尤其出色,电视将多种艺术手法熔于一炉,博采各种新闻媒介之长,综合运用文字、图片、声音、动画、电影和音响等各种技巧,表现手法灵活多样,形象生动,丰富多彩,表现力强,感染力强。观众可以通过视觉和听觉系统,同时接受不同符号的信息,易于消费者记忆,而且印象深刻。

最后,重复性高。电视广告可以重复播放,对消费者起着潜移默化的作用,能使商品在消费者心目中留下深刻的印象。

但电视广告也存在费用较高、广告展播时间短、观众选择性较小等不足。

5.1.2.3　户外广告

户外广告通常有橱窗广告、招贴广告、交通广告等。现在还有网络广告、空中广告等。

1）橱窗广告

橱窗广告是在商店沿街的窗户内设立玻璃橱窗,把所经营的重要商品按照巧妙的构思、设计,排列成富有装饰性和整体感的货样群,给人们以实物的广告宣传和美感享受,以促进销售。橱窗广告属于现场销售广告的一种,它能给人货真价实的感受,从而激发其购买欲。橱窗广告所陈列的货物摆在一起不是随意的凑合,而是要有总体造型图案构思和形象的内在联系,同时还要分清主次,精选样品,要根据顾客的兴趣和节气的变化,及时调整商品的陈列位置,把热门化和新推广的商品摆在显眼的位置上。另外,还要注意橱窗的背景色彩要鲜明,整个橱窗的色调要和谐,光线充足。

2）招贴广告

在街头指定的广告牌上,允许营销企业张贴一定篇幅的广告、海报,这就是招贴广告。商店、药铺以及服务行业等张贴在营业地附近墙壁上、木板上的各种临时广告也属于招贴广告。这类广告是一种古老形式的广告,它虽然在形式上不怎么讲究,但是其使用价值还是很大的。它可以弥补报纸和杂志所不能传播的空缺,特别适宜于广告不甚发达的小城镇,它具有能吸引消费者注意、制作方便、成本低廉等优点。利用招贴广告,要注意写作简单、实用,使人一览无余,不费思索;张贴的位置要有统一的管理,不能随意乱贴,否则有碍市容的整洁美观。

3）交通广告

交通广告是指利用流动的公共汽车、火车、轮船的车身和船身做广告,能向广大游客和旅客重复宣传,起到反复刺激的作用。

以上三种户外广告,虽有各自的优势,但也有不能选择观众、创造性受限制等不足。

4）网络广告

在信息时代,计算机,尤其是个人电脑,将成为最重要的营销信息沟通工具。广告商当然不会错过这个极佳的媒体。并且,我们现在已经走进电脑发展的第四个阶段——网络时代。网络一经与商业广告结合起来,就焕发出无限的光彩。只要轻轻一点鼠标,任何一个企业就可以与一个拥有无数潜在顾客的市场联系在一起,这是一种多么诱人的景象。利用网络做广告,与其他媒体比较而言,有如下心理特点:

其一,传播时空非常广泛。与传统广告不同,网络广告的空间几乎是无限的,而且成本低廉。公司可以花很少的钱提供企业和产品的百科全书式的信息。因为有这个便利条件,公司可以根据消费者对信息需求的不同而相应裁减信息的内容,使之更好地符合每一位来访者的不同需求。同样,在网络广告中,时间这个概念对于公司来说似乎没有太大的意义,但对有的消费者来说至关重要。要使消费者舍得在你的广告上花时间,就必须增加广告的价值,使之对消费者的知识、经验等产生积极的增长作用。另外,网络广告的传播范围远远大于传统广告。网络可以把广告传播给因特网所覆盖的近 200 个国家的所有目标受众。

其二,及时互动。传统广告的信息流向是由发送者推向目标受众。无论是报纸、杂志,还是电视、广播,传统广告都具有强势灌输的特性,它们要排除环境的干扰,将有关信息或意向塞进受众的脑中,企图在受众中留下深刻的印象。在这个信息传递过程中,受众是完全被动的,无法实现发送者和受众之间即时的双向交流。而网络广告的最大特点就是及时互动。它不是强势推向型的,而是顺势拉近型的,是顾客而不是公司扮演这个交互中的主动角色,顾客因寻找某种特定信息而需要浏览公司的广告。

其三,理性诉求力强。传统广告是劝诱消费者购买某种产品,而对产品本身的信息的提供则放在次要位置上。而网络广告更多地偏向于基本信息的理性诉求。由于目前因特网上的视频和音频效果还很粗糙,因此提供信息的方式主要还是文本式。但网络上的文本是超文本格式,它不需要像传统的线性结构的文本一样翻页,而是可以直接在相互链接的页面之间无缝地跳转。这为浏览者深入了解某种信息提供了极大的方便。网络广告也应充分地利用这个优势,尽可能地为消费者提供详尽的信息,最终促进消费者理性决策。

5.2　广告定位及其程序

5.2.1　广告定位的内涵和意义

5.2.1.1　广告定位的难处和内涵

任何广告都需要选择对象,市场就是广告的对象。广告定位是西方广告界很流行的一种推销方法。其目的就是使企业及其产品在顾客的心目中占有一席之地。

广告定位有其难处。要想使企业及产品在顾客心目中占有一定的位置,商品信息的传播成功与否,便决定了能否达到这一目的。但在当代,各种信息正如海潮奔涌,向消费者发起进攻。以美国为例,美国现在每年出版 30 000 余种书,一个人要看完它,得每天花 24 小时连续地看上 17 年;印制报纸每年用去 1 000 万吨新闻纸,人均消耗 42 千克;一般家庭每天看 7 小时以上电视,有 75 万幅电视图像闪过;一个 400 克装的早餐麦片盒子上有 1 268 个字的说明,外加一本 3 200 字的营养小册子……有谁会阅读、细看、听取这么多倾泻而出的全部信息呢? 要知道人们对付太多信息的唯一防御手段便是采取一种过分简单化的看法,只有少而精的信息传播方法才能在顾客心中留下长久的印象。

信息传达不到顾客心中,有三大原因。一是传播媒介迅猛激增;二是产品迅猛激增;三是广告迅猛激增。

首先,传播媒介太多。电视频道多,无线电广播调频调幅,街上有广告牌和广告画,报纸有日报、晚报、周报、星期日版,杂志五花八门,各种交通工具,如公共汽车、卡车、出租车、地铁、轻轨等也都作为传播媒介,带有商品信息,甚至连人体也成了活动的广告牌,衣着穿戴的都是各种品牌的产品。许许多多的广告信息在进行你死我活的战斗。

其次,产品数量猛增,品种繁多的服装、鞋帽、食品、药品等等,令消费者目不暇接,各种超级市场、特级市场随之建造。例如,美国市场上有数十万种可供处方的药品,但开业医生根本无法知道所有药品的名称和药效。人的心理承受能力是有一定限度的,超过了,脑子便无法正常加工。

再次,广告数量猛增,广告的效力反而日趋下降。各行业都在为自己做广告,甚至医院和政府机构也加入了这一行列。

总之,信息过多,一方面,对消费者造成损害,他们被大量信息弄得不知所措;另一方面,耗资甚巨,收效甚微,只有少量且未必是最重要的信息通过传播渠道,到达消费者心中。因此,若要使你的广告深入人心,就必须以消费者为中心,倾听其心声,注意其动向,满足其需要。广告定位正是一种用于使商品信息通向人们心灵的有效方法。

定位是指从为数众多的商品的性质之中,发现或形成有竞争力、差别化的商品特性及重要因素。因此,确定商品在市场的定位之前,必须要先收集有关该商品的市场环境情报,并且加以分析,经过这一步骤之后,再来研讨如何确立商品所应采取的定位。

定位的目的就是要将差异化做出来。差异化就是竞争优势,这种差异化最终要通过目标受众的理解表现出来。定位的本质是针对受众的心理位置,实现差异化的传播。定位理论的创始人是艾·里斯和杰·特劳特。1969 年,艾·里斯和杰·特劳特在美国《产业行销杂志》发表了一篇名为《定位是人们在今日模仿主义市场所玩的竞赛》的文章使用了"定位"(Positioning)一词。他们指出:"'定位'是一种观念,它改变了广告的本质"。"定位从产品开始,可以是一种商品、一项服务、一家公司、一个机构,甚至是一个人,也许可能是你自己。但定位并不是要你对产品做什么事。定位是你对未来的潜在顾客心智所下的工夫,也就是把产品定位在你未来潜在顾客的心中。所以,你如把这个观念叫做产品定位是不对的。你对产品本身,实际上并没有做什么重要的事情。"营销大师科特勒(1988)认为:"定位是指公司设计出自己的产品和形象,从而在目标顾客心中确定与众不同的有价值的地位,定位要求公司能确定向目标顾客推销的差别数目及具体差别。"

具体来说,定位的概念包含四层意思:

第一,定位的基点并不是产品,而是着重于产品与消费者心理位置的统一。

第二,定位的目的是为了在消费者心目中确定本产品与众不同的优势。

第三,定位所宣称的并非同类产品所没有的,而应该是竞争对手没有说明的,或者是尚未引起注意的,但却确确实实对消费者具有吸引力的那部分特征。

第四,定位是从消费者的心理需求出发,对产品优势的一种创造,即创造功能,更创造形象。

所谓的广告定位,就是指广告主通过广告活动,使得企业或品牌在消费者心目中确定位置的一种方法。广告定位属于心理接受范畴的概念。广告定位是现代广告理论和实践中极为重要的观念,是广告主与广告公司根据社会既定群体对某种产品属性的重视程度;把自己的广告产品确定于某一市场位置,使其在特定的时间、地点,对某一阶层的目标消费者出售,以利于与其他厂家的产品竞争。它的目的,就是要在广告宣传中,为企业和产品创造、培养一定的特色,树立独特的市场形象,从而满足目标消费者的某种需要和偏爱,为促进企业产品销售服务。

5.2.1.2 广告定位理论的发展

为什么 20 世纪 70 年代特别重视广告定位呢? 这是因为,当时企业的重点都是放在商品上,市场上同质商品之间的竞争愈来愈激烈。USP 逐渐受到重视,印象广告应运而生。即当属于某种商品概念的商品和商品之间没有品质上的差异时,决定竞争胜负的观念,集中在消费者对于商标甚至企业本身特殊性质的印象之上。但很多企业群起效仿,"定位"战略便不得不摆到企业议事日程上。

定位本来是指在企业内部决定商品的位置,如对于包装商品,定位是指应该采取哪种商品形态,包装尺寸,或价钱如何,以便同别的企业的同类产品竞争。李维斯认为,定位的含义可以扩大。他强调定位是指广告能使商品在假想顾客心中确立假想的位置。所以,商品原本在企业内部的位置,会逐渐扩展为企业对外所确立的假想位置或对消费者所确立的位置。李维斯的观点是很可取的。在经济发达的商品社会,不但商品本身要定位,企业本身也要定位。举一个例子来说明。1973 年 1 月,"日本国际金钱登录机株式会社"更名为"日本 NCR 株式会社"。这是因为,该公司 1972 年度的销售构成比中,"收银机"的市场占有率仅达 25%,所以他们不得不将其收银机厂商的定位改为"综合情报处理机器"厂商的定位,以便符合实际销售方向。

广告定位理论的发展共经历了四大阶段。

1) USP 阶段

罗斯·李维斯在 1961 年所提出的独特销售建议(Unique Selling Proposition,简称 USP)受到广告主的热烈欢迎。他认为,在制作广告时,最重要的是在传达内容中发现 USP。而 USP 有三项:必须包含特定的商品效益;必须是独特的、唯一的,其他同质竞争商品从来没有采用过的;必须与销售有关联。

在 20 世纪 50 年代末期,随着产品时代被市场营销时代所替代,确立"独特销售建议"就变得日益困难。但是,USP 理论中的基本思想则被随后的广告思潮所汲取。因而,直至今日,许多广告人把 USP 赋予诸多的现代意义,为当代广告活动所采用。

2) 形象广告阶段

从 20 世纪 50 年代以来,西方经济发达国家的生产得到迅速发展,新产品不断涌现,同类产品在市场上的竞争十分激烈。许多广告人通过各种广告宣传和促销手段,不断为企业提高声誉,开创著名品牌产品,使消费者根据企业的名声与印象来选择商品。这一时期,涌现出一大批著名的广告人,广告思想都以树立品牌形象为核心,并推动了企业营销活动的开展。这一时期最具代表性的人物就是被称为"形象时代建筑大师"的大卫·奥格威。他的最著名的命题之一就是:"每一广告都是对品牌印象的长期投资"。

3) 广告定位阶段

广告定位阶段自 20 世纪 70 年代初期产生,到 80 年代中期达到顶峰,其广告理论的核心就是使商品在消费者心目中确立一个位置。自 1972 年定位战略提出后,整个社会和广告界发生了极大的变化。"七喜"的"非可乐"定位便是一个成功的例证。"七喜"发现,如果将"七喜"的柠檬汽水定位在清凉饮料的商品分类时,"七喜"绝对无法与"百事可乐"、"可口可乐"等强势品牌相抗衡,于是,"七喜"决定开展"非可乐运动",结果使得七喜在第一年的销售量提高 10%,而且以后年度均有增加。曾主张印象广告的著名广告代理商奥格梅瑟公司,从其历年所从事的广告调查结果中发现了 38 个广告要点,于 1971 年 4 月 7 日在《纽约时报》上刊登,其中第一个要点便是商品的定位。该公司认为:"决定广告效果的第一要素,乃是应将某项商品归类在某一位置上,如推出一种护手冷霜时,应将它定位在保护皮肤的商品种类上。在推出广告之前,必须要明确地决定商品的定位。"

4) 系统形象广告定位

进入 20 世纪 90 年代后,世界经济日益突破地区界限,发展成为世界性大经济。企业之间的竞争从局部的产品竞争、价格竞争、信息竞争、意识竞争等发展到企业的整体性企业形象竞争,由原来的广告定位思想,进而发展为系统形象的广告定位。

这种广告定位思想,变革了产品形象和企业形象定位的局部性和主观性的特点,也改变了 20 世纪 70~80 年代广告定位的不统一性、零散性、随机性,更多地从完整性、本质性、优异性的角度明确广告定位。

系统形象广告定位,最初产生于 20 世纪 50 年代中期的美国,发展于 60~70 年代,成熟于 80~90 年代。这种广告形态不但在欧美,而且在亚洲都产生了巨大的影响。当代世界上的著名企业,已经在系统形象广告领域做了大量的工作,促进了企业经济效益和社会效益的大幅度提高。

5.2.1.3　广告定位的意义

1) 正确的广告定位是广告宣传的基准

企业的产品宣传要借助于广告这种形式,但"广告什么"和"向什么人广告",则是广告决策的首要问题。

在现实的广告活动中,不管你有无定位意识,都必须给拟开展的广告活动进行定位。科学的广告定位对于企业广告战略的实施与实现,无疑会带来积极的、有效的作用,而失误的广告定位必然给企业带来利益上的损失。

2) 正确的广告定位有利于进一步巩固产品和企业形象定位

根据客观现实的需要,现代社会中的企业组织在企业产品设计开发生产过程中,必然为自己的产品所针对的目标市场进行产品定位,以确定企业生产经营的方向。企业形象定位是企业根据自身实际所开展的企业经营意识、企业行为表现和企业外观特征的综合,在客观上能够促进企业产品的销售。无论是产品定位还是企业形象定位,都要借助于正确的广告定位加以巩固和促进。

3) 准确的广告定位是说服消费者的关键

商品能否引起消费者兴趣并购买,首先就要看广告定位是否准确,否则,即使是消费者需要的商品,由于广告定位不准,也会失去促销的作用,使许多真正的目标对象错过购买商品的机会。在现代社会中,消费者选择商品,不仅是对产品功能和价格的选择,更是对企业精神、经营管理作风、企业服务水准的全面选择,而企业形象定位优良与否,正是消费者选择的根据之一,优良的企业形象定位,必然使消费者对产品产生"信得过"的购买信心与动力,促进商品销售。

4) 准确的广告定位有利于商品识别

在现代营销市场中,生产和销售某类产品的企业很多,造成某类产品的品牌多种多样,广告主在广告定位中应突出的是自己品牌的与众不同,使消费者认牌选购。

消费者购买行为产生之前,需要此类产品的信息,更需要不同品牌的同类产品信息,广告定位所提供给消费者的信息,其中很多为本品牌特有性质、功能的信息,有利于实现商品识别。广告定位告诉消费者"本品牌产品的与众不同性"。

5) 准确的广告定位是广告表现和广告评价的基础

在广告活动中,广告表现必须以广告定位为基础进行广告视听觉表现,广告表现要以广告定位为目标与导向,体现出广告表现服务于广告定位思维逻辑。

一则广告的好与坏、优与劣,要以表现广告定位情况来进行分析和评价。这是因为对广告所进行的评价,实际上是对广告表现及产生的社会效果的评价,广告表现是以广告定位为核心的,对于广告表现进行评价归根结底就是对广告定位的评价。也就是说,评价广告,首先要依据广告是否表现出准确的广告定位思想,是否比较准确地表现出广告定位的主题,而不能单纯围绕广告表现形式而大发议论。准确的广告定位既是广告表现的基础与基准,又应该是广告评价的前提基础之一。

6) 准确地进行广告定位有助于企业经营管理科学化

广告作为企业行为中的重要内容之一,是企业战略目标实现的重要手段,广告定位看起来仿佛仅仅属于广告活动的问题,实则属于企业经营管理中不可或缺的重要组成部分,科学的企业经营管理,有助于准确地进行广告定位,而准确的广告定位在促进企业营销目标实现的同时，又反过来促进企业管理的科学化和规范化。

5.2.2　广告定位的程序和类型

5.2.2.1　广告定位的程序

市场细分立足于消费者，以消费者为中心，广告定位也同样如此。由于市场上过多的信息量使企业的信息传播无法获得预期的效果。不论企业用什么方法，实际上只有极少数信息到达顾客心里，因此我们的注意力不但要顾及信息的发送，而且更应该注意信息的接受者——顾客。

基于这种思想，我们从消费者的角度来设置广告定位程序。一般来说，广告定位分五个步骤：

第一步，由于消费者在购买某种商品的同时，也面对着别的许多商品或品种。因此，我们得分析这种牌子的商品是如何被消费者所分类与把握的，即消费者将商品归类到哪一个范畴。

第二步，在这种类别中，分析该商品是以什么观点（效用，认知结构）被消费者所把握与评价的。

第三步，分析消费者对这种牌子商品的印象形成以及消费者的需要情形。

第四步，从该商品的特性来判断，分析可能参与的分类，看看定位在何处，以及有没有新的分类和定位。

第五步，分析在这种情况下，商品定位在消费者的需要上，是否足以与对手的定位相抗衡，从而吸引顾客。

按照以上顺序，经常尝试错误，选出该商品最适当的分类及在认知结构上的定位，持有这种需要情形的消费者便是市场目标对象。

5.2.2.2　广告定位的类型

1）从消费者角度的商品广告定位

商品广告定位由于消费者对商品的归类及认知结构的不同，有各种不同的类型。如果根据消费者对商品的归类方式来定位，可以有五种类型：商品分类型、关联型、生活场合分类型、细分类型和使用者印象分类型。

第一，商品分类型定位。前述美国七喜柠檬汽水就是由于再定位（由清凉饮料改为非可乐饮料类）而俨然成为一个强势商品。这是由于消费者常以大略的商品分类法去区分某一牌子的商品。利用这个特点，我们可以将该品牌的商品定位在有利的商品分类中。

第二，关联型定位。对于具有新特性的商品，不必将其列入既有的商品类别，而采取各种方法来表示该商品与既有商品的关联性与差异性。这种做法是比较合理的，因为消费者为抵挡今日大量商品信息的袭击，只能接受那些同他以前得到的消息或经验可以有所比较的信息。例如，第一辆汽车称"不用马拉的四轮马车"。又如，肥皂乳厂商在衡量市场态势之后，决定将它定位在肥皂与洗衣粉都相关联的位置上，即"最进步的肥皂乳——不像肥皂会伤衣料，却比肥皂洗得更干净；不像洗衣粉会伤手，却比洗衣粉洗得更洁白"。当然，这则广告还运用了一个定位策略，即对肥皂、洗衣粉这两个竞争产品加以评述，促使顾客改变看法，就是改变竞争对手在顾客心里已占有的位置，将新观念引进顾客心里。

第三，生活场合分类型定位。由于消费者在归类时，往往以生活场合中的特定需求作为出发点，因此，可用商品在生活场合中所扮演的角色或功能来对该商品定位。例如，早点市场、新婚用品系列市场等分类。"早安！养乐多"，将随时可饮用的全天候乳酸饮料配合"养乐多"健康使者的晨间配送，定位为"早起运动的健康饮料"，获得很好的销路。

第四，细分类型定位。当一个商品类别中可再细分为几种商品，或形成新的细分类的情形时，可用这种细分类来进行商品定位。例如，"湾湾浴皂"是厂商为了在竞争趋向白热化的香皂市场上，造成商品差别化，就从香皂中细分出浴皂一类。将商品定位为"洗澡专用的，符合人体工学设计之皂形"，造成销售上的奇迹。又如，上海市场上推出的正章牌羊毛衫专用洗涤剂，便是属于这种定位。

第五，使用者印象分类定位。比如，可口可乐、百事可乐往往被认为属于年轻人，于是这些商品定位于年轻人；京华小型单放机被定位于学生学习外语专用；增你智彩色电视机以"父亲的光荣，母亲的骄傲，孩子的微笑"为主题。

如果根据消费者认知结构来进行广告定位，则可分为序列型定位、效用列举型定位和评定尺度型定位三种。

第一，序列型定位。即按分类中的顺序（序列）来作商品定位。历史表明，进入顾客心中的第一个产品牌子的长期市场占有率一般比第二个牌子高出 2 倍，如同柯达、IBM 和可口可乐公司。如果你在大市场中名落孙山，这并不可怕，你可以在一个小市场里抢先大量推销你的产品，占领小市场，然后再扩大市场，你不就成了小市场里的第一名了吗？另一个有效策略是，建立"紧挨着"领先者的位置。例如，美国艾维斯（AVIS）出租汽车，就是以"艾维斯在租车业仅居第二位，请乘我们公司的车子吧！我们会更加努力的"定位而走红的。

第二，效用列举型定位。将某品牌商品的显著效用一一列举，并加以定性记述。例如，白丽美容香皂"融美容、洗涤、护肤为一体，皂体光洁细腻，香气幽雅迷人"。再以冷气机市场为例，各厂家都强调商品的特性——电脑自动控制，若有甲牌产品最先问世，只需将其归类于电脑冷气机即可。但一个后上市的电脑冷气机丁牌，要加入市场竞争，并面临各具特色的竞争对手，如乙牌有(A\B)效用，丙牌有(C\D)效用，此时丁牌不能只强调电脑装置，而应找出丁牌独特的地方，将商品特性传给消费者。

第三，评定尺度型定位。在一些效用尺度上，把归属在同一商品分类范畴的各品牌商品，用定量的方式加以定位。例如，对各种牌子的啤酒，用"苦味的——可口的"、"淡的—浓的"两个效用尺度来表示消费者对各种啤酒的印象及对啤酒的需求分布情况。

2）企业形象广告定位

企业形象是组织的识别系统在社会公众心目中留下的印象，是企业物的要素和观念的要素在社会上的整体反应。

现代企业形象的理论是以理念识别、行为识别和外在表征识别所构成的企业识别系统为基本框架的，企业形象广告定位应该围绕理念识别、行为识别和外在表征识别展开。

3）理念识别的定位

理念识别是企业经营理念的核心和统帅。一般来说，不同企业的经营理念不同，其理念识别的定位也不一样。不同的理念识别不仅决定着企业的个性特征，而且决定着企业形象层次高低与优劣。

第一，经营宗旨的定位。经营宗旨是企业的经营哲学，主要包括经济观、社会观、文化观。经营宗旨的定位事实上是企业自我社会定位。经营宗旨的定位类型大体可分为三类：第一类是经济性，它突出的是企业经济效益；第二类是经济社会型，它讲求经济效益和社会效益并重，或者把重心偏重社会效益;第三类是经济、社会、文化并重,它既讲求经济效益,也要求社会效益,亦十分注重对人类社会的文化贡献。

第二,经营方针的定位。经营方针是企业运行的基本准则。从社会性的角度来看,不同的行业,在经营方针的选择和确定上具有一定的倾向性。而这种倾向性往往是由企业生存发展环境所决定的。

在为企业经营方针定位时,既要注意行业自身的特点又要注重经营方针的指导性。

第三,经营价值观的定位。企业的经营价值观是企业文明程度的标志,反映出企业的文化建设水准。正确的企业价值观对内能够产生巨大的凝聚力,对外可以激发出强有力的感召力。经营价值观的定位,一经广告传播,会使企业的形象连同它的口号,一并深入到公众心目中。

4) 行为识别的定位

企业行为识别定位具体表现为:实力定位、产品形象定位、经营风格定位、企业经营行为定位和文化定位。

第一,实力定位。这种定位是指在广告中突出企业的实力,其中主要是展示企业生产技术、人才、营销和资金,企业的历史、现在和未来等方面的实力。

第二,产品形象定位。这种定位是以突出企业的主要产品在同类产品中具有的优势和特质,而这种优势和特质与企业整体形象的优势与特质具有某些方面的融合性,即具有企业整体形象的鲜明代表性。例如,"麦当劳从不卖出炉后超过 10 分钟的汉堡包和停放 7 分钟以后的油炸薯条",充分体现其严格的食品生产、销售的操作规范,其经营活动从一定程度上反映出其经营风格。

第三,经营风格定位。这种定位展现了销售人员乃至全体员工的管理水平、经营特点和风格,其目的是使企业从众多经营同类产品的企业中脱颖而出。经营风格定位即在广告中突出高层决策者、经营管理者、技术人员的风采。例如,美国麦当劳广告"Q、S、C+V(即品质、服务、清洁和附加值)",就很好地把麦当劳的经营风格体现出来了。

第四,企业经营行为定位。这是指把企业的经营行为、社会责任感传递给社会公众,以达到赢得支持和赞誉的效果。

第五,文化定位。文化定位就是在广告中突出地渲染一种具有个性的、独特的文化气氛,其目的是使公众自然而然地为其所吸引,从而树立起企业在公众中的形象。文化定位使广告的内容不仅显示商品本身的特点,更重要、更关键的是展示一种文化,标示一种期盼,表征一种精神,奉送一片温馨,提供一种满足。日本企业在中国销售产品时,刻意追求中华民族的文化认同感,如三家日本汽车公司的广告语分别是:"车到山前必有路,有路必有丰田车";"有朋远方来,喜乘三菱牌";"古有千里马,今有日产车"。它们巧妙地引用了中国人非常熟悉的三句话,增强了广告的感染力和渗透力。

5) 外在表象特征的定位

企业的外在表象特征又称企业的视觉识别或感觉识别,是企业的静态识别符号,是对企业形象具体化、视觉化的直观传达形式,其传播力量和感染力量最为直接和具体。

企业外在表象特征的定位要遵循以下几个原则:其一是以理念识别为核心,即企业标志的设计应以有效地传达企业理念、企业文化为目标,否则便混同于一般的商标。其二是应遵循情感性设计原则,即以充满人情味的作品来使消费者接受与认可,以此缩短企业与公众的情感与心理空间距离。其三是应遵循民族化与国际性相结合的原则,民族的东西才可能成为世界的东西。其四是遵循化繁为简的原则。标示设计应该追求简洁明了和单纯化。在企业各类标志的设计中，还要注意标志的可读性与辨识性、标志所属企业的独特个性、标志为国际社会认知的通行性、标志为其他相伴产品顺利推广的适应性和标志民族习俗相融的习惯性。

在进行企业外在表象特征的定位时，要根据企业长远发展需要，考虑到各种因素的影响，尤其是不能以社会经济环境和企业微观环境以及社会历史发展等客观因素的变化就随意更改标志系统，更不能够因为决策层人士的变动而随即更换。在企业外在标志系统上，在我国众多类型的企业中，中国银行的标识可谓成功之作，由于其定位工作的扎实、细致、严谨、完善，自20世纪80年代出现至今愈来愈显示出其独特之处和可行性。而国内其他银行的行标系统，由于简单构想，匆忙模仿中国银行行徽等标识，在专业银行面临向商业银行转轨时，显示出严重的先天不足。

5.3　消费者卷入及其广告策略

5.3.1　消费者卷入的内涵

广告的效果如何，还要看广告在消费者作出消费行为之前的决策活动中所起的作用。

一般来说，消费者决策主要包括以下几方面内容：为什么买（购买动机）、买什么（购买对象）、买多少（购买数量）、在哪里买（购买地点）、何时买（购买时间）、如何买（购买方式）。

研究认为，当代较有影响的消费者决策理论是消费者卷入观点。"消费者卷入"理论是20世纪60年代消费心理学家提出的一个重要理论。消费者卷入（也译作消费者涉入、消费者介入、消费者参与度）是市场营销术语，是制定广告策略的重要因素之一，是指消费者在搜索、处理商品相关信息所花时间和消费者有意识地处理商品相关信息和广告所花的精力。也就是消费者对某种或某类商品与自己相关的一种主观体验。如果消费者认为某种商品对他很重要，需要仔细考虑是否购买或者买哪种品牌的商品，表示对该商品的消费卷入程度越高，称为消费者的"高卷入"，该商品则为"高卷入商品"；反之，则称为消费者的"低卷入"或"低卷入商品"。

例如，购买一辆"小汽车"与购买一袋"方便面"的决策。前者需要消费者对商品的性能、质量、价格、消费环境、使用技能等方面进行很高程度的关注，购买决策过程比较复杂，属于高卷入商品；而消费者对后者一般不需要花费太长的时间与精力去了解商品功能与构成、消费环境等问题，决策过程相对比较简单，属于低卷入商品。又如，喜爱健美的消费者，可能需要定期或不定期地购买健美运动器材（如多功能健美训练器、拉力器、哑铃等）、健美运动中所穿戴的服装（如紧身衣、健美裤等），为了了解科学的健美方法与程序，还需要经常购买一些健美书籍与杂志、经常从电视中观看健美运动的节目，为了长期维持形体健美的需要，对于自己的饮食消费还有一定的限制，日常饮食比较注意其营养成分、热能含量等方面的问题。因此，这类消费者的高卷入商品包括健美运动器材、运动衣、健美饮食等，为了获得更多的健美信息，高卷入媒体有健美书籍与杂志、电视节目等。相对而言，消费者对药品、电器等商品及相关信息的卷入程度要低一些。

消费者的卷入是购买决策中的心理活动，影响到消费者对于商品信息的搜集、对于商品性能的认识，并且最终影响到消费者对于该商品的态度。因此，研究消费者的卷入现象，可以从侧面反映消费者对于商品的认知以及态度。这一原理也可以反过来解释，即从消费者的态度以及认知程度,可以反映出消费者对商品的卷入状态。

5.3.2　造就"高卷入度商品"的广告策略

针对消费者不同的卷入状态,应采取不同的营销策略。

一是应用不同的传播手段。低卷入商品的广告应更注重于传播商品的外部特征,包括一切能引起注意的特征和所谓的"边缘线索",如图像、色彩、名人介绍、音乐等。另外,情感诉求较之理性诉求更起作用。低卷入商品的广告应采取"难题—解决"策略,即先向消费者提出可能遇到的难题,然后推出解决该难题的商品。适合低卷入商品的宣传媒介是电视广告,它最容易表现商品的各种外部特征和边缘线索。对于高卷入商品的传播以理性诉求为主,明确陈述商品的主要性能和用途,让消费者相信广告信息的真实可靠;也可以理性与情感诉求相结合。适合高卷入的宣传媒介商品是印刷广告。

二是网络营销。出于成本的考虑,一些低卷入商品比较适合采用无店铺的网络销售方式进行在线销售。而高卷入商品,则不太适合这种方式。对高卷入商品进行网络营销,只能从信息提供方面寻找切入点,尽可能地消除消费者购物决策过程中的疑虑,尽可能地实现在线与消费者的信息互动,获取消费者反馈信息,并提供进一步的咨询服务,以带动线上沟通转化为线下交易。

如前所述,消费者卷入是指消费者在搜索、处理商品相关信息所花时间和消费者有意识地处理商品相关信息和广告所花的精力。消费者卷入是衡量广告最终实施效果的重要指标,因为广告只有深入消费者心中,使他们对产品产生浓厚的兴趣和使用习惯,并成为高卷入商品,才能形成长期、稳定的顾客群,获得良好的销售效益。

广告的目的是为了促使消费者购买商品,然而它只是通过信息传播这种外在的刺激手段来实现这一目的。因此,广告能否发生效应,还在于传播活动的另一方——产品的接收者能否对广告产生积极的反应,这一反应过程实质上是广告接受者复杂的心理活动过程。攻心策略在现代广告中称为心理策略。运用心理方法促使消费者完成购买心理过程,消费者从接触广告到产生购买一系列的心理变化过程是环环相扣、逐级递进的。广告的作用与人们的心理活动密切相关,而广告的促销心理策略是运用心理学的原理来策划广告,诱导人们顺利地完成消费心理过程,使广告取得成功。过程如下:诉诸感觉,唤起注意→赋予特色,激发兴趣→确立信念,刺激欲望→创造印象,加强记忆→坚定信心,导致行动。国外广告学家将这个过程分为五个阶段,即注意、兴趣、欲望、记忆、行动,又称为 AIDMA 阶段。

广告活动中常用的心理现象有需要、注意、联想、记忆、诉求等。

需要是人们进行实践活动的原动力。人们之所以购买这种商品,而不购买别的商品,就是由于这种商品能够满足他们的某种需要。广告的促销活动不但要告诉人们有关商品的知识,而且要说明这种商品是符合他们的需要的。当人们认识到这种商品对于他们的价值,即符合他们的某种需要时,他们才会购买。成功的广告就是首先掌握了人们的需要,并针对人们的需要确立广告诉求的重点和创作设计广告。

需要是广告诉求定位的主要依据。同时,一个商品有很多属性,而只有那些最能满足需要的诉求定位才能导致购买行为,使广告获得成功。消费者不仅对商品的使用价值有所要求,而且要求获得心理上的满足。广告只有掌握人们对商品实用价值和心理价值的需要,才能获得成功。同时,广告还必须能引起需要和刺激需要,通过对潜在需要的激发,使消费者产生物质欲求,并加强其信心,排除障碍,促使购买。

引起人们的注意是广告成功的基础。广告若不能引起注意,肯定要失败。因为注意是人们接触广告的开端,只有注意了广告,才能谈得上对广告内容的理解。在广告设计中有意识地加强广告的注意作用,是广告的重要心理策略。引起注意的广告手法有:① 增大刺激强度,如采用鲜明的色彩、醒目突出的图案和文字、富有动感的画面、特殊的音响等。② 突出刺激元素间的对比,如静动对比、虚实对比、色彩对比、节奏对比等。③ 增强刺激物感染力,即在广告设计中采用新奇独特的构思、生动活泼的形式、诱人关心的题材和选择适当的时间和空间等。

广告的时间和篇幅都是有限的,仅靠直接印象产生的广告效果也是有限的。只有通过各种手段激发有益的联想,才能加强刺激的深度和广度。这是有意识地增强广告效果的重要手段。联想能够使人们提高和加强对事物的认识,引起对事物的兴趣,使消费者产生愉悦的情绪,对形成购买动机和促成购买动机有重要影响。在广告中,主要运用接近联想、连续联想、相似联想、对比联想、记忆联想和颜色联想等。

广告运用记忆原理,使人们在实现购买时能记起广告内容,并起到指导选购的作用。要考虑到不同的广告对象的记忆特点来策划广告,尽可能需要、注意、有趣、形象、活动、联想、易于理解和反复等方面的要求来设计广告,给人留下深刻的印象,保持记忆,便于回想。

诉求是指外界事物促使人们从认知到行动的心理活动。广告诉求就是告诉人们能满足他们哪些需要,如何去满足,并敦促他们去为满足需要而购买商品。广告诉求一般有知觉诉求、理性诉求、情感诉求和观念诉求等多种。广告心理策略实质上就是对这些诉求的灵活运用。

要点重述

无论是西方还是东方,从词源的角度考察,都可以发现"广告"一词的本来含义是指将某事"广而告之"。严格地讲,广告的含义可以分为广义和狭义两种。本章所探讨的是狭义的广告,即同商品经济相联系的,以传播商品和劳务信息为主要内容的经济行为,又称经济广告或商业广告。从营销心理学的角度来看,广告具有传播、诱导、教育、促销等功能。

广告的传播是通过广告媒体来进行的。广告媒体是广告者向广告对象传递信息的载体。广告媒体的使用直接关系到信息传播的影响范围和准确程度。随着科学技术的发展,广告媒体越来越多,不同的媒体具有不同的特点,对消费者的心理具有不同的影响。因此,广告的设计制作要充分利用不同媒体所引起的不同的心理效应,以求得最佳的效果。

所谓广告定位,是指广告主通过广告活动,使得企业或品牌在消费者心目中确定位置的一种方法。广告定位属于心理接受范畴的概念。广告定位的目的,就是要在广告宣传中,为企业和产品创造、培养一定的特色,树立独特的市场形象,从而满足目标消费者的某种需要和偏爱,为促进企业产品销售服务。广告定位的具体内容包括:产品广告定位、企业形象广告定位、外在表象特征定位。

消费者卷入,是市场营销术语,是制定广告策略的重要因素之一,是指消费者在搜索、处理商品相关信息所花的时间和消费者有意识地处理商品相关信息和广告所花的精力。广告活动中常用的心理学原理有需要、注意、联想、记忆、诉求等。正确运用这些心理学原理,提高商品的消费者卷入度,对于企业来说,起着培养稳定的顾客群、获得长期的良好的销售效益的重大作用。

关键术语

　　广告　媒体　广告定位　消费者卷入

问题思考

　　例5.1　洋饮料的竞争术

　　近年来,各种进口饮料率先在中国市场上争夺席位。诸如雀巢咖啡、百事可乐、可口可乐等洋饮料,如同潮水般涌进中国市场。生产这些饮料的跨国公司也将它们国家的通行和惯用的手段,同时引入中国。雀巢咖啡在电视屏幕上连夸:"味道好极了"。随着它在荧屏上"味道好极了"的声声诱惑,原本盛行饮茶的中国,不少人的"咖啡欲"被激发起来了。洋饮料深知自己的咖啡产品的不足,看中国潜在的市场,利用人们对进口货的心理偏好,开展了广告战,并取得显著成效。

　　可口可乐与百事可乐的竞争也相持不下,京、津、沪等大城市,从霓虹灯、广告牌直至公共汽车和出租车的车身,都有可乐的广告。在中国第六届全运会和北京亚运会举办场所的显要位置,也有可口可乐与百事可乐的大型广告牌。他们还不失时机地采取与中国企业联营的方式,争夺中国市场。海湾战争期间,也使洋饮料出尽了风头。多国部队的给养卡车,每天清晨伴着发动机的轰隆声送来士兵们最需要的货物——百事可乐和可口可乐。他们在冰镇的可口可乐罐头上看见了这样的广告:"挡不住的诱惑!"可口可乐公司发言人在谈及从国内向"沙漠盾牌"行动无偿供应汽水时说:"帮助一个出门在外的人,就获得一个终身的朋友,这毫无疑问对每家企业都有好处。"

　　思考　这些洋饮料的生产企业各自采用了什么广告媒体来促销他们的产品?

　　例5.2　奇妙的问号

　　香港《大公报》于1985年3月4日、8日、13日,用三个整版篇幅,刊登一则交易广场商业大厦征集入伙的广告。它的构思独特,使人非看不可。

　　在广告如林的报纸上,你登的广告如果没有特色,你的广告费就白扔了,因此,成功的广告首先应唤起消费者的注意。打开3月4日的《大公报》,映入眼帘的是一个套红的特大的"?"。究竟发生了什么事情呢?任何一个读者都会被好奇心驱使,细细地读下面的广告文,这就达到了广告设计者的预期目的。一个孤零零的"?"放在这里,达到了"此时无声胜有声"的效果。

　　唤起"注意"只是开了个好的头。能不能达到预期的宣传目的,还得看总体设计的匠心。这则广告以"?"设计为主旋律,并逐步推出:"那一座商业大厦具有……""最显赫的地位""最理想的商业环境""最先进的设备""最完善的设施及管理"……由简入繁。

　　《大公报》商业大厦广告的不凡之处,就在于注意变化。3月8日的广告,改为套红的特大的"√",下面提问"阁下办公室是否享有……",3月13日的广告,改为套红的特大的"$",下面提问"齐备哪些条件,应值多少?"这样,在错落有致的变化中,使读者的印象逐步加深了。

　　思考　《大公报》运用了怎样的广告策略使自身的产品获得更高的消费者卷入度?

6 新产品设计与销售心理

凡客诚品的成功之路

但凡有过网购服装经历的人,恐怕没有不知道凡客诚品(VANCL)的,凡客诚品是一家 2007 年才创立的企业,现在已经是网络营销中一个炙手可热的新锐品牌了,在短短的几年时间内,凡客诚品取得的成就是有目共睹的,现在每天接到的订单,高达 6 000 多单,而每天的服装销售更是高达 1.5 万件,2008 年销售额接近 5 亿元。2009 年艾瑞咨询发布的"2009～2010 年中国服装网络购物研究报告"中显示,在自主销售式服装 B2C 网站中,VANCL 以 28.4％的市场份额排名第一。2010 年第一季度,凡客诚品的销售量与上年同期相比增加了 300％,2010 年,它的用户达到 600 多万,每个月的销售额接近 2 亿元,这和企业当初的规模相比绝对是天壤之别。

电子商务在 1997 年正式引入中国,2003 年进入了高速增长阶段,电子商务的焦点从个人转向了企业。凡客诚品的创始人和主要运营团队均有过从事电子商务的经历,职业的敏感性使他们看到了这一行业领域的潜力,果断地进入了这一市场,很快就搭建了一个成熟的网站架构和购物流程;凭借着陈年和雷军等人的人脉资源和口碑,凡客诚品在成立之前就吸引到了风险投资,成立半年内又先后得到了软银赛富、启明创投的几千万美元资金,从而迅速地在市场上扎稳了脚跟。

服装电子商务行业的先行者是 PPG,凡客诚品能取得现在的成绩,可以说是在吸取了 PPG 教训的基础上更进了一步,有效地调整了自己的广告策略,平面广告只有针对性地选择了几家有影响力媒体,如《读者》、《青年文摘》等,这些杂志的阅读者也大都符合凡客诚品目标顾客的要求,将广告重点放在了诸如新浪、腾讯、网易、搜狐等各大门户网站,以及迅雷等网络常用工具的资讯条上,大大扩充了接触点,而且采用的是分成模式,有了订单才会付费。凡客诚品的广告费用只占支出的 20％～30％,取一个新客户的成本仅为 25 元,这个费用包括了广告投入和广告后营销费用。

网上购物有两点最让人担心,购物前是担心产品的质量,购物后则担心的是售后服务。为凡客诚品代工的企业都是国内外服装的知名企业,有的还是有上百年历史的世界 500 强企业,产品品质自然上乘。推出符合大众的经典款式服装,让大多数人都喜欢也买得起,因此,能迅速流行起来也就不足为奇。凡客诚品卖的不仅是产品,也是在宣扬一种喜欢舒服舒适的生活,一种热爱生活的生活理念。

在客服方面,凡客诚品将产品配送外包给了宅急送,由专业企业代替自己在并不擅长的领域为顾客提供服务,既规避了风险,也提升了专业水平。而凡客诚品提出了 30 天无条件退货,并首先提出了补偿顾客的退货运费,这在网络电子商务商家中是罕见的。凡客诚品凭借一流的客服,免除了消费者心中诸多的忧虑。

同时,凡客建立了相对清晰的品牌形象。凡客的品牌价值基因,一是与其创建以来形成的具有企业精神和商业模式一致:深入骨髓的创新、科技、自由为代表的IT精神。二是与其目标客户人群相一致:年轻、自由、活力的平民时尚文化。三是与其选择的80后代言人韩寒、王珞丹的性情相接近、希望提倡自然、本真、平凡而不简单的精神诉求。

凡客诚品利用了互联网这个新兴渠道,通过自身B2C的建设凡客诚品免掉了传统服装业的店面转让费用、店租费、水电费、大量人员工资费、区域宣传费用、物流库存费和大量税收等费用,实现了真正的低成本运作。由于省去了大量的费用,相同质量的产品价格自然会变得很低,怎能不让网民心动呢?

(资料来源:《电子商务》,2010年第1期)

本章引言

任何产品,从新产品试制成功、投入市场销售,直到被消费者淡忘直至淘汰,如同任何一个生物一样,都有一个从发生、发展到消亡的过程,这个过程就是产品的生命周期。当一种新产品刚刚上市时,我们称之为介绍期。在这一时期,由于顾客对它还不熟悉,因此,要扩大新产品的知名度,就需要加大促销力度,广泛宣传,吸引潜在顾客注意和试用,争取打通分销渠道,拓展市场。

凡客诚品在短短几年中成为网络营销中的一个炙手可热的新锐品牌,与它成熟的网站架构和购物流程、广告策略、生活理念、一流的客服和相对清晰的品牌形象等不无关系。从凡客诚品的成功,我们看到了不一样的电子商务模式,从29元的印花T恤衫开始,赔本经营。首先赢得口碑和一定的知名度,然后扩大规模,稳扎稳打,积蓄力量之后大量投放广告,占领市场份额;再到客户终端的试穿服务,凡客真正做到了为客户服务。

基本理论

6.1 新产品的生命周期与消费心理

6.1.1 何谓新产品

当我们在讨论新产品的购买行为时,第一个面临的问题是什么是新产品。能产生惊人洁白效果的洗衣粉是新产品吗? 含氟牙膏是新产品吗? 笔记本电脑是新产品吗? 网络电脑是新产品吗? 当手表取代怀表时,手表是新产品吗? 依照许多专家学者的看法,只要消费者以为产品或构想是新颖的或新创的,即为新产品。这个定义,含有主观成分在内,因为每个消费者对新的看法都不一样。

巴奈特认为,凡是思想、行为或事物在本质上与现存者不一样的,都称为创新。在消费行为上,所谓新产品大概都是指产品特性的翻新,即产品特性与旧产品不同,则是新产品,通常指质的改变,而非量的不同。从营销文献上,我们可以发现,新产品只是指科技上的改变与革新而已,所以,有人认为,食品公司生产的产品不是新产品。

可见,新产品的内涵众说纷纭,莫衷一是。因此,我们必须先统合大家的看法。依照大多数消费研究者的定义：凡是最近在市面上出现的任何产品形式，均称为新产品。依照这个定义，假使某产品在一个新地方出现，则为新产品。例如，以前北京没有福特车子，现在有了，就算是新产品；而且将车子改头换面，使它以新的面貌出现，也是新产品；甚至将原来食品改变包装，也为新产品。当然，假使整个产品都是新创的，如电动牙刷、网络电脑、笔记本电脑、网络服务器、汽车诊断中心等，都是新产品（新服务）。

由于新产品的定义范围太广泛了，所以我们不能将所有产品扩散的过程混为一谈。换句话说，每一种产品扩散的过程因产品种类的不同而有所不同。首先，我们必须将产品的类别划分清楚。在这里，我们分类的标准，是以新产品对社会结构的冲击，以及社会接受新产品的程度来确定的。依照这种分类法，我们可以将创新分为三种：连续创新、动态连续创新和非连续创新。

1) 连续创新

此种创新对消费者原来的消费影响不大，它只是一种产品的更换及替代而已，而非发展新的产品，如网络电脑、新款式的汽车及薄荷香烟等为连续创新。

2) 动态连续创新

使用此种创新时，必须改变原有方法，但还脱离不了原来产品的模式及本质，如电动牙刷、小型汽车、电话答录机、轻型卡式录音机等均为动态连续创新。

3) 非连续创新

使用此种创新时，必须重新建立行为模式，此种模式对个人各种生活的影响力很大，如 P4 芯片、电脑、汽车、汽车旅馆等均为非连续创新。

当然，上述分类法并不完全令人满意。因为对某个人来说，一个产品是连续创新产品；而对另一个人来说，却是非连续创新产品。但上述分类法为我们提供了一个清晰的架构，由此可以预测消费者究竟是如何接受新产品的。一般说来，创新的非连续性愈高，引入市场愈困难。

另外一个问题是：在构思阶段的各种想法能否称为新产品？还是在产品已有雏形时称新产品？还是在市场检验阶段时称新产品？

假使上述各种阶段的产物都是新产品，那么新产品的失败率极为惊人。依照某食品公司的统计，在 1 000 个新产品的构想里面，有 810 个构想被放弃，135 个构想在生产检验时被放弃，12 个创新在市场检验时被否决，43 个新产品被引入市场，36 个新产品在被引入市场后来遭淘汰。

新产品上市是一个复杂的过程，然而这只是产品生命周期的开始，每种产品都有其生产周期，学界基本上将产品生产周期分为四个阶段，其命名各不相同，以下介绍一种学界比较认同的观点。

6.1.2   新产品生命周期理论

一种新产品在市场上的销售情况并不是固定不变的，而是随着时间的推移发生变化。这种变化和生物的生命历程一样，也要经历诞生、成长、成熟和衰亡的过程，所以称为新产品生命周期。新产品的生命周期是指产品从进入市场开始，直到被市场淘汰为止所经历的全部时间。产品生命周期是一个很重要的概念，它和企业制定产品策略，以及在生命周期不同阶段上的经营策略有直接关系。

6.1.2.1   新产品生命周期的四个阶段

产品的生命周期是以销售额和企业所获得的利润额的变化来衡量的。如果以时间为横坐标,以销售额和利润额为纵坐标,则产品生命周期表示为一条近似 S 形的曲线。产品生命周期一般经历四个阶段,即介绍期、成长期、成熟期和衰退期。销售额曲线和利润额曲线的变化趋向大体相同,但是变化的时间却不相同,当销售额曲线还在上升时,利润额曲线可能已开始下降了。这是由于竞争而压低了销售价造成的。企图严格确定产品生命周期的各个划分点是不现实的,它们只是表示产品生命周期可以划分为这些有差别的阶段而已。

新产品生命周期的四个阶段各有其特点:

(1) 介绍期的主要特点是:第一,生产批量小,制造成本高。因为这时常常只有一个或少数几个企业生产这种新产品,企业对市场的反应还在进行测试,产品的设计还在变动中,以求改进。同时,该产品的生产方法还没有最后确定,还不具备大批量生产的条件,因而也提高了制造成本。第二,广告费用大。作为新产品,市场对其还不了解、不熟悉,为了向市场推荐、宣传其优点,使顾客购买,必须作出很大的努力。广告及其他促销费用的支出,常常在介绍期达到最高点。第三,产品销售价常常偏高。这是由于产品产量少,成本相对高,同时生产技术问题可能仍需解决,广告推广费用巨大所致。第四,销售量极为有限,企业通常不能获利。产品在介绍期的亏损只能由其他产品的盈利来弥补。

(2) 成长期的主要特点是:第一,销售额迅速上升。一方面,产品通过介绍期,已为顾客了解和熟悉,形成了相当广大的市场需求;另一方面,也由于设计和制造方法已经定型,具备了大批量生产的条件。同时,竞争者见此种产品有利可图而纷纷进入市场。第二,生产成本大幅度下降。大批量生产降低了制造成本,而且也使分摊到每件产品上的广告费大为降低。第三,利润迅速增长。生产批量大,成本降低快,虽然销售价下降,企业利润仍然迅速增长。

(3) 成熟期的主要特点是:第一,产品的销售量在这一时期虽然还会有所增加,但增长的速度趋于缓慢,这是由于市场需求量已趋向饱和所致。成熟期所经历的时间一般比以前各阶段长。第二,产品销售增长率减缓的结果,使企业生产能力过剩,导致激烈的价格竞争而迅速压低价格水平。竞争也使广告等促销费用提高,利润下降。因此,在产品进入成熟期后,即使销售量仍有增加,利润量已不能维持增长的势头,并且,由比较稳定而逐步走向下降。

(4) 衰退期的主要特点是:产品的需求量和销售量均迅速下降。这是由于经过成熟期的激烈竞争,价格压到极低的水平;同时,市场上已出现了性能或规格改进的新产品,转移了市场的需要。由于销售量和利润量的持续下降,成本较高的企业就会因无利可图而陆续停止生产,该产品的生命周期也就陆续结束,以致最后完全撤出市场。

确定产品究竟处于生命周期的哪个阶段是相当困难的。因为产品销售量的变化,除了遵循其长期变动趋势外,还要受季节变动、环境变动和各种随机变动因素的影响。因此,销售额时间序列的图形总是表现为一条起伏不定的折线,常常很难从直观上发现其变化的规律,仅仅根据短期的变化趋势常会导致错误的判断。常用的判断产品生命周期阶段的方法有两种:一种称为计算判断法,以销售增长率为标准。所谓销售增长率,是销售量与基准期销售量之比。为了在计算时消除长期变动趋势以外的种种变化因素的影响,通常取年销售增长率。根据国外的经验,增长率小于 10% 为介绍期,超过 10% 则进入成长期,成熟期的销售增长率大致在 0.1%~10%,衰退期则呈负增长,即增长率为负数。当然,国情不同、行业不同,经验数据也有所不同。另一种方法称为经验对比法,此法是和较早投入市场的同类产品作对比,以判断产品处于生命周期的哪个阶段,并根据已掌握的信息,预测各阶段的延续时间与增长速度。例如,国产彩色电视机投入市场后,可以参考黑白电视机的销售历史,以及国外彩电的市场生命周期的演变过程进行判断。由于决定销售增长率的因素很多,而且不同的产品在不同的国家或地区,在不同的时期,其变化规律也不可能是完全相同的,因此,实际上常把上述两种方法结合起来使用,以便进行必要的修正。

6.1.2.2 产品种类、产品品种和产品品牌的生命周期

产品生命周期的长短,不同的产品有很大的差别,即使是同类产品,不同的品种及不同的生产厂家,其生命周期也有明显的不同。可见,产品生命周期和产品所属的范围有直接的关系。根据产品范围的大小,产品可分为产品种类(如电脑)、产品品种(也称产品形式,如台式电脑和笔记本电脑等)和产品品牌(如联想牌笔记本电脑)等三种。产品种类的生命周期最长,有许多产品种类已经成为公众的必需品,其成熟期可以无期限地延续下去,如钢铁、汽车等。产品种类是一个抽象的综合性的概念,总是以具体的规格、品种的形式存在,而且又因制造厂商的不同而带有不同的品牌标志。因此,产品种类的生命周期肯定要比属于该类产品的任何一个产品品种或品牌的生命周期都长。产品品种的销售历史表现为最典型的生命周期过程。至于产品品牌,由于企业采取的竞争策略的变化会影响销售额及市场占有率的显著变化,往往呈现出不规则的状态。

6.1.2.3 产品生命周期的非典型化形态

产品生命周期的 S 形曲线只是一种理想化的或典型化的描述,实际上并不是任何产品的销售历史都呈现为典型的 S 形曲线的。有些产品可能一经上市立即急速成长;也有些产品并没有经过快速成长的阶段,而处于持续缓慢成长的状态;又有些产品在经过成熟期之后再次进入第二个快速成长期;当然也有的产品,上市不久即告夭折。这种特殊的形态,并不是对产品生命周期理论的否定;相反,可以应用这个理论作出解释。

6.1.3 消费者对新产品的接受与排斥

如前所述,新构想的失败率高,风险大,所以,如何使新产品为消费者所接受,是一件重要的工作。下面,主要分析消费者对新产品的接受与排斥。

厂商在推广新产品之前,必须对新产品的属性、消费者接受新产品的可能性及影响因素有所认识,否则会失之毫厘,谬以千里。一致性、相对利益、可试用性、单纯性及沟通性,是决定消费者是否接受新产品的重要因素,也是新产品的属性。

“一致性”是指个人主观地认为新产品和个人的信念及习惯一致的程度。包括新产品的性质是否适用于个人,新产品的使用方式和个人以前的习惯是否一致等。假使新产品和个人的信念及习惯不符,新产品的性质属性不适于个人,或使用方式与以前不同,则个人采用新产品的可能性较小。因此,当新产品属于不连续创新,或者必须改变消费者原有的行为时,较难得到消费者的认可。

另外,一个影响推广的产品属性是“相对利益”。所谓相对利益,是指新产品优于旧产品的程度。例如,喷气式飞机较螺旋桨飞机优良很多,不但速度快,而且其他各方面性能都较好。又如,含氟牙膏加了氟,可以防止蛀牙,相反,与传统的管式牙膏比较之下,喷洒式牙膏并没有显著的相对利益,所以即使厂商投入许多费用,还是无法达到预期的结果。再如,洗衣精的相对利益并不见得比洗衣粉高出很多,所以虽然洗衣精已上市多年,只有少数人使用而已。

“可试用性”是指新产品能为消费者试用及验证的程度。一般说来,如果产品的价钱便宜,消费者会时常购买,如杂货及药品的可试用性较高;而像房子、汽车等耐久性产品的可试性较

低。显然,可试用性高的产品扩散速率较快,比方说,食品比器具的扩散速率快,因为食品可以试吃,然而器具除非长期使用,否则难以得出明确的结论。也正因为这样,许多厂商都在可试用性上大做广告,以便推广其产品。

消费者对产品"单纯性"的看法也深深地影响了新产品扩散的速率。如果创新产品是容易了解的,且容易使用的话,则扩散速率较快。相反地,当产品"不单纯",十分复杂,消费者不易了解,或无法得心应手地使用时,则产品不易扩散,只有少数人能接受。例如,古典音乐的听众较少,而流行歌曲却广受大众欢迎。

假如产品的"沟通性"强,如产品容易展示,则容易扩散;反之,则否。

总之,一致性、相对利益、单纯性、可试用性及沟通性等产品属性和新产品的扩散,关系密切,这些因素决定了新产品是否能够在市场上争得一席之地。

6.1.4 影响消费者购买新产品的四大因素

一种产品能够被消费者认同接受,并不代表了消费者就会购买这种产品,影响消费者购买新产品的因素既包括消费者个人的因素,又包括社会文化因素,这些因素一般包括消费者的态度与动机、个人及团体影响力、社会阶层及文化等四个方面。

6.1.4.1 消费者的态度与动机

一般来说,我们把购买过程分为知识、态度和行为三个层次,换句话说,假使行为是结果(购买行动),则消费者事先必须获得新产品的知识,然后产生良好的态度,最后表现出购物行为来。研究指出,在新产品知识的获得上,采用新产品者和不采用新产品者并没有差异,比如,在关于购买按键电话机的调查研究中发现,95%的不购买者知道按键电话机的存在;75%的不购买者能够准确地描述这种产品的外观及性质;有15%的不购买者能够解释它的用途;只有5%的不购买者从来没有听说过这种产品。

就对新产品的态度而言,购买者与不购买者有明显的差异,一般来说,购买者对新产品的态度较佳。有证据指出,在新的电话产品的购买上,有87%的购买者对新品具有良好的态度,但只有45%的非购买者,对新产品有良好的态度。

日本消费心理学家国良曾研究认知失调和汽车购买的关系。他研究的程序是这样的:当消费者购买了某一类型的产品之后,研究人员告诉他,有一种还未上市的新产品各个方面都比他购买的该类产品好。听到这个消息以后,消费者就会出现认知失调的现象。因为,消费者会感到他买的东西"较差",却已经"买了",就产生认知失调的现象。既然产生了认知失调,这个人就会想办法降低这种失调的感觉,因此他可能怀疑新消息的正确性,认为未上市产品样样都好是欺人之话;或忘记新产品的消息;或寻求别人的支持,证明其购买行为是明智之举,或阅读、观赏已购产品的广告。由此可见,新产品的介绍对消费者,尤其是已购买同性质产品的消费者,有很大的影响力。

然而,个人为什么要购买新产品?究竟是什么力量,使他产生购买行动?这属于动机方面的问题。消费心理学家罗伯特在他的"按键电话机扩散的研究"里,有详细的说明。当他问消费者"为什么要购买这种新产品"时,消费者的回答通常很理性化。比如,新产品的"拨号速度"较号码盘电话机快,它容易"保持清洁","即使是小孩子,也可运用自如","拨号时,不容易出错"等。却很少有回答"它使用起来,非常奥妙","因为我的朋友装这种电话机,所以我也采用这种电话机","它的响声很好听"等。然而,经过访谈之后,发现后面的因素才是消费者们购买此种产品的主因。至于前面理性化的答案，只是个人合理化的回答。

当然，消费者不购买新产品的原因，也受不同动机的影响。比如，在回答"你是否采用按键式电话机"的问题时，很多人答道"那太奢侈了！何况使用号码盘式的电话机也没有什么不对劲的地方"，"也许那种电话机使用起来，有点好玩，而且拨号速度可能较快。但花那么多钱在这上面，有意义吗"，"也许它比拨码式的电话机更进步，但我想我还不需要它"，"它太豪华了，我可买不起"。

显而易见，不购买者认为，按键式电话机太奢侈了；然而，购买者强调按键式电话机的实用性，并不觉得这种产品太奢侈。所以，我们如果想要不购买者购买按键式电话机，必须强调它的实用性，以消除奢侈的感觉。

6.1.4.2　个人及团体影响力

产品的生命周期类似于S形，依照专家的解释，这纯粹是由个人影响力造成的结果。也就是说，由于人际间的互动效果造成了S形现象。所谓互动效果，是指新产品及新观念的创新者通过人际间互相影响及互相模仿的过程，把意见传给他人，而使其他人也随之采用创新产品。照理说，假使个人在作出购买决策时，丝毫不受他人影响，则在不同的时间内，购买新产品的可能性应该都一样，但实际上并非如此。原因是个人受到社会影响力的影响，所以购买新产品的人数，就好像滚雪球一样，愈滚愈大。其实，这也就是"大家告诉大家"的效果。因此，选择新产品的人，随着时间的延伸，愈来愈多，而扩散曲线也就像S形般地向上展延。

消费心理学家考曼等人曾经研究"新药在医生群中扩散的过程"，发现互动效果是个重要的因素。在研究里，他们比较了社会性高的医生一下子就采用了新药，社会性低的医生却相反。同样，有人研究了"消费者的社会整合性与采用新咖啡产品间的关系"，发现社会整合性高的消费者较早采用新的咖啡产品，同时，在此种团体中产品扩散的速率也较快。可见，影响新产品采用的主要因素之一是互动效果。

至于科技创新的扩散方面，也有人曾经做过研究。研究对象包括煤矿、钢铁、酿酒及铁道运输等工业。研究结果是，新产品的扩散曲线呈S形。研究者发现，采用新产品的工厂，随着时间的延伸，愈来愈多，而采用率在产品成长期时，增加得最快。换句话说，由于工厂与工厂间的竞争很激烈，自然产生了互动效果，因此采用者愈来愈多。显然，工业市场上的互动效果与消费市场是不一样的。在消费市场上，新产品的采用大部分是受语文互动（口头广告）的影响；在工业市场上，则受竞争厂商采用策略的影响。因此，营销学家威布期待认为，口头广告对工厂的采购者及工程师并无多大作用。当然，发生这种现象的原因很多，除了工业界受"知己知彼，百战百胜"的哲学影响，而以竞争厂商的策略为消息来源外，事实上，每个工业购买者互相讨论或交谈的机会也很少（至少没有消费市场购买者那么多），所以相对地，口头广告当然没有什么效力。那么，我们在工业市场上，应如何拟订营销策略，促使工业购买者购买新产品呢？一般说来，影响工业购买，大多来自商业广告，所以通过广告，促使工业购买者购买新产品是条可行的路。比如，我们可以刊登广告，强调"某家公司由于采用这种新产品，所以大发市利"，来说服消费者购买。也可声明"这种产品是本公司精心研究的结果，其品质之佳，本公司可以信誉保证，而且销售人员会把品质展现在你们的眼前"，来说服消费者。

个人影响力在消费者购买上具有重要性。个人影响力是最重要的产品消息来源之一，尤其对器具类产品而言，影响力更大。在这个研究里，实验者询问消费者："你是通过什么渠道知道该产品的？在你购买它之前，还从哪些渠道了解该产品的消息？"、"对你来说，哪一种消息来源对购买决策的影响最大,最为重要?"结果显示,不管是小型器具类、衣物类还是食品类产品,朋友、邻居及亲属的影响力都非常大,分别为 53%,33% 及 29%。相反的,报纸杂志和推销员的影响力最小,重要性较低。此外,我们也可看出,在厂商的营销策略里,广告的影响力最大。除此之外,团体对消费者使用新产品的意愿也有影响。依照消费心理学家梅耶的研究,发现团体领袖的行为对团体成员的影响力很大,所以,如果团体领袖采用新产品,则团体成员采用产品的可能性很大。罗伯特曾以非正式的邻居团体为对象,来探讨团体成员使用新产品的相关因素,发现团体内意见沟通的程度,和新产品的采用并无多大关系。然而,团体成员的创新性,以及强调"创新"的团体规范,对新产品的采用具有十足的影响力。换句话说,假使团体成员的创新性高,或者团体成员,认为求变求新是很重要的,则团体成员采用新产品的可能性高。在创新性高的团体里面,并不认为采用新产品所冒的风险大。

6.1.4.3　社会阶层

社会阶层的特性也会影响新产品的扩散。消费心理学家格瑞木曾研究几种创新(包括电视机、超级市场、牌戏、医药保险)的扩散和社会阶层的关系,结果发现,电视在下阶层的扩散速率很快(接受者为 84% 及 72%),但在上阶层却很慢(接受者占 24% 及 44%)。因此,格瑞木认为,产品的扩散速率和社会阶层的文化及属性没有很大的关系。假使新产品的属性符合该社会阶层的文化价值观,则新产品的扩散速率必然很快;反之,亦然。所以,我们可以说社会阶层决定了消费者对新产品的采用。

6.1.4.4　文化

在一种文化中,文化价值观及文化规范会影响新产品的扩散。这个现象,我们可由"科技创新在发展中国家的扩散"看出。在这些国家,除非人们愿意,否则一些科技创新(如粮食新种、农业机械、家庭计划)的推广是不太可能获得成功的,由此减缓了经济成长的速度。另外,假使在实施创新时,如果没有顾虑到当地的社会结构,推广失败也是必然的。这些论点,我们可由 IR-8 号(这是由国际稻米研究中心培育出来的稻米新种)在某些国家推广失败得到证明。

IR-8 至少有下列好处:它一年三作,以前的品种只能一年两作;产量高,因此被命名为"奇迹米"。培育后,许多农业专家及经济学家均预测,此后亚洲各国的饥荒将获得改善,人民的生活水准会因此而提高。然而,事与愿违。

究其原因,这种新种的推广工作受到很大的阻力,而且发现问题多多。一般说来,不但要教导农民新的耕种技术,而且必须要使用肥料、杀虫剂及杀菌剂等,才能达到最高的产量。农民必须先花钱购买肥料,而农民怀疑花这些钱是否有意义。因为当台风来临时,一切努力都将付诸东流,"多一事不如少一事",所以不采用新种。此外,农民必须接受再教育,掌握新的耕种技术。同时,一年要耕种三次,这样,他们一年的收成就比往年多了,那么,这些增产的稻米如何处理呢?通常,许多国家都采用以物易物的交易方式,农民必须到很远的地方去交换物资。但这反而成为一种负担,所以干脆"自给自足"。同时,有人认为,这种稻米吃口没以前的味道好,所以,人民还是坚持吃旧品种的稻米,总之,新种稻米的推广没有获得预料中的成功。

由此可见,文化因素对创新的推广具有举足轻重的影响。因此,假如创新不适合于国情或文化价值观,则创新是否能推广出去而为人们采用,就很值得怀疑。所以,厂商在推出新产品之前,必须考虑文化因素,不要使产品和文化价值观互相冲突,否则新产品推广的机会不大。

本部分想从行为科学的观点,来解释新产品推广的现象。因为行为科学的概念,可以使我们对消费者的行动有更进一步的了解,作为营销计划及拟订策略的参考。

首先,从产品方面来看,应对产品的属性及产品的意义有深入的了解,以促进产品的推广速率。比如,当我们推广新的甜点时,就必须明确要强调产品的那个属性,如味道、购买的便利程度、价格优势或属于健康食品。

其次,从消费者方面来看,我们可以针对产品的消费人群来拟订营销策略。例如,可从促销、价格、分配路线等来诱导消费者,使消费者采用新产品,而使产品遍布各个角落。

再次,从团体因素方面来看,我们可以运用各种团体及个人影响力,以加速新产品的扩散。

最后,从社会文化因素方面来看,厂商必须对整个社会体系及社会阶层有清楚的了解,以便提高新产品的扩散速率,并作为拟订策略的参考。一般来说,我们必须使新产品的属性和社会属性相配合,才可达到最高的扩散效率。因此,在推出新产品之时,我们必须慎选营销对象,采用最适当的推广、分配及价格策略,以达成营销目标。

6.2　新产品设计心理策略

随着中国改革开放的深入发展,人民生活水平有了很大的提高,其心理欲求在购买行为中所起的作用越来越重要。消费者是否购买某一新产品,常常取决于新产品能否满足其心理欲求。因此,新产品的设计必须要适应消费者不断发展变化的心理欲求。具体来讲,要从以下四个方面研究新产品设计的心理策略。

6.2.1　根据消费者的生理要求进行新产品功能的设计

产品的基本功能就是产品具体的实用价值,是消费者购买新产品时最基本的出发点。满足消费者的生理需要是新产品功能设计中首先要考虑的因素。以服装的设计为例,冬装必须能御寒,夏装必须能遮体和便于散热,工装必须耐脏、耐磨,并有劳动保护功能。如果新产品设计忽视了其功能效用,在市场营销中就不会获得成功。例如,中国市场上曾出现过一种塑料吹气枕头,由于设计时对它的功能考虑不周,消费者对枕头充气时很费力,枕着憋气,用一段时间就漏气,其基本功能不能满足消费者的生理需要,推向市场不久就无人问津了。

近年来,国内外的产品功能设计方面出现两种趋势:一种趋势是产品向多功能发展。例如,文化用品中的电子表圆珠笔、商务通等,多功能使商品增加了使用价值,受到消费者的欢迎。另一种趋势是产品向自动化发展。例如,全自动电脑控制洗衣机、自动开启折叠伞、电饭煲、遥控彩电和空调等。产品自动化使消费者使用起来省时省力,备受好评。

6.2.2　按照人体工程学的要求进行新产品结构的设计

人体工程学又称人类工程学,是指运用人体测量学、生理学、心理学和生物力学等研究手段和方法,综合地进行人体结构、功能、心理以及力学等问题研究的科学。近年来,人体工程学的发展迅速,除主要在交通工具的设计和国防工业方面应用以外,还用于一些日用工业品的设计。一件商品、一种小用具,必须适应人体结构的要求,才能使人感到方便、舒适,"量体裁衣"就体现了这个道理。例如,像椅子,成年人如果坐在小孩子坐的椅子上一定不会舒服,因为椅子太小不能适应成年人的人体构造。椅子的设计,应该是根据人的腿部长短决定高矮,根据臀围确定宽窄,根据坐姿确定靠背的倾斜度,根据手臂长短和关节部位安置扶手。这样设计出的椅子,才能在体重负荷、血液循环、姿态安稳、肌肉放松等方面都符合人体的需要。又如,容积相同的电冰箱,底面积小的则比较高,设计多层多门就可以减少弯腰曲背取物之苦,这种机型设计就是研究了人们从冰箱中取物的姿势,符合人体工程学的要求。再如,风行世界的牛仔裤,是由于设计师研究了各类人种的不同体型,制定了几十种不同尺码标准型号,使高矮胖瘦的人都能选购到合适的尺寸。总之,要根据人体结构特征,按照人体工程学的要求进行新产品设计,才能更好地满足消费者生理和心理上的需要。

6.2.3　根据消费者的个性心理特征进行新产品个性的设计

消费者的个性特征对其购买动机有重要影响。消费者之间个性心理特征的差异会形成对产品的不同需求。因此,在设计新产品时,一方面要考虑产品的性能、结构等共性要求;另一方面还要考虑产品的独特个性,使新产品与同类产品有显著的差异,即有明显的特点。这些特点具体表现为以下几个方面。

6.2.3.1　体现威望的个性

具有这种特点的产品,在某种程度上能够体现消费者的社会威望和个人成就,如高档手表、名牌服装、高级轿车等。为此,在设计这种产品时,要选用上乘或名贵的材料,款式要豪华精美,要保证一流的工艺和质量,同时,要严格控制产量,价格要昂贵。

6.2.3.2　标志社会地位的个性

某些产品是专供社会某一阶层使用的,是某一阶层成员的共同标志。使用者可以借此表明自己在所属的社会阶层或集团中的身份。实际生活中,不同社会阶层的消费者的消费习惯及心理特征各不相同。例如,西方社会学家总结出七种社会阶层(上等上层人、下等上层人、上等中层人、中等阶层、劳动阶层、上等下层人和下等下层人)的主要特征。因此,在设计新产品时,应充分考虑不同社会阶层的购买心理和消费决策,以适应其需要。

6.2.3.3　显示成熟的个性

在人的生命周期中,要依次经过儿童、青年、中年、老年等阶段。在不同的年龄阶段,人们的生理与心理成熟程度不同。在进行新产品设计时,要注意适应不同年龄阶段的消费者的成熟程度,以满足其生理要求和心理要求。例如,成年人大多比较成熟,以他们为目标而设计的新产品要具有成熟、智慧、实用、大方而又不失风度的产品个性特点。

6.2.3.4　满足自尊和自我实现的个性

马斯洛的需求层次论表明,当人们的基本物质需求得到满足后,精神上的需求会逐渐强烈。人作为社会群体中的一员,一方面渴望得到别人的承认和尊重,希望在社会交往中给人留下良好的印象;另一方面还要求不断提高自身的知识水平与能力,充分发挥其内在潜力,求得事业上的成功与个人价值的全面实现。为了满足这种需要,人们购买自我清洁用品、装饰品、美容美发用品、学习用品及有助于提高某方面技能的专门用品等。以满足自尊和自我实现的个性需要为目标设计的新产品,需人为地给产品使用增加施展个人才能的机会,留出启发个人想象力的空间,使人在使用过程中感到乐趣、挑战性和成就感。例如,中国出口的方便面,开始仅以"不必加工便能速食"的优点促销,但这并不能打动顾客,因此,销量平平。后来,生产者在每袋方便面中添加多种调味品,需要略加烹调,才能做出符合个人口味的面条,这样一来恰好迎合了家庭主妇既要方便又要显示自己烹饪技巧的心理,结果销量大增。

近年来,西方国家盛行"自己动手"产品,销售此类产品的连锁店遍布各地。"自己动手"产品实际上是指经过精心设计、加工的半成品,如各种规格、款式的尚未组装成形的家具等。消费者可以根据自己的兴趣爱好、居室大小及用途,选购加工好的木材及零部件,回家自己组装等。"自己动手"不仅展示了个人的创造性和技能,还为家庭生活增添了许多乐趣,也是一种时髦的休闲方式。

6.2.3.5　满足情感要求的个性

随着生活节奏的加快,消费者在注重产品实用性的同时,越来越重视感情消费,即希望通过消费活动获得某种情绪感受,满足某种精神需要,如表达亲情、友情,寄托希望、向往,追求自然、回归,展示情趣、格调等。某些产品,如工艺品、装饰品、玩具等,因其设计新颖、造型别致而蕴含丰富的感情色彩,能够满足消费者的情感需要,而受到消费者的喜爱。这类产品的设计应强调新、奇、美、雅等特点。

总之,在设计新产品时,要努力创造产品的个性特点,力求满足消费者的个性心理要求,以利于新产品的销售和推广。

6.2.4　参照时代性进行新产品设计

产品的时代性是由消费需要的时代性所决定的。它表现为在某一时期内,某一群体或阶层中众多消费者认可、接受或使用同一商品式样,即流行式样。

时式商品的流行,一方面反映了科学技术的进步;另一方面也反映了消费者渴望变化、求新、求美、求奇的心理倾向。时式作为社会一种消费现象,有其自身的运动规律。和其他事物一样,也有从出现到消亡的变化过程。

时式的起源,主要是有些消费者对具有特色的新产品非常热情,喜欢带头试用新产品,由此形成了商品流行的源头。这部分消费者被称为"消费先驱",他们以购买和试用新产品为荣,通过他们的消费行为起到了媒介作用和示范作用。经过不断向上、向下以及横向的蔓延、传播,引起其他消费者的模仿购买行为,并逐步形成流行达到高潮。这时,如果产品不能及时再创新,或有新的时式出现,这个高潮就会逐步减退,直至消失。不同的商品,其时式周期的长短不同,一般地讲,高档耐用品的时式周期比中低档商品(如服装、化妆品等)要长。

由于某些新产品一旦被接受,很容易形成时式现象,企业若善于发现和运用时式现象,必然会大大提高创新产品的成功率。为此,企业在进行新产品设计时,应善于吸收和发展市场上最新流行产品的优点;同时,要善于研究和迎合消费者追求时尚的心理,设计出新颖独特、顺应时式潮流的新产品。这些新产品应具备以下一项或多项特点:第一,具有新的原理、新的构思、新的造型、新的包装装潢。第二,采用新的材料、新的元件、新的结构。第三,具有新的性能、新的特点。第四,具有新的用途、新的市场。新产品贵在"出新",唯新才能激发消费者"先买为快"的心理,继而兴起消费流行。

6.3　新产品推广心理策略

新产品上市后,企业面临的重要问题是如何使消费者尽快认识、承认并接受新产品,使新产品得到推广。消费者接受新产品一般要经过引起注意、产生兴趣、进行联想、产生欲望、实施购买等五个阶段。这五个阶段能否顺利发展,一方面与产品的质量、价格、性能、款式等密切相关;另一方面又与消费者接受新产品过程中的各种心理因素紧密相关。消费者是否购买新产品是以上诸因素综合作用的结果。为此,企业在推广新产品时,必须根据消费者的心理特点,制定相应的心理策略。

6.3.1　影响新产品推广的心理因素

　　新产品成为畅销品还是滞销品,同产品本身包含的基本功能与消费者心理是密切相关的。很多新产品销售受阻,实际上是消费者心理因素起了重要作用。因此,有必要联系产品特性来分析消费者心理与新产品销售、市场扩散速度、范围的相互关系。

6.3.1.1　新产品的相对优点

　　新产品的相对优点是指新产品优于以往各产品的程度。对于消费者来讲,这是最具吸引力的一点,也是消费者购买新产品的重要心理动机。新产品的创新程度越高,就越容易在市场上扩散。例如,全自动洗衣机的市场普及率很高,原因之一就是消费者容易认识到它相对于半自动洗衣机的优势。

6.3.1.2　新产品使用上的一致性

　　新产品的使用能否与消费者在长期消费过程中逐步形成的消费方式、消费习惯、价值观念保持一致,对新产品能否为消费者认可影响重大。能够与现有消费方式保持一致或基本一致的新产品,其市场扩散速度就快,扩散范围就广;反之,若两者间有距离或者完全相悖,需要消费者调整原有价值观念,建立新的消费方式和消费习惯的,市场扩散速度就慢,扩散范围就小。例如,我国消费者对西式快餐接受较快,而"三点式"泳装的推广则需较长时间。有些新产品还可能因有悖文化传统而引起消费者的反感,使消费者拒绝购买或使用。

6.3.1.3　新产品结构的复杂性

　　新产品结构的复杂性是指消费者理解和使用新产品的难易程度。对于新产品的属性、性能、用途、使用方法等产品说明,消费者越容易理解,就越容易产生兴趣,新产品在市场上的扩散速度就越快,扩散范围就越广。如果消费者要用很多精力和极大的耐心去了解和掌握新产品的用途和使用方法,无形中就会对消费者造成心理障碍,影响新产品的推广。因此,在着重新产品的性能、用途、工艺等方面创新的同时,要尽量追求产品结构的简单明了,使用方法上的易于操作,最大限度地减少消费者在理解和掌握使用新产品的精力耗费和时间耗费。例如高档相机,构件精密、性能先进、可配合各种变焦镜头使用,但技术含量高、操作复杂加之价格昂贵,一般消费者望而却步。而操作简单、机身小巧的"傻瓜"相机,因受到消费者的喜爱而很快在社会上普及开来。

6.3.1.4　新产品的可试用性

　　新产品上市之初,消费者由于不了解其性能特点,可能反应冷淡或抱有疑虑,因而影响了新产品的市场扩散。因此,新产品是否可供试用,对于消除消费者的疑虑、加快新产品推广速度有重要作用。因为对于消费者来讲,如果能亲自试用某一新产品,亲身体验到产品的特点,比采用其他方式进行促销宣传对其影响程度大得多。耳闻目睹不如亲身一试。新产品为消费者提供的试用机会越多,其推广速度就越快。近年来,我国许多经营服装的商店实行开架售货,允许消费者试穿,使消费者可以通过试穿看到穿着效果,促进了服装的销售。像化妆品、食品、调味品、清洁用品等新产品在进入市场初期,可以投放小包装免费样品,供消费者试用。若消费者经过试用,感到效果不错,就会自愿购买,成为新产品的经常使用者。

6.3.1.5　新产品的可传达性

　　新产品一般都在性能、用途、工艺以及效用上优于老产品。这些优越性若能准确及时地为消费者认知,则表明新产品可传达性强。消费者购买新产品,不仅要满足使用上的需要,同时还希望自己所购买的新产品的优点也能传达给其他消费者,并得到他们的承认和理解,由此得到心理上的满足。因此,可传达性强的新产品,在市场上的扩散速度比可传达性弱的新产品要快。例如,现代化的家庭装饰用品、新款式的家具、交通工具、服装服饰等类别的新产品,容易形成大众传播,消费者更容易产生购买欲望。

以上五个方面是影响新产品推广的主要心理因素。其中,新产品的相对优点、使用上的一致性、可适用性及可传达性,与新产品的推广速度为正相关关系;而新产品的复杂性与新产品的推广速度为负相关关系。

6.3.2　新产品推广的心理策略

新产品一旦进入市场,即面临两种命运——成功或失败。为了保证新产品在市场上获得成功,除了要设计出能满足消费者生理和心理需求的产品外,还要运用正确的营销策略去推广。常常有这种情况:尽管新产品有许多优点,但消费者并未完全感知理解。这时,就需要进行各种方式的宣传,促使消费者意识到新产品能够更好地满足他们生理或心理上的需要。这样,才能使消费者在短时间内认识、承认并接受新产品。

6.3.2.1　介绍期

新产品最初出现在市场上时,消费者对它还很陌生,因而在心理上缺少安全感。这种心理障碍会导致许多消费者采取等待观望的态度。特别是有些新产品的问世,是对消费者原有的消费习惯、消费方式及价值观念的否定,很多消费者在心理上没有接受及顺应这一变化的准备,这会导致他们对新产品采取消极甚至抵制态度。

针对这些问题,企业在新产品进入市场的初期,要采用各种方式和手段,大力宣传和介绍新产品的性能、效用、用途、使用方法以及为消费者所提供的服务,来消除消费者心理上的障碍。这一阶段的宣传,对于具有强烈消费欲望和求新、求美、求奇心理需要的消费者影响很大,他会因此而首先购买和试用新产品,起到消费带头人的作用。同时也起到了替其他消费者试用、验证新产品的作用。

6.3.2.2　成长期

产品进入成长阶段后,新产品在市场上已有了立足之地。这时的新产品购买者已不仅仅局限于最早购买者,即消费带头人,一些热衷于紧跟消费潮流的消费者也加入到购买新产品的行列中。与介绍期相比,成长期的新产品质量趋于稳定,性能提高,成本下降,价格也可降低,这些特点对于消费者很具诱惑力。但是,由于新产品进入市场的时间还不长,大多数消费者还未完全消除心理上的障碍,有些消费者对新产品仍持抵制态度。这时,企业除了继续运用各种方式和手段宣传新产品的优点外,还要充分利用新产品的消费带头人进行证词性的宣传,创造消费者间接试用新产品的效果,打消消费者的顾虑,消除或减轻心理上的"不安全感"。

这一时期,企业宣传的重点是运用消费者乐于接受的方式,向他们宣传和介绍使用新产品能为消费者带来哪些好处,着重宣传使用新产品后形成的新的消费习惯、消费方式与使用老产品时形成的消费习惯、消费方式相比有何优越性、科学性等等。使消费者清楚地了解到使用新产品后,能为自己带来何种新的利益,从而逐步消除抵触情绪,促使消费者对原有消费习惯、消费方式及价值观念产生动摇,直至放弃。

这一时期,企业还要注意搜集新产品的反馈信息。由于消费者的需求及个性心理特征不同,因而对新产品往往表现出不同的态度反应。例如,有的消费者对新产品的某些性能指标特别关心,并以此作为是否购买新产品的关键因素;有的消费者则格外注重新产品的外观造型,并根据是否符合其审美需要来决定购买与否。企业应根据消费者的态度反应,有针对性地进行宣传,消除消费者的各种心理障碍,使新产品在市场上的占有率不断扩大直至普及,进而使新产品顺利进入成熟状态。

要点重述

新产品创新分为三种:连续创新、动态连续创新和非连续创新。

产品生命周期一般经历四个阶段,即介绍期、成长期、成熟期和衰退期。

决定消费者是否接受新产品的重要因素:一致性、相对利益、单纯性、可试用性及沟通性。

影响消费者购买新产品的四大因素:消费者的态度与动机、个人及团体影响力、社会阶层和文化。

新产品上市后成为畅销品还是滞销品,关键在于它能否满足消费者追求时尚、流行的心理要求,消费者追求便利、高效的心理要求,消费者追求显示其地位、威望的心理要求,消费者追求舒适、享受的心理要求,消费者追求美感的心理要求和消费者追求突出个性特征的心理要求。

为了使新产品在市场上获得成功,除了要设计出能满足消费者生理和心理需求的产品外,还要运用正确的心理策略去推广新产品。在新产品进入市场的初期,要采用各种方式和手段,大力宣传和介绍新产品的性能、效用、使用方法以及为消费者所提供的服务,以消除消费者心理上的障碍;产品进入成长阶段,企业要充分利用新产品的消费带头人进行证词性的宣传,创造消费者试用新产品的效果,消除或减轻其心理上的"不安全感",使新产品顺利进入成熟阶段并不断在市场上扩大影响。

关键术语

新产品 生命周期 消费心理 新产品设计 新产品推广

问题思考

例6.1 林氏公司是一家制药公司。该公司的婴儿食品在市面上非常有名,而且得到小儿科医师们的推荐——非常适合婴儿食用。目前,这家公司又发展出液态性的婴儿食品,这种产品适合于6~18个月的婴儿食用。新产品的特点是综合了蔬菜、水果及麦片等的营养,而且可用奶瓶喂食。显然,新产品会和其他固态性的婴儿产品产生冲突。因此,该公司通过权威医师发布了一则消息:"液态性的婴儿食品比固态性的婴儿食品,可使婴儿的患病率减低。因为用固态性食品喂婴儿时,婴儿容易把食品丢在地上,所以容易造成婴儿的营养不良。然而液态性的食品,无此现象,甚至可以改善较差的身体状况。这个结果已经由小儿科医生们证实。"结果,产品一上市就受到了普遍欢迎。

思考 根据本章内容分析该婴儿食品运用了哪些新产品设计与推广策略?

例6.2 可口可乐公司曾在20世纪80年代推出一种代替原可口可乐的苏打水。公司决策者原本以为这种苏打水会因其新潮赢得顾客的青睐,然而上市后却反应平平。不论是中老年人还是青少年人,都认为新产品中原有的"可乐味"荡然无存。出于无奈,公司决定恢复"古典可乐",但这么一折腾,元气大伤,对手"百事可乐"却趁机冒了出来,并占领了相当一部分市场。不过百事可乐公司后来也干过憾事:推出的一种名为"水晶百事"的新产品,以无色为特点,味道又略带酸。喝惯了棕色且略带甜味的传统百事可乐的顾客们一下被弄糊涂了,采取的态度是:敬而远之。

思考 试分析可口可乐公司和百事可乐公司在推出新产品上失败的原因。

7 商品商标、包装和价格心理

山姆森玻璃瓶的美妙设计

说起可口可乐的玻璃瓶包装,至今仍为人们所称道。1898 年,鲁特玻璃公司一位年轻的工人亚历山大·山姆森在同女友约会中,发现女友穿着一套筒型连衣裙,显得臀部突出,腰部和腿部纤细,非常好看。约会结束后,他突发灵感,根据女友穿着这套裙子的形象设计出一个玻璃瓶。

经过反复的修改,亚历山大·山姆森不仅将瓶子设计得非常美观,很像一位亭亭玉立的少女,他还把瓶子的容量设计成刚好一杯水大小。瓶子试制出来之后,获得大众交口称赞。有经营意识的亚历山大·山姆森立即到专利局申请专利。

当时,可口可乐的决策者坎德勒在市场上看到了亚历山大·山姆森设计的玻璃瓶后,认为非常适合作为可口可乐的包装。于是他主动向亚历山大·山姆森提出购买这个瓶子的专利。经过一番讨价还价,最后可口可乐公司以 600 万美元的天价买下此专利。要知道在 100 多年前,600 万美元可是一项巨大的投资。然而实践证明可口可乐公司这一决策是非常成功的。

亚历山大·山姆森设计的瓶子不仅美观,而且使用非常安全,易握不易滑落。更令人叫绝的是,其瓶型的中下部是扭纹型的,如同少女所穿的条纹裙子;而瓶子的中段则圆满丰硕,如同少女的臀部。此外,由于瓶子的结构是中大下小,当它盛装可口可乐时,给人的感觉是分量很多的。采用亚历山大·山姆森设计的玻璃瓶作为可口可乐的包装以后,可口可乐的销量飞速增长,在两年的时间内,销量翻了一倍。从此,采用山姆森玻璃瓶作为包装的可口可乐开始畅销美国,并迅速风靡世界。600 万美元的投入,为可口可乐公司带来了数以亿计的回报。

(资料来源:http://wenku.baidu.com/view/bd7df22fb4daa58da0114a5b.html)

商品商标的设计及包装的设计是两个重要的方面,消费者在选购过程中,首先会从商品外观上进行挑选,因此要抓住消费者的眼球,在商标和包装的设计上下足功夫。设计若缺乏周全的产品定位、行销策略等方面的分析,就不能算是一件完备、成熟的设计。设计不是用来装饰的,而是用来促进产品销售的。设计的本质在于攻心,要想博得消费者的青睐、悦目往往就是突破点。设计过程中,应"忘记自我",精准客观地调研,冷静细腻地分析,从消费者的角度出发,以消费者的眼光来检验。

毋庸置疑,价格是消费者选购商品的另一个重要因素,商品定价时要考虑到消费者的价格心理。本章将针对以上三个方面展开探讨,通过分析消费者的心理,提出策略。

基本理论

7.1 商标设计心理

标志是企业凝聚力的核心,是商战中屹立不倒的帅旗。企业要通过对市场、理念、文化等方面的整合,策划设计出最适合企业或品牌的视觉形象,包括品牌、商标、标识等。在这里我们主要讨论商标。

商标是商品的文字名称和图案记号相结合的设计,代表着商品的特有性质。它在广告宣传中具有指导选购、建立声誉、促进销售和保障企业合法权益的作用。

7.1.1 商标设计的基本问题

7.1.1.1 商标简介

商标是用以区别个人或集体所提供的商品或服务的标记,是将一个企业的产品或服务与另一企业的产品或服务区别开的标记,是法律名称。

一切用以识别任何企业的产品、物品或服务的有形标记均可视为商标。

归纳起来,"商标"是一种显著的标记,是用以区别商品或服务来源的标志。商标是人为的固定符号,它给予商品附加属性,以便于消费者识别和记忆,产生好感,从而激发购买欲望,发生指牌认购行为。

商标的起源可追溯至古时候,手工艺人在他们创作的艺术品上刻上自己的签名或标记。多年来,这种标记演变成了今天的商标注册保护制度。由于独特的商标显示了商品或服务的特性和质量,该制度能帮助消费者区别并购买符合他们需要的商品或服务。

7.1.1.2 商标设计的原则及方法

标志具有象征功能、识别功能,是企业形象、特征、信誉和文化的浓缩,一个设计杰出的、符合企业理念的标志,会增加企业的可信赖度和权威性,在社会大众的心目中,它就是一个企业或某品牌的代表。

创造一个成功的商标,必须具有鲜明、易于识别和记忆、与众不同、简单醒目等基本条件,使"久闻其名"的消费者产生"旧友重逢"的感觉;使"殊不相识"的消费者一见如故,达到"认牌购货"的效果。从商标的心理功能来说,要遵循独特性、恰当性、可记性、灵活性的要求。

商标的设计方法多种多样。

1) 文字

用文字作商标,一般是品牌与商标合二为一,构成艺术化的图案,便于人们记忆,并突出某些积极意义,加深消费者的印象。文字型标志是以含有象征意义的文字造型作基点,对其变形或抽象地改造,使之图案化。例如,麦当劳黄色的"M"字形标志醒目而独特。汉字的标志设计则多是充分发挥书法给人的意象美及结构美,利用美术字、篆、隶、楷等字体,根据字体结构进行加工变形等艺术处理,但要注意字形的可辨性,并力求清晰、美观。

2) 图形

用生动鲜明和人所熟知、喜爱的形象作为商标设计,有利于人的形象思维活动,也便于记忆。用抽象的图案作为商标,给人以识别的记号。这种商标简单易记,标志性强,但含意抽象,不易创作。图形标志是以富于想象或相联系的事物来象征企业的经营理念、经营内容,用比喻或暗示的方法创造出富于联想、包含寓意的艺术形象。德国一家人寿保险公司的标志很有表现力:用手小心呵护烛火为图案,取人到晚年似"风烛残年",生活保障便十分必要之意。该标志黑白对比,简单明了,将保险的优点表现得富有情意。图形标志设计还可用明显的感性形象来直接反映标志的内涵。例如,美国霍顿·密夫林出版商通过几本书组合构成其标志图案,直接说明其经营内容。

3)复合

文字、图案复合标志是指综合运用文字和图案因素设计的标志,有图文并茂的效果。

值得一提的是,绘画在商标设计中占有的重要地位。广告界有一句名言——"一图值万言",认为图画所发挥的功效占有 50%。图画具有生动的直观性,既能补充文字的不足,又能起到语言文字难以起到的作用。在人类用以表情达意的工具中,文字的表达能力不如语言,然而有时在语言也无力表达的情况下,伴之以具体的视觉形象,使之产生直观效果,便可以解释清楚事实的本来面目。这种视觉形式的固定便是图画。图画之妙,就妙在不言中。对于不识字、识字不多或语言不通的人来说,图画的运用也能达到宣传效果。对于不同的国家来说,它具有明显的国际性,有利于突破国与国之间语言和文字的阻隔。

商标的设计不仅要表现商品的特性,而且还要配合企业的经营决策和广告宣传策略,这是进行商标设计时应该注意的。在商标的设计中应注意以下问题:

第一,好的标志应简洁鲜明、富有感染力。无论用什么方法设计的标志,都应力求形体简洁、形象明朗、引人注目,而且应易于识别、理解和记忆。

第二,优美精致、符合美学原理,也是一个成功标志所不可缺少的条件。造型美是标志的艺术特色,设计时应把握一个"美"字,使符号的形式符合人类对美的共同感知。点、线、面、体四大类标志设计的造型要素,在符合形式规律的条件下,能构成独立于各种具体事物的结构的美感。

第三,标志要被公众熟知和信任,就必须长期宣传,广泛使用,因此稳定性、一贯性是必须的。但随着时代的变迁或企业自身的变革与发展,标志所反映的内容或风格有可能落后于时代,因此在保持相对稳定性的同时,也应具有时代精神,作必要的调整修改。美国宝洁公司(P&G)的标志就是经多次修订才成为现在的由星星、月神构成的圆形图案的,透着浪漫、神秘的气息。20 世纪 70 年代,可口可乐公司在新 CI 的设计中,在标准字下添加了一条白色波浪线,成为新标志的点睛之笔,和原有的流利而有韵味的字母相配,更是和谐而富激情。

第四,在各应用项目中,标志运用最频繁,它的通用性便不可忽视。标志除适应商品包装、装潢外,还要适用于电视传播、霓虹灯装饰、建筑物、交通工具等,以及各种工艺制作及有关材料,包括各种压印、模印、丝网印和彩印等,在任何使用条件下都确保其清晰、可辨。

7.1.2　商标设计的心理因素

商标应具有简洁性、审美性和认同性。各种商标因其用途的不同,有的复杂,有的简单,但其最主要、最突出的部分,在文字、图形或文字、图形的组合上都应具有简洁性。在文字、图形的选择提炼、构图布局以及色彩运用上,都要求有艺术性,给人以美的享受,而且还要根据其所标志的事物给人以特定的感受。在设计商标的文字、图形时，要综合考虑到语言学、心理学、社会学等各个方面的因素，要能得到绝大多数社会公众的认同。在设计商标时，要综合考虑消费者的心理因素、具体商品或服务项目的特点，甚至宗教信仰、风土人情、民族文化等各方面的因素。

商标的设计具有很大的灵活性，然而商标的设计又不可随心所欲，必须既独具特色和魅力，又能在短时间内引起消费者的注意和兴趣。为此，设计商标时，哪些因素能对消费者产生影响，企业必须给予关注。

7.1.2.1　独具特色、便于区别

一个独具特色的商标，一旦树立起来，就会在消费者心中留下深刻印象，使消费者能在纷繁复杂、五光十色的同类商品中很快辨别出自己所信任和偏爱的商标，进而迅速实现购买行为。鉴于此，很多企业，特别是欧美发达国家的企业，不惜花重金设计区别于其他企业且又独具特色的受消费者喜爱的本企业商标。

例如，世界感光胶片业中知名度最高的美国柯达公司，其商标的设计就颇具特色。它充分利用黑白正负形，把公司名称第一个字母"K"处理成负形，与名称"Kodak"相呼应，并用红、黄两色（黄底红字）的强烈对比，使商标具有很强的吸引力，从而取得很好的信息传播效果，并让人体会商品品质及色彩饱和的内在涵义，由此，红、黄两色的组合便成为柯达公司色彩的象征。由于柯达公司的广告及产品遍及世界，在许多语言中，"柯达"成了相机、胶卷的通用词。这一情况迫使德国业余摄影家协会于 1970 年发出警告："任何一个由于对美式英语的偏爱而滥用'柯达'一词的人，都是在有意无意地干着有损德国照相器材工业的事情。"柯达的商标，如图7.1、图7.2 所示。

图 7.1　柯达商标　　　　　　　图 7.2　新柯达商标

7.1.2.2　优美别致，形象鲜明，优雅和谐，便于记忆

除了各国商标法所规定的不能作商标的事物外，对企业来说，商标的题材几乎可以取自宇宙万物，这无疑给商标设计者提供了任其驰骋的活动空间。云风雪雨、电闪雷鸣、日月星辰、山川河流，无论是动物、植物，还是符号、数字、图案，只要简洁、鲜明、优美，具有艺术感染力，都可以成为吸引消费者，满足其审美要求的优秀商标，给人以美的享受。同时，要注意语言优雅，避免生僻字句，与所代表的商品的性质和特点要相互协调。

例如，"可口可乐"、"雪碧"（Sprite）、"七喜"（7-Up）等名称读起来音韵好听，加上商标图形设计简洁美观，牌名、文字、图形都抓住了软饮料的性质特点，传达信息准确，博得了消费者对商品质量的信赖。可口可乐和雪碧的商标，如图7.3、图7.4 所示。

图 7.3 可口可乐商标

图 7.4 雪碧商标

7.1.2.3 符合时代特点

商标要和时代特点相呼应,有时可以赋予一定的政治意义。时代是不断向前发展的,商标的设计也必须跟上时代的步伐,符合现代消费者对商标的心理要求。

图 7.5 埃克森商标

例如,美孚石油公司曾调查了 55 个国家的语言,动用了语言学、心理学、社会学乃至统计学方面的专家,对各国一般群众的心理、感情进行调查研究和分析,并且使用了电子计算机,最后耗资 1 亿美元,才从 1 万多个设计方案中选定了专家们自认是"洁白如玉、无懈可击、完美无缺"的"埃克森"商标,该公司也改名为"埃克森"。埃克森商标,如图 7.5 所示。

7.1.2.4 与商品性质特点相协调

当人们在炎热的夏季看到北冰洋的商标,立刻会联想起降温解暑的冷饮,给人们凉爽舒适的感觉。相反,我国南方的一家鞋厂,把秀美别致的女鞋商标设计成"大象牌",这给女性消费者粗大笨重感觉,自然影响到对产品的印象。

例如,日本"精工"钟表的牌名就抓住了钟表最本质的性质特点——工艺精致、计时准确。它含蓄地告诉消费者这种牌名的钟表的优点,使人乐于接受。

7.1.2.5 符合商标法,尊重不同民族、种族、宗教、地域的风俗习惯

各国商标法都规定了许多不能注册为商标的东西。因此,在设计商标时,必须注意各国商标法的规定。例如,很多国家规定,国家和国际标志,包括国徽、国旗、国际组织的徽章、旗帜等不能用作商标,国际组织的缩写也不能作为商标。不同民族、宗教,对同一事物也会有不同的要求禁忌。伊斯兰教的教义中规定禁止喝酒,如果用伊斯兰教的创始人穆罕穆德的头像作为商标用在酒瓶上,必定引起伊斯兰国家的公愤,并被拒绝注册。日本人忌用荷花作商标;英国人忌用核桃作商标;意大利人忌用菊花作商标。在信仰佛教的国家和地区,"万字十"是一种常见的符号,但欧洲人往往会误认是纳粹党的标记,从而导致心理上的排斥。

例如,"康师傅"三个字差不多成了方便面的代名词。当年,有人建议用"康师傅",就是因为"师傅"是大陆人对专业人员的尊称,使用频率和广度不亚于"同志"。同时,由于顶宏集团过去生产经营过"康莱蛋酥卷",有一定的知名度,方便面姓"康"与"康莱"可以"称兄道弟"。此外,"康师傅"方便面有个"康"字,也容易引起人们对"健康"、"安康"、"小康"等心理联想,后来的实践证明,"康师傅"这个取名的确是个好点子,"康师傅"方便面一面世,其名声便不胫而走。康师傅商标,如图 7.6 所示。

总之,商标的造型应优美别致、色彩艳丽;商标与商品本身的性质特点要相吻合,应符合各国商标法及民族宗教习惯。这样的商标,才

图 7.6 康师傅商标

能博得消费者的喜爱。

7.2 消费者包装心理

人们在消费中对消费品外观美感的追求无处不在。在生活中,常常看到有精美包装的月饼比散装的月饼要贵几倍甚至 10 倍;外形美观的汽车拥有更好的销售业绩;连菜肴、手机、电脑等都设计成了"艺术品"。生产厂家和同类商品之间的竞争也日趋白热化,尤其是超市规模的不断扩展,商品包装更应突出其信息和价值功能。在设计商品包装时,除了要遵循设计中的基本原则外,还要着重研究消费者的心理活动,这样才能在同类商品中脱颖而出。

7.2.1 商品包装的作用

包装在消费者购买过程中充当着催化剂的作用,它伴随着每一个心理过程。其作用分述如下。

7.2.1.1 唤起意识

注意是唤起意识的前提因素,是包装作为传递商品信息媒介所具有的一个基本功能,是人们购买商品的起点。包装通过醒目的图形、文字、色彩,生动简练的视觉语言使消费者的意识得以唤起。世界薄荷烟销量第一的"沙龙"(Salem)牌卷烟,其硬盒烟包装设计以白色为主色,代表纯洁、浪漫与舒适;牌名上用绿色线条加以映衬,增添几分高贵、清新之气;烟盒顶部是一绿色树形缩影,象征郁郁葱葱的树林和大自然。整个烟盒包装设计体现了一种清新、高雅、自然、怡人的情调,突出了薄荷烟的特点。沙龙薄荷烟的包装,如图 7.7 所示。

图 7.7 沙龙薄荷烟的包装

7.2.1.2 引发兴趣

包装引起的注意并非仅仅针对包装本身,而是要引起消费者对商品的购买兴趣。通过造型、形象图案、文字色彩来激发消费者的购买欲望。根据不同消费者的兴趣爱好设计的包装,能够起到引起消费者对包装商品兴趣的作用。例如,化妆品作为一种时尚消费品,是使用功能与精神文化的结合,是用来满足消费者对美的心理需求的。这类产品无论包装造型或色彩都应设计得简洁干净,优雅大方。

7.2.1.3 强化记忆

商品包装的外观,无论是造型、材料,还是色彩、画面都会有意无意地给顾客留下记忆的表象,而且还会以表象的形式回忆出来,形成潜在的印象,指导下一次的购买行为。例如贵州茅台酒的方形陶瓶,几十年保持不变,给消费者留下了难忘的记忆。在进行食品包装设计时,应注重考虑两个层面的表现,即"口感"和"舌感",在做到这两点的基础上,才进一步从包装结构、材料运用、行业标准等方面继续完善。这种商品的包装设计特别要求具有独特的个性、特殊的气氛感和名贵感。它需要优质的包装材料以提升其身价,比较注重特种印刷工艺的运用。贵州茅台方形陶瓶,如图 7.8 所示。

图 7.8 贵州茅台方形陶瓶

7.2.1.4　促使行动

促使消费者采取购买行动是商品包装的最终目的。采取多种形式把商品的形状、颜色、味道以及性能、使用方法等展现给消费者，才能使消费者对商品产生好感，最终实施购买行动。包装的优美造型也能刺激消费者的购买行为，很多化妆品的包装就因为其本身是很好的家庭摆设工艺品而赢得买主的。当消费者在商场中面临太多选择时，会潜移默化地选择看起来顺眼的包装，所以，在消费者的购买过程中，包装设计起到决定取舍的重要作用。这一作用伴随着消费者购买行为的心理变化的全过程。

7.2.2　消费心理与商品包装

俗语说："佛要金装，人要衣装。"同样，商品也需要包装；商品再好，也可能因其包装不适合而卖不出好价钱。据统计，产品竞争力的 30％ 来自包装。

市场心理专家路易斯·切斯金为了验证包装与消费者心理之间的关系，做过几个实验。他先把同一种新产品放进两种不同的包装内，一种是圆形图案，另一种是三角形图案。然后，他问那些调查对象喜欢哪一种产品，结果，被调查者都选择了带有圆形图案包装的新产品。这个结果并没有让路易斯·切斯金吃惊。然而，下一个实验的结果却让他吃惊，被调查者在亲自试过了两种包装中同样的产品之后，仍然一边倒地表示喜欢圆形图案包装的那种产品。

接着，他又做了一个实验。把几种不同牌子的啤酒分别倒在同一种容器内让大家品尝，结果是人们对啤酒味道的评价大体一致。但是，当他把这些啤酒倒入不同包装的容器内时，人们对啤酒味道的判断就大大改变了。

路易斯·切斯金又对更多种类的产品重复了这种试验，发现了许多被他称为"知觉转移"的现象。例如，包装的外观对人们评价饼干的味道或香皂的洗涤效果具有非常大的影响力。正如一本包装设计书中所讲的那样："消费者往往分不清一种产品和它的包装，很多产品即是包装，而很多包装即是产品。"这句话生动地说明了包装对产品销售的作用。消费者一般都愿意为良好包装带来的方便、美感和可靠性多付些钱，特别是在实行顾客自我服务的情况下，更需要利用产品包装。

所以，包装里面大有学问，包装会直接影响顾客的消费心理导向，从而产生购买或拒绝购买的欲望。商家若能在商品包装上做些文章，使商品包装设计迎合消费者的购买心理，将大大有利于商品的销售。

7.2.2.1　消费者的消费动机

商品包装最直接的目标是激发消费者购买动机。因此，在设计商品包装时，首先应考虑的就是这一目标。另外，即使消费者不准备购买此种商品，也应通过包装促使他们对该产品的牌子、生产厂家产生好的印象。

人们的行动是受一定的主观原因即动机支配的，动机是在一定条件下的需要的体现，是由人的需要转化而来的。消费者决定花钱买东西的行动是在某种动机推动下产生的。他们到商店购买某种商品是因为他们需要这种商品。

人的需要是有层次的，美国心理学家马斯洛的"需要层次论"把人的需要划分为五个层次：生理需要、安全需要、社会需要、自尊需要以及自我实现需要。

消费者的购买行为有时是由一种动机支配的，有时是由多种复杂动机综合支配的。这些动机往往交织在一起构成购买行为体系。满足精神、社会需要的动机常常伴随满足生理、物质需要的动机。例如,经济收入低的消费者往往只注重商品使用价值,对商品的要求是价廉物美。这是由一种购买动机支配的购买商品的行为。而经济收入丰厚的消费行为往往对商品包装品质更为讲究。这部分消费者的购买动机是相当复杂的,是生理、心理需要与精神、社会需要交织在一起的,其中精神、社会需要占了主导地位。随着生活水平的不断提高,消费者的需要不断发展变化,在确立包装设计的目标和定位时,就应多从满足人们的社会生活和精神需要的方面着想。

消费者的需要是由低级的生理需要得到基本满足后再向高级的精神、社会需要发展的。对于多数人来说:"衣食足则知荣辱",这反映出需要的发展。但是,高级的精神、社会需要不会自发产生,而是受社会现实环境和教育及市场发展规律的影响后才形成的。消费者高级需要的形成在一定程度上也受到包装设计的指导和影响,即消费者购买动机是受商品包装指导的。例如矿泉水的包装设计,如果只宣传解渴的作用而忽视其水中所含人体需要的矿物质、微量元素,以及卫生健康的介绍,效果一定不会很好。因为,现代消费者对饮用水的需要不仅是解渴,而且还要补充人体内所需的一些物质元素。设计应主要体现其水质来源(天然矿泉水)、含有大量人体所需的各种矿物质,以及饮用安全健康等。这样,消费者就会按照包装设计的指导购买矿泉水,从而满足他们生理和精神上的需要和追求。只有了解消费者购买动机的规律,然后才能使包装指导消费的作用得到体现。

7.2.2.2 消费者的心理活动过程

消费者的购买心理,是指消费者在购买活动中的心理活动过程,也就是消费者对商品反映的心理轨迹。消费者在购买过程中发生的复杂微妙的心理活动,影响着购买活动的全过程,支配着购买行为。在设计包装时要考虑到这些因素。心理活动过程可分为认知、情感、意志三个阶段。

1) 认知过程

认知过程是消费者接触、了解、掌握商品信息的过程,是购买活动的基础和先导。它由注意、感知、记忆、联想、思维等几种心理活动复合而成。

从心理学研究分析,一件包装设计要想使消费者注意并能理解、领会、形成巩固的记忆,是和作用于人的眼、耳等感觉器官的文字、色彩、图形以及声音等新奇性特征分不开的。现代社会,商品极大丰富,在商品琳琅满目的商场里,消费者第一眼看到的是商品的包装,但消费者不会在所有的商品面前驻足浏览,只有发现感兴趣、需要的商品时,才会仔细观看、询问。在人们的视觉认知活动中,不是被动接受客观刺激物的刺激,而是在客观刺激物和人的主观心理因素相互作用下进行的。商品包装的文、图、色及造型,对消费者来说,都是一种视觉的刺激物,而这些刺激物只有具备一定的新奇形象特征才能引起消费者的注意。因此,商品一定要突出新、奇、特,特别是在同类商品中,一定要表现出独特的包装材料、图案、颜色、标志等,使本企业的商品外包装在同类商品中鹤立鸡群。有特色有创意的包装能捕捉住顾客的双眼,吸引他们注意,使得顾客想把它从货架上拿下来看看,引发顾客进一步了解甚至消费该商品。

感觉在购买活动中是消费者对商品的个别属性的主观反映。商品作为客观存在的事物,消费者在购买之前,可以通过眼、耳、鼻、舌、身等外部感觉器官,获取有关商品的个别的初步的信息,再传输到大脑,形成对某一商品个别属性的反映。因此,要把商品的形状、颜色、成分、构成恰如其分地印制、表现在商品包装上,使消费者一目了然,让人产生强烈的视觉冲击,使消费者为之怦然心动,感觉这个产品就是为我而设计的。

成功的商品包装不仅能引起消费者情感和联想,而且还应当使消费者"过目不忘"。心理学认为,记忆是人对过去经历过的事物的重现。记忆是心理认识过程的重要环节。基本过程包括识记、保持、回忆和再认。其中,识记和保持是前提,回忆和再认是结果。只有识记、保持牢固,回忆和再认才能实现。商品包装设计要想让消费者记住,就必须体现商品鲜明的个性特性,简洁明了的文、图、形象。同时,还要反映商品的文化特色和现代消费时尚,让消费者永久记忆。

精美的包装会给消费者留下深刻的印象,特别是在包装无声的广告宣传下,消费者购买的商品确实如包装所表述的一样,感觉称心如意,那么以后消费者只要看到同样或类似的包装,就会产生一种亲近感、信任感,这种类型包装的商品,就会不知不觉成为消费者的首选。只有这样,才能从感情上打动消费者的心,增强消费者的记忆,对消费者产生积极的感情体验。

随着感觉的深入,对各种感觉材料进行分析、综合,便形成消费者对商品整体特性的反映,这就是知觉。作为商品的外衣,包装应尽可能把内在商品的各种有关情况展现出来,除了上面所讲的之外,包装还应表现出生产厂家、日期、地点、产品特点等。把尽可能多的商品信息通过包装传递给消费者,便于消费者最大限度地了解掌握有关商品的整体情况。包装要从造型、装潢商标、使用说明等方面诱发消费者的购买欲望。

2) 情感过程

这是消费者对商品主观体验和感受的过程,这个心理活动过程形成了消费者对商品的主观态度。由于消费者的年龄、性别、职业、文化程度、经济状况不同,导致他们的兴趣各异,如有的喜欢粗犷,有的喜欢细腻,有的喜欢古朴,有的喜欢豪华,有的喜欢中国风格,有的喜欢西欧风格。这个过程是购买心理活动过程的关键阶段,消费者若能产生积极的感情体验,就对购买欲望和购买行为具有促进作用;反之,则有抑制作用。因此,包装设计应针对不同的消费者,从色彩、造型、文字、图案等方面着手构思,设计出满足不同消费者兴趣的商品包装;商品包装要新颖大方、不落俗套,具有新鲜感和现代意识。如果商品包装能赢得顾客的"芳心",商品的销售就成功了一半。例如,我国香港一家公司销往美国的调味品蚝油,开始按香港人的兴趣在包装上画一妇女和一男孩在一条渔船上,船里装满了大蚝。结果该商品销路不畅,因为美国人不能理解其中的含义。后来,这家公司在旧金山的一家销售公司的帮助下,重新设计了包装画面。在包装上画了一只放有一块美国牛肉和一个褐色蚝的盘子,从而引起了美国消费者的兴趣,蚝油终于打开了美国市场的大门。这种兴趣的引起,来自于意识中对产品的联想的唤起。

3) 意志过程

在购买活动中,消费者表现出有目的和自觉支配和调节自己的行为、努力克服自己的心理障碍和情绪障碍、实现其既定购买目的的过程,这被称为消费者的心理活动的意志过程。它对消费者在购买活动中的行动阶段和体验阶段有着较大影响。

消费者的意志过程具有两个基本特征:一是有明确的购买目的;二是排除干扰和困难,实现既定目标。

消费者对商品的意志过程,可以在有目的的购买活动中明显地体现出来。在有目的的购买行为中,消费者的购买行为是为了满足自己的需要。因而,总是在经过思考之后明确了购买目标,然后有意识、有计划地去支配自己的购买行为。消费者的这种意志与目的性的联系,集中体现了人的心理活动的自觉能动性。意志对人的心理状态和外部行为进行调节,推动人实现为达到预定目的所必需的情绪和行动;同时,还制止与预定目的相矛盾的情绪和行动。意志的这种作用,可以帮助人们在实现预定的目的的过程中克服各种阻挠和困难,使购买目的顺利实现。在意志行动过程中,消费者要排除的干扰和克服的困难是多种多样的,既有内在原因造成的,也有外部因素影响的结果。并且,由于干扰和困难的程度不同,以及消费者意志品质的差异,消费者对商品的意志过程有简单和复杂之分。简单的意志过程一般是这样的:在确立购买目的之后,立即就付诸行动,从决定购买过渡到实现购买;而复杂的意志过程则是这样的:在确立购买目的之后,从拟订购买计划到实现购买计划,往往还要付出一定的意志努力,才能把决定购买转化为实行购买。商家要把商品的形状、颜色、味道、性能、使用方法展示给消费者,便于消费者进行比较、挑选。消费者一般经过此阶段后,再决定是否购买。

总而言之,消费者心理活动的认知过程、情感过程和意志过程,是消费者购买心理活动过程的统一,是密不可分的三个环节,其相互作用关系也是显而易见的。意志过程有赖于认知过程,并促进认知过程的发展和变化。同时,情感过程对意志过程也具有深刻的影响,而意志过程又反过来调节情感过程的发展和变化。

7.2.2.3　包装设计的心理要求

商品包装对消费者心理的影响还依赖于消费者内在的需要特征。一个适宜的包装设计应当满足如下需求:

(1)消费者要求商品携带、开启、使用和保存都非常方便,为满足这些要求,设计时可以让包装带上提手、罐头商品带上简易的开启装置,易碎的玻璃器皿用盒装等。

(2)消费者对于商品,尤其是对需要多次分量消费和自行配制使用的商品,希望其包装能够牢固、耐用、安全。对于产品内容的介绍,特别是对食品成分或药物疗效的介绍,要求精确,如标明甜食中是否会有糖精和其他添加剂,标明药品的副作用。

(3)可靠性商品的包装应有助于消费者对商品和制造厂家产生信任。

(4)包装应显示消费者的社会地位、身份和经济实力。

(5)爱美是人类的天性。在许多场合下,富有美感的包装更有可能在同类商品销售竞争中获胜。

在消费者购买心理的整个活动过程中,商品的包装在引导消费者从产生需要至最终购买的决策心理中,起着不可忽视的作用。现代企业、商品的竞争,是全方位的竞争,商品包装的效果与商品的销售直接相关。设计好商品包装已成为一个重要的市场营销手段,消费者在众多的可供挑选的商品中,往往是因为有魅力的商品包装的刺激而产生购买愿望和购买行为的。

在实施包装策略时,商家须首先研究、揣摩消费者的购买心理活动特点,然后才能为产品定做一套合适靓丽的"嫁衣",用富有魅力的包装艺术手法来表现商品,激发消费者的购买欲望。只有这样,包装才能为商品锦上添花,才能发挥包装对商品销售的诱发、刺激作用,为产品销售更加广阔的市场。

商家需正确看待包装的作用,不要陷入"过度包装"的误区。过度包装是相对适度包装而言的,是指对产品的包装过于复杂庞大或者奢侈华丽,耗费大量的宝贵资源,甚至造成对环境的污染,这种趋势在后工业时代愈演愈烈,产生了包装的变异。商家一定要避免这一点。

7.3　消费者价格心理分析

7.3.1　商品价格的心理功能

在日常的市场营销和消费者购买活动中,常可见到这样的现象:一种在理论上合理的价格,而消费者却不一定能够接受;一种在理论上不一定合理的价格,消费者却能接受。究其原因,主要是企业定价时只考虑理论意义上的价格,而忽略了消费者的价格心理。因而,在市场经济的激烈竞争中,要赢得消费者的"选票",顺利实现商品从生产者、销售者手中到消费者手中"惊险的一跳",必须注意价格在消费者心理上的特殊功能,使企业商品的价格尽量接近消费者的心理要求,并促使其乐于接受。

7.3.1.1　衡量商品价值和商品品质功能

商品价格具有衡量商品价值和商品品质的功能。在消费者心理中,通常将商品价格看成是衡量商品价值和商品质量的重要标准,尤其是在耐用品和高技术产品上表现得更为突出。他们认为,价格昂贵的商品,其内在价值和商品质量也相对较高,价格低的商品内在价值低、品质也差,即所谓的"一分钱一分货"、"便宜没好货"。这种价格心理是消费者心中的价格评判标准,而绝非理论上的价格标准。对这一功能的正确认识与理解,制定适应消费者心理的价格,将会给企业带来巨大利益。

7.3.1.2　认同功能

商品价格具有认同的功能。消费者在购买中,会把购买商品的价格同个人的愿望、情感、人格特点联系起来,使价格成为反映他的经济实力、社会地位、文化水平、生活情趣和艺术修养的工具。

7.3.1.3　自我意识比拟功能

商品价格具有自我意识比拟功能。即借助商品价格反映消费者自我的一种心态。比如,一些并不富有的消费者通过追求高档名牌或进口商品,以显示自己的社会地位与经济状况;有些连五线谱都难以识别的消费者却在自己家里摆上钢琴,以显示生活格调的高雅。因此,在制定价格时,应重视商品价格的社会心理。

7.3.1.4　调节消费者需求功能

商品价格具有调节消费者需求的功能。在一般情况下,价格上涨需求量下降,价格下降需求量会上升。但是,价格与需求量之间的这种向相反方向变化的现象也不是普遍、绝对的。在有些情况下,如在消费者购买时的紧张心理或购买前的迫切期待的心理影响下,价格与需求量之间这种反向变化的倾向也会出现例外,即出现涨价抢购、降价观望不买的现象。前者是怕价格再涨,后者是期望价格再降。因而,在确定价格时,必须注意需求量的问题。

7.3.2　消费者价格心理的基本特征

消费者之所以会产生不同的价格心理,是因为其对商品价格认知的心态不同。消费者对企业制定的商品价格有不同的反应,有的消费者会认为它是合理的,也会有消费者否定它的真实性;有时商品因降价失去了消费者,减少商品销售;提价反而刺激消费者,促进商品销售。这些现象的出现,都是消费者价格心理作用的结果。尽管消费者价格心理各不相同,但其基本特征可以归纳为以下四个方面。

7.3.2.1　习惯性价格心理

消费者评价商品价格是否合理,一般主要是根据自己以往购买商品的经验所形成的印象。虽然商品价格有客观标准,但在多数情况下消费者只是根据自己的购买经历对商品价格进行判断。因为,消费者对商品价格的认知,是在多次的购买活动中形成的,长期、多次的购买和消费活动,使得消费者渐渐在头脑中形成了某种商品需要支付多少金额的习惯价格,并把它当作衡量商品价格高低、合理与否的标准。

7.3.2.2 敏感性价格心理

消费者对商品价格变动在心理上有不同的反应程度,这就是消费者价格心理的敏感性。消费者对种类或档次不同的商品敏感性不同,对与日常生活关系较为密切的商品价格敏感性高,对持久耐用消费品价格的敏感性较低。在日常生活中,有的消费者在购买蔬菜时,可能为几角甚至几分钱讨还价,而在购买高档商品时,所付的价钱比一般同类商品多出几十乃至几百元,却不以为然,这是由消费者价格心理的敏感性不同引起的。

7.3.2.3 感受性价格心理

消费者对商品价格高低的感受程度不同,这就是消费者价格心理的感受性。由于市场商品价格不同,消费者对某种商品价格的感受会受到周围陪衬商品价格以及商品销售的环境、方式、气氛和商品外观、功能、包装等影响,容易引起对商品价格高低识别和判断的错觉。某种商品分别摆在不同组合的柜台上,销售效果也不同。放在高价系列柜台就会畅销,而在低价系列柜台就会滞销。同样,这种价格错觉也会表现在商品的标价上。消费者一般通过三种途径感受商品价格的高低:一是商品的组合方式,二是商品销售的地点,三是商品的商标、式样、包装、色彩。这三方面的差别会引起消费者不同的价格感受。

7.3.2.4 倾向性价格心理

消费者在购买商品的过程中会对商品价格进行比较后再作出选择,这就是消费者价格心理的倾向性。商品按照不同的价格与质量可分为高、中、低档。消费者大多是根据商品价格来区别商品档次的,但也会根据商品的档次来估量商品的价格。不同类型的消费者出于不同的价格心理,在选择商品时会表现出不同的倾向性,有的消费者喜欢价格高、功能先进的名牌商品;有的消费者比较喜欢价格适中、具备一定功能的商品;还有的比较喜欢低廉的商品。这些不同的选择倾向,实际上是消费者不同价格心理的反应,与消费者的经济地位、购买经验与消费方式密切相关。

消费者价格心理的基本特征表明,商品价格是影响消费者心理的重要因素。随着消费者经济实力、自我意识、审美能力的增强,消费个性化日益明显,其价格心理特征正日趋多元化。

7.3.3 商品定价的心理策略

定价策略是指企业根据市场中不同变化因素对商品价格的影响程度采用不同的定价方法,制定出适合市场变化的商品价格,进而实现定价目标的企业营销战术。定价的心理策略,即企业根据消费者的心理定价,制定适合消费者的价格,促使消费者购买产品的一种策略。

7.3.3.1 撇油定价策略

撇油定价策略是指企业在产品寿命周期的投入期或成长期,利用消费者的求新、求奇心理,抓住激烈竞争尚未出现的有利时机,有目的地将价格定得很高,以便在短期内获取尽可能多的利润,尽快地收回投资的一种定价策略。

例如,美国的柯达公司生产的彩色胶片在 20 世纪 70 年代初突然宣布降价,立刻吸引了众多的消费者,并挤垮了其他国家的同行企业,柯达公司甚至垄断了彩色胶片市场 90% 的份额。到了 80 年代中期,日本胶片市场被"富士"所垄断,"富士"胶片压倒了"柯达"胶片。对此,柯达公司进行了悉心的研究,发现日本人对商品普遍存在重质而不重价的倾向,于是制定高价政策打响牌子,保护名誉,进而实施与"富士"竞争的策略。他们在日本发展了贸易合资企业,专门以高出"富士"50％的价格推销"柯达"胶片。经过 5 年的努力和竞争,"柯达"终于被日本人接受,走进了日本市场,并成为与"富士"平起平坐的企业,销售额也直线上升。

7.3.3.2 薄利多销策略

薄利多销策略是指企业在产品上市初期,利用消费者求廉的消费心理,有意将价格定得很低,使新产品以物美价廉的形象吸引顾客,占领市场,以谋取远期的稳定利润的一种定价策略。例如,现在我们常常看到的"一元店"、"两元店",正是采用了这种策略。消费者看到很多商品的定价都是一两元,又是日常生活所必需的商品,便毫不犹豫地购买,而商家在消费者这样的心理下赢得了更多的利润。

7.3.3.3 满意价格策略

满意价格策略是介于撇油定价和薄利多销定价之间的一种定价策略。由于撇油定价法定价过高,对消费者不利,既容易引起竞争,又可能遭到消费者拒绝,具有一定风险;薄利多销定价法定价过低,对消费者有利,对企业最初收入不利,资金的回收期也较长,若企业实力不强,将很难承受;而满意价格策略采取适中价格,基本上能够做到供求双方都比较满意。

7.3.3.4 尾数定价策略

尾数定价策略又称零头定价策略,是指企业针对消费者的求廉心理,在商品定价时有意定一个与整数有一定差额的价格的一种定价策略。这是一种具有强烈刺激作用的心理定价策略。

心理学家的研究表明,价格尾数的微小差别能够明显影响消费者的购买行为。一般认为,定价在 5 元以下的商品,末位数为 9 最受欢迎;定价在 5 元以上的商品,末位数为 95 效果最佳;定价在百元以上的商品,末位数为 98、99 最为畅销。尾数定价法会给消费者一种经过精确计算、最低价格的心理感受;有时也可以给消费者一种是在原价基础上打了折扣,商品便宜的感觉;同时,顾客在等候找零期间,也可能会发现和选购其他商品。

7.3.3.5 整数定价策略

整数定价策略与尾数定价策略相反,是针对消费者求名、求方便的心理,将商品价格有意定为整数的一种定价策略。由于同类型产品生产者众多,花色品种各异,在许多交易中,消费者往往只能将价格作为判别产品质量、性能的标准。同时,在众多尾数定价的商品中,整数能给人一种方便、简洁的印象。

7.3.3.6 习惯性定价策略

某些商品需要经常、重复地购买,因此,这类商品的价格在消费者心理上已经"定格",成为一种习惯性的价格。

许多商品,尤其是家庭生活日常用品,在市场上已经形成了一个习惯价格。老消费者已经习惯于消费这种商品时,只愿付出这么大的代价,如购买肥皂、洗涤剂等。对这些商品,一般应依照习惯定价,不要随便改变价格,以免引起顾客的反感。善于遵循这一习惯确定产品价格者往往受益良多。

7.3.3.7 声望定价策略

这是整数定价策略的进一步发展。消费者一般都有求名望的心理,根据这种心理行为,企业对有声望的商品制定比市场同类商品更高的价格,即声望性定价策略。它能有效地消除购买心理障碍,使顾客对商品或零售商形成信任感和安全感,顾客也从中得到荣誉感。

例如,微软公司的 Windows98(中文版)刚进入中国市场时,定价很高,这便是一种典型的声望定价策略。另外,用于出席正式场合穿着的高级西装、礼服、领带等商品,由于其服务对象多为企业总裁、著名律师、外交官等,都应该采用声望定价策略。

声望定价策略往往采用整数定价方式,其高昂的价格能使顾客产生"一分价钱一分货"的感觉,从而在购买过程中得到精神的享受,达到良好效果。

7.3.3.8 特价商品定价策略

特价商品定价策略是有意将少数商品降价以吸引顾客的一种定价策略。商品的价格定得低于市价,一般都能引起消费者的注意,这是适合消费者求廉心理的。

例如,北京地铁有家每日商场,每逢节假日都要举办"一元拍卖活动",所有拍卖商品均以1元起价,报价每次增加5元。但这种由每日商场举办的拍卖活动由于基价定得很低,最后的成交价就比市场价低得多,因此会使人们产生一种商家卖得越多,赔得越多的感觉。殊不知,商场用的是招徕定价术,它以低廉的拍卖品活跃商场气氛,增大客流量,带动了整个商场的销售额的上升。这里需要说明的是,应用此术所选的降价商品,必须是顾客都需要而且市场价为人们所熟知的才行。

采用特价商品定价策略时,必须注意以下几点:

(1) 降价的商品应是消费者常用的,最好是适用于每一个家庭的,否则没有吸引力。

(2) 实行特价的商品的涉及面要广以便使顾客有较多的选购机会。

(3) 降价商品的降价幅度要大,一般应接近成本或者低于成本。只有这样,才能引起消费者的注意和兴趣,才能激发消费者的购买欲望。

(4) 降价品的数量要适当,太多商店亏损太大,太少容易引起消费者的反感。

(5) 降价品应与因伤残而削价的商品明显区别开来。

7.3.3.9 最小单位定价策略

最小单位定价策略是指企业把同种商品按不同的数量包装,以最小包装单位量制定基数价格,销售时,参考最小包装单位的基数价格与所购数量收取款项的一种定价策略。一般情况下,包装愈小,实际的单位数量商品的价格越高;包装愈大,实际的单位数量商品的价格愈低。

例如,对于质量较好的茶叶,就可以采用这种定价方法。如果某种茶叶定价为每500克150元,消费者就会觉得价格太高而放弃购买。如果缩小定价单位,采用每50克为15元的定价方法,消费者就会觉得可以买来试一试。如果再将这种茶叶以125克为单位进行包装与定价,则消费者可能会因嫌麻烦而不去换算每500克的价格,从而也就无从比较这种茶叶的定价究竟是偏高还是偏低。

最小单位定价策略的优点比较明显:

一是能满足消费者在不同场合下的不同需要,如便于携带的小包装食品、小包装饮料等。

二是利用了消费者的心理错觉,因为小包装的价格容易使消费者误以为廉,而实际生活中消费者很难也不愿意换算出实际重量单位或数量单位商品的价格。

7.3.3.10 折扣定价策略

折扣定价策略就是用降低定价或打折扣等方式来争取顾客购货的一种售货方式。这是一种有效的争取消费者的方式,包括数量折扣、现金折扣、交易折扣、季节性折扣和运费折扣等。

例如,日本东京银座"美佳"西服店为了销售商品采用了一种折扣销售方法,获得成功。具体方法是:先发一则公告,介绍某商品的品质、性能等一般情况,再宣布打折扣的具体日期及销售天数,最后说明打折方法。即第一天打九折,第二天打八折,第三、第四天打七折,第五、第六天打六折,以此类推,到第十五、第十六天打一折。这个销售方法的实践结果是,第一、第二天顾客不多,来者多半是探听虚实和看热闹的。第三、第四天人渐渐多起来,第五、第六天打六折时,顾客像洪水般地涌向柜台争购。以后连日爆满,没到一折售货日期,商品就已售缺。该店妙在准确地抓住顾客购买心理,人们当然希望买到质量好又便宜的商品,最好能买到以一二折出售的商品,但是又有谁能保证那时还有货呢? 于是,就出现了头几天顾客犹豫,中间几天顾客抢购,最后几天买不着者惋惜的情景。

要点重述

商标是商品的文字名称和图案记号相结合的设计,代表着商品的特有性质,是用以区别商品或服务来源的标志。商标的设计,必须遵守标志性、宣传性、适应性、艺术性、严肃性和稳定性的原则要求。从商标的心理功能来说,要遵循独特性、恰当性、可记性、灵活性的要求。商标设计可以运用文字、图形,或两者的结合。商标要独具特色,优美别致,形象鲜明,优雅和谐,便于记忆,符合时代特点,与商品性质特点相协调,并且要符合商标法的规定,尊重不同民族、种族、宗教、地域的风俗习惯。只有这样,才能迎合消费者的心理,达到商品畅销的目的。

商品的包装同样具有吸引购买者的注意,传达商品信息,激发产品销路的作用。在设计商品包装时,要明确消费者的消费动机,把握消费者在消费过程中的心理活动过程(认知、情感、意志),在此基础上掌握包装设计的心理要求。只有这样,包装才能为商品锦上添花,才能发挥包装对商品销售的诱发、刺激作用,为产品销售开拓更加广阔的市场。

商品价格具有其特殊的心理功能,因此,商品在定价时,要把握定价的心理策略。定价的心理策略,即企业根据消费者的心理定价,制定适合消费者的价格,促使消费者购买产品的一种策略。无论采用什么样的定价策略,都是出于使消费者满意的目的,同时商家要有利可图。

关键术语

商标　商标设计心理　商品包装心理　定价的心理策略

问题思考

例 7.1　"娃哈哈"一词是由杭州娃哈哈营养食品厂首创,并于1989 年获准注册的。目前,该商标在同类产品中享有较高的声誉。由于该词的独特性及宣传效果,"娃哈哈"已成为杭州娃哈哈营养食品厂的代名词,成为该厂的特有标志。

思考　试分析"娃哈哈"的商标是否符合商标设计的心理因素。

例 7.2　某药店西药组展示柜摆放"新康泰克"大型包装盒及名称为"卡通胶囊先生"的跳跳卡。当顾客走到店门口,透过明亮的玻璃就可以清楚地看到该广告。在广告推出的 20 天里,"新康泰克"大约销售了 200 盒。

思考　试用消费者包装心理的有关内容分析这种现象发生的原因。

8 营销环境与消费心理

"老百货"转型靠管理与环境

位于北京南城的"天桥百货",经历了2年三次转型,在2010年8月再次开门迎客。这次转型根据社会经济的发展,根据消费者的心理,改变了营销策略,变民俗商品为时尚商品路线,继续走"百货"路,围绕转型,商场环境进行了新的装潢。

2010年8月31日中午,天桥百货的一层人流量并不大。在一个打折的布鞋柜台前围着十几个老年消费者。记者在一层鞋类区转了一圈,发现大多数都是不知名的品牌,价格多在200元以内。一层的化妆品区基本没有专柜,货品陈列看上去像是超市的化妆品陈列,各种品牌挤在一起。不过,有趣的是,在这些化妆品牌里,记者看到了友谊护手霜、蛤蜊油、安安洗面奶、奥琪增白粉蜜等已经是记忆中的国货名牌化妆品。一位满头银发的老太太在挑选3块钱一个贝壳形状的蛤蜊油。在商场的二楼,经常出现于各种百货商场的知名品牌几乎没有,记者看到的是些二线品牌的服装。比起北京其他中高档百货商场,这里的价格普遍在100~300元之间。

天桥百货开业于20世纪50年代,80年代以股份制改造先锋而闻名,90年代初曾是老北京人心目中的金字招牌,红极一时。但从2000年开始,经营每况愈下,一直挣扎在亏损的边缘。

2008年,为配合天桥地区的民俗特色,商场转型打起了"民俗牌",经营起了民俗工艺品、老北京特色小吃、旅游工艺品等,将摊位出租给商户,摊位租金为每天每平方米8~9元。然而,民俗牌打了不到1年,经营依然没有起色。一些商业专家认为,天桥百货商场距离前门、大栅栏、天坛等景点较远,不适合销售民俗商品。2009年下半年,天桥百货再次转型,引入各地特色食品,直到2010年春节前,依然无力扭转冷清的业绩。只好再次转型。

天桥百货总经理窦敬梅在接受《中国经营报》记者采访时,不愿谈及未来。只是简单讲述了这次转型回归百货的初衷:天桥百货周边主要是红桥市场等一些大的批发市场,鲜有百货业态。天桥百货回归百货业态也是一种差异化经营。天桥百货周边以社区为主,中老年人比较多,因此选择一些中端品牌和品牌折扣入驻。

老百货转型困难,并不是天桥百货一家的问题,在全国范围内,类似情况非常普遍。这固然与其他业态的冲击、经营手段陈旧和定位雷同有关,但从根本上讲,近些年各地大型百货商场的过热开发,造成供大于求的现状是根本原因。据资料统计,我国千人平均拥有零售网点已达到15个左右,高于许多发达国家,目前在建和待建的大型百货购物中心有近2 000万平方米,远远超出目前我国的经济发展与居民需求的增长。这些因素直接导致百货零售企业的效益下滑。例如，曾在东北地区赫赫有名的沈阳百货大楼，老沈阳人习惯称之为北市百货，曾经有过年营业额近2亿元的良好业绩，但是随着沈阳零售行业竞争的愈加激烈，在20世纪末走向衰落，直至2003年关门歇业。曾经被称为济南零售业"五朵金花"的济南第一百货、百货大楼、山东华联、人民商场和大观园商场，在计划经济时代，曾经拥有济南零售业95%的市场份额。但是，在20世纪末期，由于新兴业态的崛起以及零售业竞争的加剧，目前"五朵金花"在济南所占的市场份额不足5%。曾经在计划经济时代垄断上海零售业的第一到第十百货，目前仅剩第一百货和第二百货，其他8家全部倒闭。

有关专家指出，传统百货业经历了100多年的历史，按理说应该进入了衰退期，但是再看城市里的百货业态却呈现出蓬勃发展的态势。也细分出了一些诸如专业店、特色店、社区店等业态。因此，"老百货"转型的关键不在于业态，而在于即将转型的模式是不是与其区域(环境)特点相符，其管理模式是否适合这个业态、适合这个环境。以"天桥百货"转型民俗商场为例，实际上不是经营商品的变化，而是业态上的根本变化，商场是整体经营，而民俗商场是摊位出租，前者是百货业经营，后者从某种意义上讲更像商业地产经营。这两种业态所需要的管理模式是完全不一样的。

老百货的转型，实际上首先要符合时代发展的潮流，其次要将整个公司人员和管理都能跟转型结合起来。以距离天桥百货不远的"菜市口百货商场"(以下简称"菜百")为例，1985年，"菜百"就获得了黄金经营许可，但是那个时候"菜百"依然是以百货为主营业务。直到1990年，北京的百货商场竞争日益激烈，同时，中国人的第一轮消费升级开始，"菜百"开始逐渐转做黄金饰品。而且"菜百"在管理上也配合这种转型，内部的优秀人才都向黄金首饰专业领域聚集。在商场的装修布局上也更加配合这样一种转型。到了1997年金融危机，人们认识到黄金的保值性，"菜百"经过几年打造的"北京黄金第一家"的称号已然在消费者心里生根。因此，一个商场转型之后，要经过一定的时间沉淀才能让顾客记住，并且变成忠实顾客群。如果一个商场总处在转型中，就很难在顾客心里建立自己的品牌形象。这也是天桥百货转型总不成功的一个因素。

另外一个转型成功案例是"万通商城"，位于北京阜成门的"万通商城"开始也是定位于高端百货，与对面一路之隔的"华联商场"形成激烈的竞争。后来转型做小商品市场，被称为用五星级物业做小商品市场的中国第一商城，当时许多专家认为它必死无疑，因为在当时这样的转型方式，看上去太像是一个"退步"的决策了。但实际上，"万通商城"用高级的管理重塑了小商品批发这样一个"低级"的业态，并且取得了成功。"万通商城"的成功说明了管理是一个重要的问题。

随着大型百货商场的过度扩张和发展，同一商圈、同一行业过度集聚，造成"规模相同、环境相同、价格相同、服务相同、商品相同、顾客相同"等大同局面，"千店一面"的市场竞争使百货业进入了刺刀见红的白热化竞争态势，从而导致百货业态经济效益普遍下降，整体利润急剧下降。此外，面对大卖场、超市、便利店、专业店、专卖店、货仓、购物中心、连锁商店等多种业态的竞争挤压，机动性和灵活性都不强的传统百货业也失去了市场锐气，陷入了被动挨打的局面，市场份额不断萎缩，经营空间不断缩小，经营品类逐步减少，传统的大型百货商场接二连三关停并转。

两年内三度"变脸"，从民俗商场到全国特色产品商场，再到时尚运动商城的经营转变，"天桥百货商场"没有停止探索的脚步。

面对市场的白热化竞争，北京老字号商场面临"变脸"的远不止天桥百货商场一家，北京西单商场、王府井百货、燕莎友谊商城、崇文门菜市场、北京游乐园等等，同样不得不进行新一轮的经营战略改变，进行内部机制改革，实施企业再造……面对日益临近的零售业的全面开放，传统百货业正面临着一场前所未有的变革。

"天桥百货商场""变脸"之后会走向何方，不能妄下定论，要等销售业绩和销售结果去检验。通过分析可以看到"天桥百货商场"主要面临四个问题。

一是商圈文化。"酒旗戏鼓天桥市，多少游人不忆家"，就是天桥商圈文化的写照。因此，从传统的北京文化到充满现代气息的时尚运动路线的跳跃，天桥百货商场的市场需求主张需要一个过程，老百姓的消费需求理念的转变更需要一个过程。因此环境的改变是不可或缺的。

二是商圈功能，就是商圈的配套设施是否齐全。购物只是百货业最基本的一项功能，吃、行、娱、住才构成一个完整的商场功能，某一个配套设施的缺失，都会使百货商场失去竞争的优势。就目前而言，天桥商圈功能的环境并不完备，尤其在休闲和娱乐方面，远不及北京其他成熟商圈。

三是商圈购买力。北强南弱一直是北京最大的城区特点，南城地区的消费力尽管随着2008年北京奥运会之后有所提高，但始终处于一个低速发展阶段，远落后于城北地区。如何提升商圈的购买力，是解决天桥百货商场市场源泉的根本。

四是文化特质。这是凸显百货商场竞争优势的关键。"天桥百货商场"已有的文化底蕴如何融入时尚和运动元素，并且成为独有的一种文化特质，需要商场的经营管理者们去深入思量和探讨。

老北京文化和商业百货的出路在哪里？哈佛大学零售学权威麦克内尔教授对百货业"夕阳论"持否定态度："尽管百货业面临着诸多挑战，但还没到穷途末路的时刻，不同的业态都有生存的空间，承载不同的消费功能。"

根据"天桥百货商场"的转型，百货行业仍然具有很大的发展空间，要在竞争中凸显出来，就必须在"个性化、专业化、特色化、社区化和平民化"上做足文章，打造完美的个性品牌符号，创造适合消费者心理的营销环境。上述"天桥百货商场"的转型成功，除了管理的跟上，在商场的装修布局上也配合了这样一种转型。

（资料来源：《中国经营报》2010年9月4日）

本章引言

任何企业的营销活动都是在一定的环境下进行的，对于商业企业来说，营销环境除了传统理论中的微观环境和宏观环境外，还有购物环境，它对于商业企业来讲至关重要。因为，漂亮舒适的购物环境能够吸引消费者来商店购买，所以，从这个意义上说，购物环境设计是营销策略的重要组成部分。任何消费者的购买行为总是在一定的购物场所和购物环境中实现的。购物环境的优劣对消费者购买过程中的心理感受具有多方面的重要影响。因此，适应消费者的购买心理的特点、提供良好的购物环境，是企业扩大商品销售的必要条件，也是营销心理学研究的重要内容之一。本章分析的购物环境主要有物理环境和心理环境。物理环境包括商店地址、门窗、牌匾、招牌、标志、产品陈列、橱窗等因素；心理环境包括商店灯光、音响、气味、色彩等因素。本章重点阐述营销的物理环境设计和心理环境设计；此外，还包括超级市场和电子商务营销的设计。

基本理论

8.1 营销的物理环境设计

　　商业企业的营销物理环境是指一个商店、商场的外观。它们是消费者在实际购买活动中首先感知的对象,往往给消费者以极其深刻的第一印象,并形成印象和经验保存在记忆里,对继而发生的购买心理和行为产生直接的影响。良好的物理环境可以吸引或促使消费者产生进入商店的愿望,为购买活动的发生创造了先决条件;可以使消费者获得商店及商品的必要信息,顺利作出购买意向的初步选择。一般商店的物理环境,必须根据消费者的心理特点来设计,这是营销取得成功的重要条件。

8.1.1 商店(场)选址设计

　　商店(场)在选址时,首先要考虑商圈范围,对经营绩效进行评估,然后才能确定商店地址。选择一个合适的地点是至关重要的。首先,无论商店的店面是租赁的还是购买的,位置一旦确定,在一定程度上就意味着长期性。其次,店址将对商店今后的发展有很大的影响。商店的位置应该处于有经济发展前景的地区。最后,周围的环境也会随着时间的推移而发生改变。若所处地理位置的价值降低了,那么商店很有可能不得不搬迁或关闭。

8.1.1.1 商圈

　　所谓商圈,是指以商店所在地为中心,沿着一定的方向和距离扩展的、能吸引消费者的范围。简单地说,就是来店的消费者所居住的地理范围。零售店的销售范围通常都有一定的地理界限,即有相对稳定的商圈。不同的零售店由于所在地区、经营规模和经营条件不同,其商圈的规模和形态存在很大差别。同一个零售店在不同的经营时期由于受到不同因素的影响,

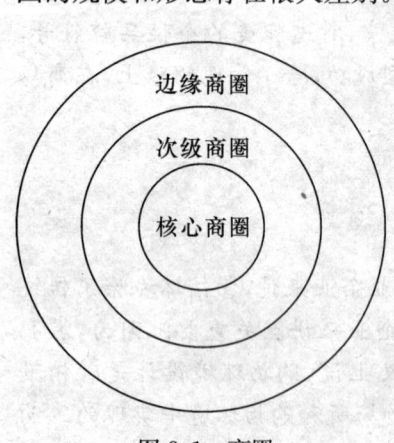

图 8.1 商圈

其商圈规模也是时大时小,商圈形态表现为不规则的多角形。为了便于分析,我们把商圈视为以零售店为中心,向四周展开的同心圆形。商圈包括三个层次,即核心商圈、次级商圈和边缘商圈(见图 8.1)。核心商圈是最靠近店铺的区域,来店的消费者中有 55%～70%是处在这个区域,而且每个消费者的平均购货额也相对较大,这一商圈很少同其他商圈发生重叠。次级商圈是位于核心商圈外围的商圈,有12%～25%的来店消费者处于这一区域,消费者较为分散。边缘商圈处于商圈的最外缘,拥有的消费者最少,而且最为分散。

8.1.1.2 雷利零售引力法则①

　　雷利零售引力法则是指具有零售中心地机能的两个都

---

　　① 1929 年,美国的威廉·雷利(W. J. Reily)教授通过对美国 150 个都市圈调查后,根据牛顿力学的万有引力理论(两个物体的引力与两个物体的质量成正比)提出了都市人口与零售引力之间的"零售引力规律",该规律可以通过城市的人口和距离数据来预测城市的商圈规模,对后来的城市商圈的研究起着重大的作用。人们称之为"雷利零售引力法则"。

市,对位于其中间的一个都市或城镇所具有的零售交易吸引力与两个都市的人口成正比,与两个都市到中间城镇的距离成反比。之所以与人口有正比关系,是因为具有零售中心地机能的都市通常有大量的、各式各样的商品和商业性服务,这必然会吸引更多的消费者去该地区购买商品和接受商业服务,即该地区有较强的吸引力。当然,消费者消费还要考虑购物成本,距离购物点越远,购物成本越高,吸引力将下降。雷利零售引力法则的数学公式为:

$$D_{x/y} = \frac{D_{xy}}{\left(1 + \sqrt{\dfrac{P_y}{P_x}}\right)}$$

式中　$D_{x/y}$——x 城市商圈限度;

$D_{y/x}$——y 城市商圈限度;

D_{xy}——x、y 两个城市间的距离;

P_x——x 地区(人口较多城市)的人口数;

P_y——y 地区(人口较少城市)的人口数。

例如,A 城市有 9 万人口,B 城市有 1 万人口,两城之间距离为 20 千米,假定在 D 处于 A、B 两个城市的分界点。则

$$D_{y/x} = \frac{20}{\left(1 + \sqrt{\dfrac{90\,000}{10\,000}}\right)} = \frac{20}{(1 + \sqrt{9})} = 5(千米)$$

从上述计算结果可以看出,B 城的商圈半径为 5 千米,A 城的商圈半径为 15 千米。

8.1.1.3　商圈饱和度

测定特定商圈内某类产品销售的饱和度,可以帮助新设商店的经营者了解某个地区内同行业商店是过多还是不足。这对于商店的选址有着重要意义。商圈饱和度系数(IRS)根据以下公式进行测定。

$$IRS = \frac{H \times RE}{RF}$$

式中　IRS——某一地区零售商业市场饱和指数;

H——某一地区的住户数;

RE——某一个地区每户用于特定的零售行业购买金额;

RF——某一地区特定的零售行业的零售商业设施营业面积(平方米)。

当 IRS 呈现高值时,表明该市场尚未饱和,因此,仍具有发展零售业的潜力。当 IRS 呈现低值时,表明该市场已经饱和,新的零售发展商不宜再进入该市场发展零售业。

8.1.1.4　消费者来源的决定性因素

商圈的消费者来源主要取决于以下几种因素:

(1)商业信誉。信誉好的商店,消费者对其心理认可程度高,所以其商圈规模会比同行业其他商店大。

(2)经营规模。商店的经营规模愈大,产品经营范围愈广,花色品种愈齐全,其吸引消费者的空间范围也愈大。

（3）产品种类。经营日用商品的商圈规模较小，经营选购品、特殊品的商圈规模较大。

（4）竞争商店位置。相互竞争的商店之间距离愈大，它们各自的商圈也愈大。但是，具有优势且相互竞争的商店毗邻而设，消费者因有较多选择而被吸引过去，则商圈规模也会扩大。

（5）消费者流动性。消费者流动性愈大，商店的消费者来源就会愈广，商店的边缘商圈也会因此扩大，从而使整个商圈规模扩大。

（6）交通地理状况。商店位于中心商业区或交通便利的地区，消费者感觉购买方便，商圈规模会因此扩大。

（7）促销活动。商店可以通过各种促销手段扩大其知名度和影响力，吸引更多的边缘商圈消费者慕名光顾，从而使其商圈规模扩大。

8.1.2　橱窗设计

橱窗是商店外观的重要组成部分，也是商店的广告栏，是直接吸引消费者的重要手段。橱窗广告的魅力主要通过橱窗设计的鲜明美、真实美、功能美、个体美、陪衬美、立体美、动态美等来显示，可以形象直观地向消费者展示商品，起到激发消费者购买欲望的作用。为充分发挥橱窗的心理效应，橱窗设计应符合如下要求。

8.1.2.1　橱窗设计的技术要求

商店的橱窗一般采取封闭式设计，橱窗内侧四周与售货现场之间要有隔断，后壁处设有出入小门。封闭式橱窗便于陈列布置，可充分利用背景装饰，便于橱窗内商品的管理。橱窗内陈列的商品的最佳位置，一般在人们的视平线一带，过度的仰视或俯视都会给消费者带来不舒服的感觉，特别是小件商品，更应当注意陈列位置。同时，应当把所宣传的商品摆放在突出、显眼的中心位置，然后围绕这一中心，进行布置、点缀，从而加强主题与背景的对比度，使商品更加醒目、集中，能够迅速引起消费者注意。

8.1.2.2　橱窗设计的艺术要求

橱窗广告以美学为素养，以空间、形态、色彩、灯光等现代科技和材料为手段，以争妍斗艳的商品为主要材料，通过艺术表现形势来展示商品。商业橱窗的设计，还直接影响和作用于商品的销售与生产，直接刺激消费者的购买欲望，推动商品的销售，提高其知名度，是"商店的全部标志"。

（1）陪衬美。橱窗内必须有适当的陪衬，才能更好地衬托出主体商品的美。橱窗广告的陪衬美是指橱窗的造型设计、背景画面、色彩运用，到道具的摆放等方面都要迎合消费者的审美心理。

（2）立体美。橱窗广告具有三维空间，设计的仿真就是造就立体美的重要手法。仿真的橱窗布局给人以身临其境的感觉。例如，德国一个节目橱窗广告，其主题是"美酒佳肴"，整个橱窗就被布置成一个真实的厨房。

（3）真实美。广告的真实美体现了广告的信誉度，可以让消费者增加对商品的信任感。

（4）个性美。每种商品都各有其特色和风格，即商品"个性"。个性是让消费者被吸引以致对商品产生好感的一个重要因素。橱窗广告的设计必须把商品的式样、花色、质量等方面的特点表现出来。

（5）功能美。渲染商品特有的功能是广告策略的基本概念之一。橱窗广告通过背景的布置、道具的运用、构思精妙的立体画面，突出产品的功能，更增添了橱窗广告的艺术魅力。

8.1.2.3 招牌与标志设计

随着现代城市生活节奏的加快，各类商店鳞次栉比，商家要想吸引消费者的注意，树立良好的企业形象，准确地把信息传递给消费者，使消费者产生好感，就要做好企业形象设计。

企业形象设计，用英文字母"CIS"(Corporate Identity System)或"CI"表示。它是指一个企业获得社会的理解与信任，将其企业宗旨和产品包含的文化内涵传达给公众，从而建立自己的视觉形象系统。完整的 CI 系统包括三方面的内容：理念识别系统(MIS)、行为识别系统(BIS)、视觉识别系统(VIS)。

在整个 CI 系统的传达中，VIS 占主导地位。它是以企业标志、标准字体和标准色彩为核心展开的完整、系统的视觉传达体系，贯穿于企业的各个方面，成为企业形象差别化和企业特征的主要表现方式。形象只有通过有效地传达才能广为人知、深入人心。消费者对企业的认识除了直接购买和使用其商品外，更多的是通过信息传达来获得的，毕竟潜在的消费者要多于现有的消费者。因此，视觉识别对消费者的购买心理具有重要意义。

招牌、标志设计作为企业形象设计的一部分，是以文字、图形、色彩为基本要素的艺术创作。它可以起到让消费者识别和招徕消费者的作用，也是一块永久性的广告。在现实生活中，消费者逛商店或购买商品首先会对商店的招牌与标志产生兴趣，也就是说，消费者的购买行为是在商店招牌的引导下进行的。因此，一块设计独特、形象鲜明的招牌，一般会引起消费者的注意和联想，会刺激消费者的购买欲望。

1) 方便消费者的作用

在社会生活中，招牌能表明企业的行业属性，其内容会标明服务或经营范围，便于消费者购物时寻找方位，帮助消费者迅速完成购买活动。例如，"健明药店"、"马兰拉面"、"东来顺涮羊肉"、"亨得利钟表店"等，都能使消费者根据招牌直接作出购买地点的选择。这样的招牌在客观上起到了引导消费者购买的作用，能满足其求速、求便的心理。

2) 吸引消费者的注意力并激发其兴趣

设计新颖、别具一格或富有艺术性、形象生动的招牌，能迅速引起消费者的注意，使其产生浓厚的兴趣和丰富的联想。例如，宁波一家小店的招牌上写着"老牌 OOO 名店"。四个字中间有三幅小画，第一幅是一个小缸，第二幅是一只鸭子，第三幅是一条小狗，来往者无不好奇，进店后方知是一家汤圆店，小店的创始人名叫江阿狗。又如，麦当劳的金黄色双拱门("M")招牌，老远就能引起人们的注意，并激起对它浓厚的兴趣。有人认为，此标志的含义是一个表示欢迎的拱门；有人认为，该标志的含义是一个竖着放的汉堡包。总之，好的创意招牌能激发消费者的好奇心，进而引发消费者的购买冲动。

3) 体现经营的特色与服务传统

每一个购物场所都会具有自己的经营特色，尤其是一些历史悠久的老牌商店。这些招牌以浓厚的民族文化传统吸引消费者，使消费者对购物场所的经营历史、特色和服务产生联想，并且赢得消费者的赞誉和信任。例如，北京的"同仁堂"药店、"全聚德"烤鸭店、"六必居"酱菜店及"荣宝斋"书画店等。

4) 便于记忆、易于传播

招牌是社会生活中的一种广告，它不仅能招徕消费者，而且还能够起到传递信息、扩大影响范围的作用。所以，营销人员一定要选择造型独特、文字精练、寓意深刻的招牌，这样才能给消费者留下深刻的印象。例如，北京的"百草堂药店"、天津的"狗不理包子铺"和福州的"味中味"酒家等招牌,易读、易记,高效地发挥了其识别功能和传播功能。

8.1.2.4　柜台设置与商品陈列设计

设计独特的商店外观可以吸引消费者进店,步入商店大门之后,消费者便置身于商店的内部环境之中。对消费者购买心理与购买行为的作用而言,内部环境在整体购物环境中起着主导作用。

柜台设置与商品陈列是商店内部环境的重要组成部分,如果说招牌和橱窗起到了广告效果,那么柜台设置与商品陈列就起到刺激消费者的购买欲望,诱发其购买行为发生的作用。

第一,柜台设置设计。

柜台与货架是陈列商品的载体。柜台及货架的设置方式直接影响消费者的购买心理,相应地,不同的设置方式也会对消费者产生不同的心理效应。

1) 按照售货方式不同,采取开放式和封闭式两种方式

开放式柜台采取由消费者直接挑选商品的方式,消费者可以根据自己的需要与愿望,任意从货架上拿取、选择和比较商品,从而最大限度地缩短了消费者与商品的距离,增强了消费者的亲身体验与感受;可以获得较大的行动自由度,充分发挥个人的主观能动性,产生自主感和成就感;可以减轻心理压力和其他因素的干扰,在自由接触商品中形成轻松愉悦的情绪感受;此外,还可以使消费者感受到商店对自己的尊重和信任。这些都会进一步刺激消费者的购买欲望,促成购买行为。因此,开放式柜台深受消费者欢迎,同时也是大多数商店所普遍采用的设置方式。书店、鲜花商店、家具商店、大型百货商店、超级市场、专卖店等大多采用开放式柜台。

封闭式柜台是依靠营业员向消费者递拿、出售商品的设置方式。与开放式柜台相比,这种方式增加了消费者与商品联系的中间环节,扩大了距离感,降低了个人的行为自主性,同时也增加了与营业员产生人际关系摩擦的可能性,因此,对消费者心理的负面影响较大。但是,在诸如珠宝首饰、钟表、昂贵化妆品等不宜直接挑选的商品销售中,这种形式仍不失为较为稳妥的销售形式。

2) 按照排列方式不同,采取直线式和岛屿式两种方式

直线式柜台是将若干个柜台呈直线排列的设置方式。这种方式便于消费者通行,视野较为开阔、深远,但不利于迅速寻找与发现目标,一般常用于小型商店的柜台设置。

岛屿式柜台是将一组柜台呈球队形排列,形成一个"售货岛屿"的设置方式。这种方式可以增加柜台的总长度,扩大商品的陈列面积,还可以按经营大类划分和集中陈列商品,以便于消费者迅速查找和发现所要购买的商品。这种方式还有利于营业现场的装饰与美化,通常为大型商场所采用。

3) 按照商品的性质和特点,选择不同的柜台设置

商店的柜台应按照经营商品的性质及消费者的需求和购买特点,选择不同的设置区位。对于人们日常生活必需、价格较低、供求弹性小、交易频繁、无售后服务的便利商品,如香皂、牙膏、糖果、烟酒、调味品等,其柜台应摆放在商店出入口附近,以满足消费者求方便、求快捷的心理;对于一些价格较高、供求弹性较大、交易次数少、挑选性强、使用期较长的选购商品,如时装、家具等,其柜台应相对集中地摆放在宽敞明亮的位置,以便消费者观看、接近、触摸,从而满足消费者的选择心理;对于一些高档、稀有、名贵、价格昂贵的特殊商品,如彩电、相机、珠宝首饰、工艺品、古董等,其柜台可以摆放在距出入口和便利品柜台较远的环境幽雅的地方,以满足

消费者求名、自尊的特殊心理。

第二，商品陈列设计。

陈列就是沉默的推销，成功的陈列就是优秀的无声的推销员，商品陈列本身就是广告，琳琅满目、丰富美观、摆放得体的商品，本身就能激发消费者的购买欲望。消费者进入商店，最关心的自然是商品，商品陈列是否得当，往往影响消费者的购买心理。实践证明，商品陈列必须适应消费者的心理特征，做到醒目、便利、美观和实用。

1）商品陈列的一般要求

第一，适应购买习惯，便于消费者寻求选购。目前，商店中陈列的商品种类越来越多。一般连锁超市经营的商品有几千种到上万种之多，而一些连锁大中型商店出售的商品则更多。如何给消费者带来方便，如何使得消费者更快捷地判断什么商品在什么位置，是商品陈列时首先要解决的问题。通常，面积在500平方米以上的零售店，就应该设置统一规划的货位分布图。规模较大的连锁零售店除了具有货位分布图外，还应具备各楼面的商品指示牌和卖场区域性商品指示牌。一般来说，连锁商店商品的货位分布图设置在主要入口处的显要位置，而每一楼层的楼梯处和自动滚梯入口处，区域性商品指示牌设置在货架之间的通道上方。这些标牌的设计不仅要美观，而且要简洁、明了、易懂。据美国的两家超市对化妆品部和药品部的销售量变化所作的调查表明，利用货位分布图和陈列架商品指示牌以后，其销售额分别上升了22.3%和18%。

第二，显而易见。要使消费者一眼能看到商品并且能看清商品，必须注意到陈列商品的位置、高度，商品与消费者之间的距离。通常，人们无意识的观望高度为0.7～1.7米，并且，与视线成30度角范围内的物品最易引人注意。因此，商店可根据消费者的观望高度与角度，在有限空间里将商品陈列于最佳位置。但并不是说只在此位置陈列商品，而是以此为基线陈列。有些商品在俯视角度下更能吸引人，如化妆品、金银首饰等，尤其是儿童玩具，陈列位置过高的话，反而不能引起儿童的兴趣，只有放得低一点，没有遮挡物，使儿童一览无余，才能激起儿童拥有它的强烈欲望。

目前，敞开式营销方式下出售的商品绝大部分是包装商品，包装物上都附有商品的品名、成分、分量、价格等说明资料，商品在货架上的显而易见，是销售达成的首要条件。如果商品陈列得使消费者稍微有些看不清楚，就完全可能无法引起消费者的注意，商品也将无法销售出去。因此，如果商品放置在消费者看不清楚的位置，就相当于该门店根本不销售该商品。这是商品陈列之大忌，卖场里不应有消费者看不到的地方，或出现商品被其他商品遮挡的情形。商品陈列显而易见的原则是要达到两个目的：一是在使卖场内所有的商品都能让消费者看清楚，还必须让消费者对所有看清楚的商品作出购买与否的判断；二是要让消费者感到需要购买某些预定购买计划之外的商品，激发其冲动性购物的心理。

要做到商品陈列得显而易见，就必须符合三个要求：一是贴有价格标签的商品正面要面向消费者；二是每一种商品不能被其他商品挡住视线；三是敞开式销售方式的货架下层不易看清楚的陈列商品，可以采取用倾斜式陈列。

第三，放满陈列。在商品陈列中，不管是在柜台上，还是在货架上，商品陈列应显示出丰富性和规则性。货架上的商品必须放满陈列，放满陈列的意义有三个方面：第一，货架没有放满陈列，对消费者来说，是商品的表现力降低了。从消费者心理学规律来看，任何一个消费者买东西时，都希望在丰富多彩、琳琅满目的商品中进行挑选，若看到货架或柜台上只剩下为数不多的商品时,就会心存怀疑,唯恐是别人卖剩下的"落脚货",最终不愿意购买。第二,从连锁店本身的利益来看,如果货架上经常空缺,就白白浪费了卖场有效的陈列空间,降低了货架的销售与存储功能,相应地增加了商店仓库库存的压力,从而降低了商品的周转率。第三,商品陈列尽可能地将同一类商品中的不同规格、花色、款式的商品品种都丰富而有规律地展示出来,不仅能扩大消费者的选择度,给消费者留下一个商品丰富的好印象,而且可以使连锁企业提高所有商店商品周转的物流效益。因此,商店应尽可能缩短商品库存周转时间,做到及时上柜、尽快陈列,以此达到最好的销售效果。

2) 商品陈列方式

商品陈列有两种作用:一是供人浏览,二是让人产生购买欲望。这是相对于消费者购买心理过程而言的。这一心理过程概括为:注意—兴趣—联想—欲望—比较—信心—行动—满足等阶段。在这一系列的心理过程中,有两个阶段非常重要,一个是联想阶段,因为它直接关系到消费者是否购买这种商品;另一个是比较阶段,因为在这个阶段,消费者要对大量同类商品作出比较,然后才能对某件商品产生信心,进行购买。正因如此,商品陈列方式也分为两种:展览陈列和推销陈列。

展览陈列必须能引起消费者的注意,使之产生兴趣、联想,以引起消费者的购买欲望。展览陈列方式主要有以下几种:

第一,中心陈列法。即以整个展览空间的中心为重点的陈列方法。把大量陈列品放置在醒目的中心位置,小件展品按类别组合在靠墙四周的货架上,使观众一进入展览空间就看到大型主题展品。这对于展览主体的表达非常有利,具有突出明快的效果。

第二,线型陈列法。以展览室为单元基础,采用垂直或平行排列的形式,按顺序组排列。这样的陈列能更直观、真实、完美地表现出商品的丰富感,使消费者一目了然,并对其产生强烈的感染力。

第三,配套陈列法。将关联商品组合成一体,系列化陈列。例如,在成套家具上摆上小摆设、装饰画、插花等,以此,提高消费者的购买欲望。

第四,特写陈列法。根据展出需要,将需重点突出的展品和小展品做成放大数倍的模型,或扩成大尺寸的特写照片,这对视觉富有冲击感,能调节空间气氛。

第五,开放性陈列。展览陈列多采取开放型,使展品与观众、商品与消费者直接接触。消费者直接参与演示、操作、触摸体验,这是一种具有较高时效功能的展出陈列方式。

推销陈列的目的主要是消费者对商品作比较,进而对其产生信赖感。推销陈列的方法有以下几种:

第一,按种类分类陈列。大多数的商店在做推销陈列时,都是依照商品种类来分类的。因为按照种类来分,无论是设计,还是进货都很方便。例如,卖手提包的专柜,可以将商品分成男用公文包、女用皮包、钱包、购物袋等几个部分。

第二,按材料分类陈列。这种分类方式在器皿类柜组比较常用,例如将碗杯等分成陶瓷、瓷器、漆器、银器、塑料制品等。

第三,按用途分类陈列。依用途分类的最显著例子就是家庭用品类。这些用品多以自助方式来销售的,分成厨房用具、客厅用具、浴室用品、家用电器等等。这种分类陈列方式对消费者来说非常方便,因为消费者购买商品的目的是能满足某一用途、某一需要,因此可以将满足此需要的商品集中陈列。

第四,按对象分类陈列。按照对象分类是根据不同消费者的需要而进行的分类。例如,服装柜依据对象分类老年服装专柜、中年服装专柜、儿童服装专柜、青年人服装专柜。玩具柜组分成儿童玩具柜组、学龄儿童玩具柜组等。

第五,按价格分类陈列。这种按照价格分类的方式多用于礼品及廉价商品上。因为消费者在购买礼品送人时,一般先有个预算,如价格为 300～500 元,如果把属于同一价格段的商品放在一起,就可以节约消费者选购的时间,同时,也便于消费者作比较。

以上介绍了一些常见的商品陈列形式。在企业营销实践中,上述方法可以灵活组合、综合应用。同时,要适应环境的变化和消费者需求的变化,只有不断变化、大胆创新,才能使静态的商品陈列充满生机和活力。

8.2 营销的心理环境设计

营销的心理环境是由购物场所所构筑的氛围表现出来的,即商店的布置、装饰、环境体现的总体印象。氛围可以创造出放松或紧张、奢华或简朴、友好或冷漠、整齐或零散的感觉,对消费者的心理有重要影响。

8.2.1 建筑风格设计

对于消费者而言,建筑物的风格是吸引他们的一个重要因素。因为有特色的建筑物总会给人留下深刻的印象,激发人们潜在的购买欲望。

现代化的建筑理念更注重人文特征和高档时尚,其目的在于吸引消费者进入店堂,使他们无论在什么季节、什么时间,都能体验到一个美好而自然的购物环境。设计者要通过色彩搭配、材料运用,创造出一个美观大方、简洁明快、富有创意的空间,体现出一定的文化内涵。因为文化是吸引人的最深厚的力量,它虽看不见、摸不着,却是一种氛围、一种感觉。例如,杭州市广厦西湖时代广场表现的就是"新时代西湖"的理念。该广场以钢结构和玻璃为主体,充分体现时尚、通透、轻盈的时代特征。

有的建筑以仿古为主题,使消费者产生对历史文化的追忆,不自觉地融入古色古香的氛围之中;有的则表现出不同国家的建筑风格,让人觉得新奇,再配合各个国家的特色节目,推出一系列有影响力的活动,如服饰节、啤酒节、艺术节等。这些活动对文化氛围的营造能起到很大的促进作用,同时也可以促进商家的销售。

8.2.2 视觉设计

视觉因素包括色彩、灯光等能为人的眼睛所感知的东西。颜色可以使人产生一种心境,同时也是营造氛围的重要因素;灯光会对消费者产生意想不到的效果。例如,美国时装设计师卡马利用桃红色的灯光代替原来商店试衣间里的荧光灯,这种灯光可以掩饰皮肤上的皱纹,使人看起来更年轻、漂亮。于是,女性消费者就更喜欢到这家商店试穿衣服。

8.2.2.1 色彩设计

心理学研究表明,不同的色彩能引起人们不同的联想和情绪反应,产生不同的心理感受。例如,红色给人一种热烈、喜庆、温暖的心理感受,使人产生一种强烈的心理刺激。因此,一般用于传统节日、店庆布置,以此创造一种吉祥、欢乐的气氛。但是,如果红色过于突出,也会使人产生紧张的心理感受,一般不应大面积、单一地采用。绿色给人充满活力的感觉,同时又是生命色,代表生机勃勃的大自然。黄色给人以柔和、明快之感,使人充满希望,许多食品的颜色都是黄的,如面包、糕点等,故黄色常作为食品商店的主色调。但如果黄色所占比例过大,会给人一种食品不卫生的心理感受,使用时应注意以明黄、浅黄为主色调。紫色给人以庄严、高贵、典雅的心理感受,使人产生敬畏感、神秘感,紫色常用于销售高档、贵重商品,如珠宝首饰、钟表玉器等场所。黑色是一种消极性色彩,给人一种严肃、压抑的心理感受,一般商场不单独使用此色,但会与其他颜色搭配使用,有时会产生不同凡响的视觉冲击力。蓝色会使人联想到大海,辽阔的大海、广阔的天空,给人一种深邃、开阔的心理感受,销售旅游商品的场所多采用蓝色。

　　商场的色彩设计也可以刺激消费者的购买欲望。在炎热的夏季,商场以蓝、棕、紫等冷色调为主,消费者会有凉爽、舒适的心理感受。采用流行色布置销售女士用品的场所,能够刺激消费者的购买欲望,增加销售额。使用色彩还可以改变消费者的视觉形象,弥补商场缺陷,如将天花板涂成天蓝色,会给人以高远的感觉。

　　色彩对于商场环境布局和形象塑造的影响很大,为使商场的色调产生优美、和谐的视觉效果,必须对商场的各个部位,如地面、天花板、墙壁、柱面、货架、柜台、楼梯、门窗及营业员的服装等设计相应的色调。

　　(1)运用色彩应与产品本身色彩相搭配。商场内货架、柜台、陈列用具应与商品销售相协调烘托商品、吸引消费者的眼球。例如销售金银珠宝、奢华工艺品等,可配以浓艳、对比强烈的色调来彰显其艺术效果。

　　(2)运用色彩应结合楼层特点,创造出不同的氛围。例如,商场一楼的消费者流量最大,应采用暖色装饰,表现出热烈的迎宾氛围;地下营业厅比较沉闷、阴暗,容易使人产生压抑的心理感受,所以,应采用浅色调装饰地面、天花板,可以给人带来赏心悦目的心理感受。

　　(3)色彩运用应体现出统一中有变化。每一个商场都要为本商场定下标准色,用于统一的视觉识别,来显示企业区别于其他企业的特征。但在实际运用中,在商场不同的楼层、位置,要有所变化,使消费者可以依靠色彩的变化来识别不同楼层和商品位置,唤起新鲜感,同时也可以减轻视觉与心理的疲劳。

8.2.2.2　灯光设计

　　灯光对商店氛围的营造具有重要影响。消费者不喜欢在光线暗淡的地方购物,而喜欢光线较为明亮的地方,因为这样他们才具有安全感。但是,自然光源受建筑物采光和天气变化等因素的影响,远远不能满足经营场所的照明需要。因此,几乎所有商店,特别是大型商场都以人工照明为主。商场的人工照明一般分为基本照明、特殊照明和装饰照明。

　　(1)基本照明。基本照明是指商场为保持店堂内的能见度,方便消费者选购商品而设计的照明灯组。目前,商场多采用吊灯、吸顶灯和壁灯相结合的方式,来创造一个宁静、适宜的购物环境。设计灯具的原则是灯光不宜平均使用,应突出重点、突出产品陈列部位。

　　(2)特殊照明。特殊照明又称产品照明,这是为突出产品的特质,吸引消费者注意而设置的灯具。例如,在出售珠宝首饰的位置,应采用定向集束灯照明,显示产品的晶莹耀眼、名贵华丽;在销售时装的位置,则采用底灯和背景灯来显示产品的轮廓曲线。

　　(3)装饰照明。装饰照明是营业场所现场广告的组成部分,用霓虹灯、电子显示屏或旋转灯来吸引消费者注意。

一般而言,营业场所的灯光照明应在不同的位置采用不同的亮度,这样可以消防癌症的注意力。

8.2.2.3 听觉设计

用音乐来促进销售,可以说是一门古老的经商艺术。早在传统的商业时期,小商小贩利用叫唱敲击竹棒、或金属器物等音乐形式来招徕生意。

心理学研究表明,人的听觉器官一旦接受某种适宜的音响,并传入大脑中枢神经后,便会极大地调动听者的情绪,造成相应的意境。在此基础上,人们会萌发某种欲望,并在欲望的驱使下产生动机进而采取行动。这是因为,人体本身就是由大量振动系统构成的。优美、轻快的音乐,能使人体产生有益的共振,促使体内产生一种有益健康的生理活性物质,这种物质可以调节血液的流量和神经的传导,使人精神振奋。但是,并不是任何音响都有利于唤起消费者的购买欲望。相反,一些不适宜的音响会使人产生不适感。所以,现代企业在利用音响促销时应把握以下原则:

(1)音量高低要合适。人对音量的反应受到绝对听觉阈限的限制。音量过低,难以引发听觉感受;音量过大,会因刺激强度过大而形成噪音污染,给消费者带来身心不适,产生不良效果。

(2)尽量体现商品特点和经验特色。运用音乐或广告音响,一定要优美动听,并与所销售的商品及企业经营特色相结合,促使消费者产生与商品有关的联想,及其对商品及商店的良好情感,从而诱发购买欲望。

(3)音响的播放要适时有度。人对任何外界刺激的感受都有一定的限度,超过限度便会产生感觉疲劳,进而产生抵触情绪。所以,音乐的播放要适时适度,切忌无休止、无变化的连续播放。

8.2.2.4 嗅觉设计

嗅觉主要是对于购物环境中发出的气味的感觉。气味可以促进销售或阻碍销售。面包诱人的香味可以吸引爱吃面包的消费者。相反,烟味、霉味、消毒剂的气味会赶跑消费者。社会心理学家最近的实验表明:消费者在散发着烤饼干香味的环境里购买饼干的可能性是在一般环境里的 2 倍。因此,购物场所里如果有令人愉悦的香味,如销售化妆品、珠宝首饰、时尚服装的柜台配以淡雅的香味,销售日用品的柜台配以清新的水果香味,以及销售食品的柜台配以诱人的烘烤味,都会对消费者嗅觉产生良好的刺激,从而使他们在购买活动中神清气爽,刺激旺盛的购买欲望。

8.3 超级市场和电子商务营销设计

8.3.1 超级市场

超级市场的出现特别是连锁超级市场的出现是零售业的一次革命,给零售业带来深远的影响。目前,超级市场已经成为零售业的主导业态,并且是最有生机与活力的零售业态。本节从超级市场的概念与经营特征入手,重点介绍如何迎合消费者心理来设计连锁超级市场的卖场。

8.3.1.1 超级市场的概念及其经营特征

1)超级市场的概念

超级市场是指采取自选销售方式,以销售生鲜食品、副食品和生活用品为主,满足人们日常生活需要的零售业态。超级市场的特点是大规模、低成本、低毛利、消费者自我服务。

零售业中超级市场、大型综合超级市场、仓储式商场、便利店(方便店)均具有开架售货、自助、集中付款、满足消费者生活基本需要等基本特征,所以我们把它们统称为超级市场。

2) 超级市场的经营特征

首先,超级市场的经营面积大;经营的商品品种繁多,一般不少于 3 000 种,以中低档的食品、杂货及其他日常生活必需品为主;商品的销售量大,销售额达到一定规模。其次,超级市场售卖的商品定量包装、陈列开放;超级市场使用的设备先进;人员管理到位。在销售过程中,超级市场实行了机械化、自动化和电子化,消费者在敞开式货柜前自我服务的结果是:整个购买活动方便、简便和高效。再次,超级市场在尽量减少人员和实行大规模销售的情况下经营,为其薄利多销创造了条件。当然,市场需求不振、消费者消费行为个性化发展、经营结构和市场份额的变化等都会影响超级市场价格低廉优势的发挥。

8.3.1.2　超级市场的卖场设计

超级市场是实行以敞开式售货为主、顾客自助服务的零售商店。其卖场设计要以顾客为出发点,构造一个顾客的购物天堂,实现购物的方便、舒适和快捷。因而,最终应达到两个效果:第一,顾客与店员行动路线的有机结合。对顾客来说,应使其感受到商品非常齐全并容易选择。对零售店店员来说,应充分考虑到其工作效率的提高。第二,塑造,即创造舒适的购物环境。具体主要包括以下原则。

第一,卖场通道设计的基本原则。

超级市场的通道一般划分为主通道与辅助通道。主通道是指顾客行动的主线;而辅助通道是指顾客在店内移动的支流。超级市场主、副通道不是根据顾客的随意走动来设计的,而是根据超级市场内商品的配置位置与陈列来设计的。良好的通道设置,就是要引导顾客按设计的走向,走向卖场的每一个角落,接触所有商品,使卖场空间得到最有效的利用。超级市场通道的设置还要考虑顾客走动的舒适性,以及非拥挤感。以下各项是设置超级市场内通道时所要遵循的基本原则。

(1) 宽度足够。所谓宽度足够,即要保证提着购物筐或推着购物车的顾客能并肩而行或顺利地擦肩而过。一般来说,超级市场的主通道宽 2 米左右,副通道宽 1.3～1.6 米,最小通路的宽度不能小于 0.9 米,至少要能让两个顾客在该通道内并行或逆行通过(一般一位男性顾客的肩膀宽为 45 厘米左右)。收银台前的通道要适当宽些,一般要在 2 米以上,因为收银台前最容易出现顾客的排队现象,并且,此时顾客手中都提着购物筐或推着购物车,所以需要大一点的空间。不同规模的超级市场的通道宽度基本设定值,如表 8-1 所示。

表 8-1

不同规模超市通道宽度

单层卖场面积(平方米)	主通道宽度(米)	副通道宽度(米)
300	1.8	1.3
1 000	2.1	1.4
1 500	2.7	1.5
2 000	3.0	1.6

（2）通道笔直。要尽可能避免迷宫式通道,并尽可能进行笔直的单向设计。在国内,按照消费者购物时逆时针行走的习惯,通常,将超级市场的主通道从入口处到出口处设计成"逆时针"型,便于消费者清晰地看到陈列的商品,并能走过超级市场的主品陈列区。在顾客购物过程中,尽可能以货架排列方式将商品以不重复、顾客不走回头路的设计原则布局。

（3）地面平坦。通道地面应保持平坦,并处于同一层面上。有些零售店是由两个建筑物改造连接起来的,途中可能要上或下几个台阶,如"中二层"、"假三层"等情况,这会令顾客眼花缭乱,不知何去何从,显然不利于零售店的商品销售。

（4）少拐角。事实上,由一侧直线进入,沿同一直线从另一侧出来的零售店并不多见。这里的少拐角,是指拐角尽可能少,即通道途中拐弯的路线要少。因此,主、副通道要能把超级市场中商品陈列的场所明显地划分出来,有时需要借助于连续不断的商品陈列线来调节。例如,美国连锁超市经营中,20 世纪 80 年代形成了标准为 18～24 米的商品陈列线;日本超市的商品陈列线相对较短,一般为 12～13 米。这种陈列线长短的差异,反映了不同规模的超级市场在设计上的要求。

（5）通道上的照明要比卖场明亮。尤其是主通道,相对空间比较大,是顾客流量最大、利用率最高的地方,因此通道的照明要亮一些。

（6）没有障碍物。通常,通道是用来诱导顾客多走、多看、多卖商品的。在通道内不能陈设、摆放一些与陈列商品或特别促销无关的器具或设备,以免造成卖场通道的不畅,损害商场购物环境的形象。通道的设计应避免将消费者带入死角。

第二,超市货架的布局方式。

超市市场一般采取格子式的布局方法,如图 8-2 所示。

在格子式布局中,所有的柜台设备互相成直角布置。格子式布局的主要优点是:费用低、顾客熟悉,商品采用敞开式陈列,顾客可自行挑选,同时易于保持场所清洁,降低了安全防卫的难度。它的缺点是:单调无趣味,顾客的浏览场所有限,易受急促购买者的影响,而且在室内装饰的创造能力方面发挥有限。

值得注意的是,在超级市场中并不完全排除柜台式销售方式,可适当保留一些传统的销售方法。例如,对于肉类、鱼类和某些精致食品的分割、称重和包装,不同的顾客会有不同的要求,有些顾客不愿意在预先分装好的商品中进行挑选,这就要求在超级市场的营业现场设置这些柜台,由顾客在散装商品中挑选后,由营业员包装并贴上印有应付钱款数的标签后,让顾客带到出口处统一交款。此外,还有一些柜台是设置在超市的入口处的。例如,纽扣、针线、瓶塞等保证超市商品齐全性的小商品,其货款是由柜台内的营业员直接收取的,这样不仅满足了顾客的要求,而且降低了超市内小商品的失窃率,便于理货员对商品的管理。

第三,超级市场设计中"磁石点"理论的具体运用。

所谓磁石点,是指超级市场中最能吸引顾客眼光和注意力的地方。磁石点就是顾客的注意点,这种吸引力是依靠商品的配置技巧来创造的。卖场布局中磁石点理论运用的意义是,在卖场中最能吸引人注意力的地方配置和使得商品以促进销售,并且这种配置能引导顾客逛完整个商场,达到提高顾客冲动性购买率的目的。

超级市场磁石点通常分为五个,应按照不同的磁石点来配置相应的商品。

（1）第一磁石点。第一磁石点位于卖场中主通道的两侧,是顾客必经之地,也是商品销售最主要的地方。此处配置的商品主要是:主力商品、购买频率高的商品和采购力强的商品。这类商品大多是消费者随时需要,又时常购买的,如蔬菜、日配品(牛奶、面包、豆制品等),应放在

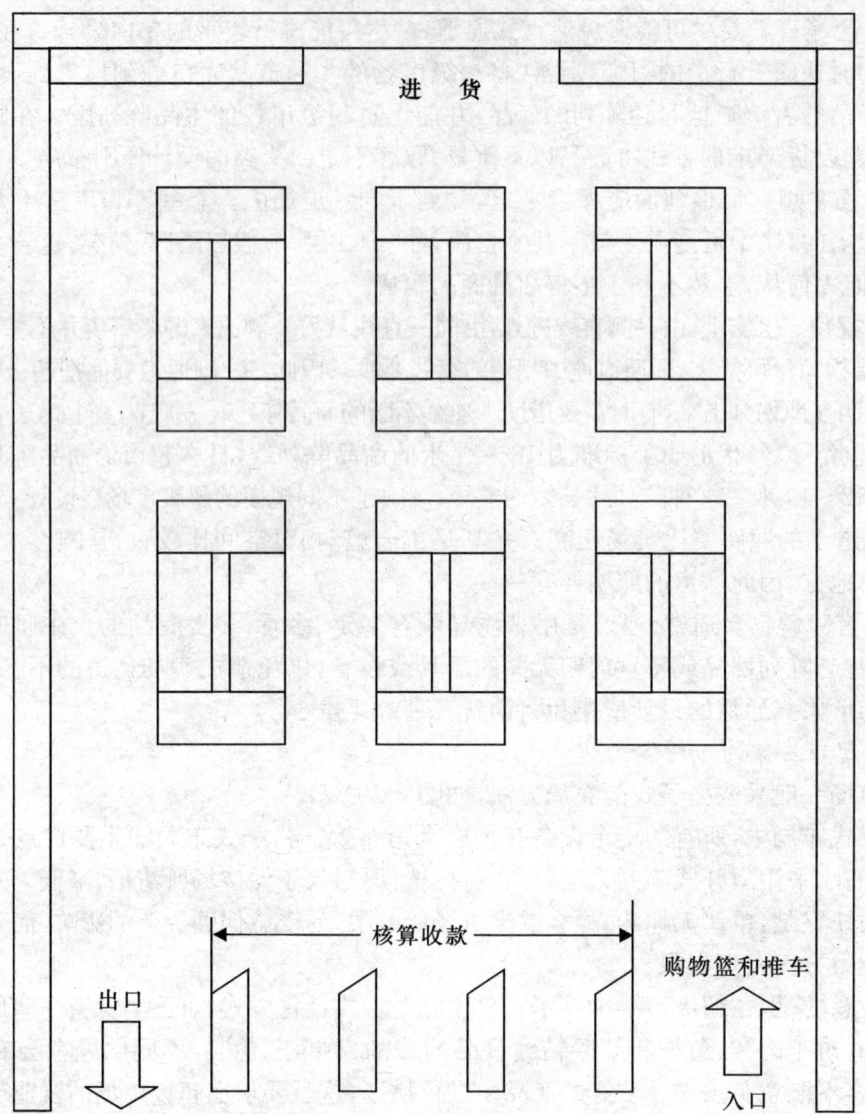

图 8-2 超级市场货架的布局图

第一磁石点内,可以增加销售量。

(2)第二磁石点。第二磁石点穿插在第一磁石点中间,能一段一段地引导顾客向前走。第二磁石点主要配置是:流行商品,色泽鲜艳、引人注目的商品,季节性商品。第二磁石点需要超乎一般的照明度和陈列装饰,以最显眼的方式突出商品特色,使顾客一眼就能辨别出其与众不同的特点。同时,第二磁石点上的商品应根据需要间隔一段时间便进行一次调整,以保持其基本特征。

(3)第三磁石点。第三磁石点是指超级市场中央及陈列货架两头的端架位置。端架是卖场中顾客接触频率最高的地方,尤其是靠近入口处的货架,必定有一端对着入口,十分引人注目。因此,配置在第三磁石点的商品,要能刺激顾客、留住顾客,主要配置是:特价商品、高利润商品、季节性商品和厂家促销商品。

值得特别提出的是,我国目前仍有一些超级市场不太重视端架位置商品的配置,因而失去了很多盈利的机会,一些超级市场仍不舍得废弃创建初期所采用的端头为半圆形的货架,所以根本无法很好地进行端架商品的重点配置,这些都应积极地加以改进。

超级市场磁石点,如图 8-3 所示。

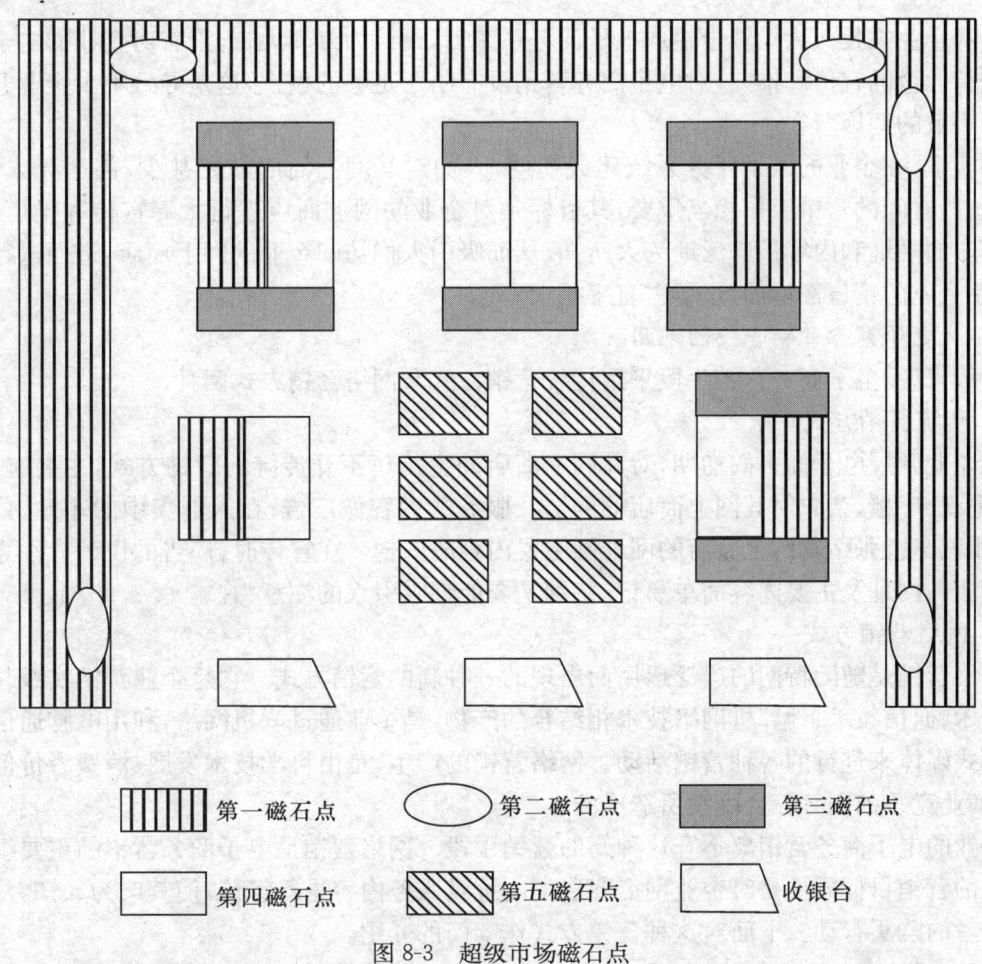

图例	说明	图例	说明	图例	说明
	第一磁石点		第二磁石点		第三磁石点
	第四磁石点		第五磁石点		收银台

图 8-3　超级市场磁石点

（4）第四磁石点。第四磁石点通常是指卖场中副通道的两侧。这是个要顾客在长长的陈列线中引起注意的位置,因此,在商品的配置上必须以单项商品来规划,即以商品的单个类别,如洗衣粉类、洗发水类等来定位配置。为了使这些单项商品能引起顾客的注意,应在商品的陈列方法和促销方法上对顾客进行刻意的表达诉求。主要配置是:热门商品,尤其是大量陈列的商品;广告宣传的商品。

（5）第五磁石点。第五磁石点位于收银台前的中间卖场。各零售店可按总部安排,根据不同节假日,设置成各种大型展销、特卖活动的非固定卖场。其目的在于通过采取单独一处多品种大量陈列方式,造成一定程度的顾客集中,从而烘托零售店的气氛。同时,由于展销主题是不断变化的,因而也不断给消费者带来新鲜感,从而达到促进销售的目的。

8.3.2　电子商务营销设计

在国外,电子商务环境下营销的名称很多,如 Digital Marketing、Cyber Marketing、Web Marketing、Net Marketing、Online Marketing、E-Marketing、Internet Marketing 等;在国内,

较为普遍的名称有"网络营销"、"电子营销"和"互联网营销"等。它是通过因特网实现商品交易、服务交易的过程。

8.3.2.1 电子商务的目标设定

有些企业在投入大量资金建成电子商务系统后，便认为万事大吉，没有对企业的电子商务网站进行大量的宣传和推广，对电子商务营销没有给予足够的重视，这是导致不少企业开展电子商务失败的原因所在。

事实上，在企业的电子商务系统建成初期，人们对其网上商店知之甚少，甚至无人知晓。因此，这段时间的营销工作相当重要，其目标是对企业的网上商店进行大肆宣传和推广，使其网上商店的网址和内容最广泛地为人所知，从而吸引人们访问企业的网上商店，进而进行购买活动，使企业的销售额增加、市场占有率扩大。

8.3.2.2 电子商务营销手段的采用

一般来说，电子商务营销手段采用传统营销方式和网络营销方式两种。

1) 传统营销方式

在企业开展电子商务的初期，对其网上商店的宣传离不开传统的营销方式，主要有：利用报纸、电视、广播、杂志对其网上商店的网址及服务的内容做广告；在人群集中的车站、公共汽车、出租汽车上张贴其网上商店的网址及主要内容的广告。在宣传时，广告的设计应注意使其网上商店的网址及主要内容简单易记，特别是要能够吸引人的注意力。

2) 网络营销方式

网络营销是随因特网的广泛运用而出现的一种新的营销方式。它是企业营销实践与现代信息技术、通信技术、计算机网络技术相结合的产物，是企业通过联机网络，利用电脑通信和数字交互式媒体来进行的各种营销活动。网络营销的产生，是由科学技术发展、消费者价值观念变革、商业竞争加剧等综合因素所造成的。

企业的电子商务营销离不开这种新的营销手段。网络营销是电子商务营销的重要组成部分。它的营销目标同样是对企业网上商店的网址及服务内容进行宣传，使其广为人知，从而促成消费者的购买行动。下面对这种营销方式作专门的介绍。

8.3.2.3 网络营销

1) 网络营销是一种强调个性化的营销方式

网络营销的最大特点在于以消费者为导向，消费者将拥有比过去更大的选择自由。他们可以根据自己的个性特点和需求，不受地域限制地在全球范围内寻找满足品。消费者通过进入感兴趣的企业网址或虚拟商店就可获取有关产品的信息。消费者可利用自家的电脑和网络，自行设计（修改）产品，使购物更显个性化。

2) 网络营销的"4C"策略

网络和电子商务系统的出现彻底改变了市场营销理论与实务存在的基础。首先，网络环境下地域的概念没有了；其次，宣传和销售渠道统一放在网络上；再次，剔除商业成本后产品的价格将大幅度下降。因而，营销管理模式也要发生根本的变化，企业在营销观念上要逐渐淡化"4P"而突出"4C"。即

（1）消费者（Consumer）。要销售那些顾客想购买的产品，真正重视消费者。

（2）成本（Cost）。要了解消费者满足其需要与欲求所须付出的成本。

（3）便利性（Convenience）。要为消费者提供方便，使消费者便利地购买商品。

（4）沟通（Communication）。要考虑怎样加强与消费者的沟通与交流。

"4C"策略，如图 8-4 所示。

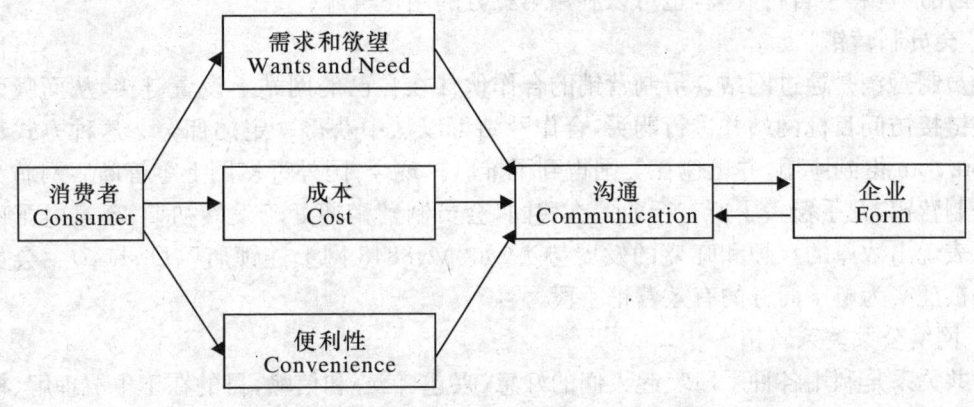

图 8-4 "4C"策略

然而，无论哪一种营销观念都必须实行全程营销，即必须在产品的设计阶段就充分考虑消费者的需求和意愿。但是，这在实际操作中往往难以做到，因为消费者与企业之间缺乏合适的沟通渠道或沟通成本过高。

而在网络环境下，这一状况将有所改观，即使是中小企业也可通过电子布告栏、线上讨论广场和电子邮件等方式与消费者进行沟通。这种双向互动的沟通方式可以提高消费者的参与积极性。更为重要的是，它将使企业的营销决策有的放矢，从根本上提高消费者的满意度。网络营销是实现全程营销的理想工具。

8.3.2.4 网络营销设计

网络营销的目标是通过各种网络营销方法来实现的，常用的网络营销方法有：搜索引擎注册与排名、交换链接、病毒性营销、电子邮件营销、个性化营销、会员制营销、网络公共关系营销和网络广告等。下面简要介绍几种常见的网络营销方法。

1）搜索引擎注册与排名

这是最经典也是最常用的网络营销方法之一。现在，虽然搜索引擎的效果已经不像几年前那样有效，但搜索引擎仍然是人们查找网站的基本方法。因此，在主要的搜索引擎上注册并获得最理想的排名，是网站设计过程中必须考虑的问题之一。网站正式发布后尽快地提交到主要的搜索引擎，是网络营销的基本任务。

2）交换链接

交换链接或称互惠链接，是具有一定优势互补网站的简单的合作形式，即分别在自己的网站上放置对方网站名称并设置网站超级链接，使得用户可以从合作网站上发现自己的网址，达到相互推广的目的。

3）病毒性营销

病毒性营销并非是真的以传播病毒的方式开展营销，而是通过用户的口碑宣传网络，使信息像病毒一样传播和扩散，利用快速复制的方式传向消费者。病毒性营销的经典范例是Hotmail.com，现在几乎所有的免费电子邮件提供商都采用类似的推广方式。

4）电子邮件营销

电子邮件是因特网最普及的功能，被认为是 20 世纪发明的最重要的沟通工具。电子邮件营销就是在用户事先许可的情况下,通过电子邮件传递有用的商品或服务信息,以促进销售的达成。开展电子邮件营销的前提是拥有潜在用户的电子邮件地址,这些地址可以是企业从用户、潜在用户资料中自行收集,也可以利用第三方的用户资源。

5) 会员制营销

会员制营销是通过网站会员制营销的合作伙伴在自己的网站上设置链接,从而吸引其客户通过链接访问目标网站并进行购买,合作网站可以从中获得一定的佣金。这种方式最早在Amazon.com 得到应用,并迅速在美国得到了推广。现今,国外许多网上零售商店网站都实施了会员制营销,几乎覆盖了所有行业。在我国,会员制营销还处于发展初期,不过电子商务企业对此表现出浓厚的兴趣和旺盛的发展势头,如"My8848 网上连锁店"(U-shop)。会员制营销已经被证实为电子商务的有效营销手段。

6) 网络公共关系营销

公共关系是利用各种手段唤起人们的好感、兴趣、信心和信赖,目的在于争取理解、树立形象。公共关系作为营销沟通的手段,在提升企业形象、赢得消费者信任、为企业发展创造良好的外部环境方面发挥着越来越重要的作用。网络为公共关系活动提供了一个新的平台,网络公共关系有其优于传统的公共关系的运作方式。表现在:企业掌握了公共关系的主动权,可以直接面向消费者发布新闻;网民的主动参与性大大增强,对网络营销的影响更直接、更迅速;网络公共关系可针对个别消费者进行一对一的营销活动。

网络公共关系营销可以采取以下几种形式:站点宣传、网上新闻发布、栏目赞助、参加或主持网上会议、发送电子推荐邮件、在网络论坛或新闻组发送信息传单等。

要点重述

商圈是指以商店所在地为中心,沿着一定的方向和距离扩展的、能吸引消费者的范围。商圈包括三个层次,即核心商圈、次级商圈和边缘商圈。

橱窗是商店外观的重要组成部分,也是商店的广告栏,是面对面直接吸引消费者的重要手段。橱窗广告的魅力主要通过橱窗设计的鲜明美、真实美、功能美、个体美、陪衬美、立体美和动态美等来显示,可以形象直观地向消费者展示商品,起到激发消费者购买欲望的作用。

招牌、标志设计作为企业形象设计的一部分,是以文字、图形、色彩为基本要素的艺术创作。它可以起到让消费者识别和招徕消费者的作用,也是一块永久性的广告。

柜台设置可采取开放式、封闭式、直线式和岛屿式四种方式。

商品陈列的一般要求是:适应购买习惯、便于消费者寻找选购和显而易见。

色彩运用的要求是:应与产品本身色彩相搭配,应结合楼层特点创造出不同的氛围,应体现出统一中有变化的风格。

商场的人工照明一般分为:基本照明、特殊照明和装饰照明。

音响要求是:音量大小要合适、尽量体现商品特点和经营特色、播放要适时有度。

超级市场是指采取自选销售方式,以销售生鲜食品、副食品和生活用品为主,满足人们日常生活需要的零售业态。

常用的网络营销方法有:搜索引擎注册与排名、交换链接、病毒性营销、电子邮件营销、个性化营销、会员制营销、网络公共关系营销和网络广告等。

关键术语

营销环境 物理环境 心理环境 商圈 商圈饱和度 零售引力法则 企业形象设计 橱窗 招牌、标志 商品陈列 超级市场 磁石点理论 电子商务网络营销

问题思考

例8.1 诺顿公司自创建开始,一直把经营重点放在皮革服装与女装上,并确定了靠服务取胜而不是靠削价取胜策略。另外,"诺顿"非常注重店内的气氛,在许多店面的大厅都安排了穿正式礼服的钢琴演奏家演奏典雅的背景音乐。

顾客要求退货,大多数商店会找出各种理由予以拒绝。但诺顿公司的政策是,只要顾客提出退货要求,就准予全额退货或换货。该公司有位兼职店员在网球俱乐部中听到一位女士抱怨两年前在该店购买的一件毛衣。虽然这位女士已经把毛衣送给了一位朋友,但该兼职店员仍请她到店里退货。

当诺顿公司的员工不慎冒犯顾客时,公司会不惜一切代价来弥补。有位企业主管对该店的名声感到怀疑,特别选在出门旅行前拿了两件西装到该店修改。在他赶往机场时,该店还没有把西装改好,于是,他想该店的服务还不够完美。但等他到达了另一个城市的旅馆时,发现有一个他的快递包裹,里面正是已改好的西装,还附有三条价值25美元的领带,以示歉意。

诺顿公司靠"以服务顾客为核心"在商战中取胜,他们坚持服务顾客的宗旨,而且几十年如一日。

思考 诺顿公司成功的关键是什么?诺顿公司的成功对我国的零售业有何启发?

例8.2 目前,网上购物已经成为一些国家最时髦的消费方式。人们只要在家拖动鼠标,便可以在世界范围内的各家入网公司的商品目录上选择自己中意的商品,还可以在价格、规格、型号等方面进行反复比较。对于企业来说,网络销售免去了高额的成本费用,而网络本身就是一个忠实的不知疲倦的"售货员"。

电子商务一经问世,便显示了强大的优势和生命力,并得到迅速发展。国际电信联盟统计表明:1997年,电子商务营业总额近30亿美元,到2001年,全球网络商务营业总额已达到3 000亿美元。电子商务已经成为市场营销的一种选择。

思考 为什么电子商务已经成为市场营销的一种选择?电子商务的优势与生命力何在?

9 营销服务心理

海尔的服务营销之道

海尔是中国家电企业中最早重视向终端消费者提供个性化服务的企业。多年来,海尔的服务已经历了十几次升级,每次升级和创新都走在了同行业的前列。海尔凭借出色的服务能力,成为中国家电行业的领头羊,跻身世界家电企业十强。

一、研发设计环节的服务营销

在产品研发设计上,海尔建立了"从市场中来,到市场中去"的环形新产品开发机制。从用户在日常生活中的不满意点、遗憾点及希望点中发现市场的潜在需求;据此研制开发得到的新产品、新技术最终要通过商品化回到市场;产品经过市场的检验可能又会产生消费者新的不满意点、遗憾点及希望点,在此基础上进行再一轮的产品开发。为了鼓励消费者踊跃提出生活中的难题和建议,海尔设立了"用户难题奖"。这不仅密切了海尔与消费者的关系,提高了消费者的参与意识,而且创造了用户,创造了市场。"小小神童"洗衣机及洗土豆机等新机型的开发生产就是典型的以顾客个性化需求为出发点开发设计产品的成功例子。

二、销售环节的服务营销

如果说高质量的产品是打开市场的前提,那么,优质的服务则是开拓市场的保证。随着商品日趋丰富、消费者购买力的提高,顾客在选购商品时,已经把服务视为与产品质量、价格同等重要的因素。为了全面提高服务质量,满足顾客需求,海尔在销售过程中推出了国际星级服务模式。星级服务大体包括三个方面的内容:一是售前服务,即实实在在地介绍产品的特性和功能,通过不厌其烦地讲解和演示,为顾客答疑解惑,如海尔的产品究竟好在何处,如何安全操作,用户享有哪些权利等,尽量使顾客心中有数,以便在购买中与别的产品比较选择;二是售中服务,即在有条件的地方实行"无搬动服务",向购买海尔产品的用户提供送货上门、安装到位、现场调试、月内回访等服务;三是售后服务,即通过网络等先进手段与用户保持联系,出现问题30秒内便可在网络中提供出所要找的用户使用产品情况,以百分之百的热情来弥补生产中可能存在的1‰的失误。

三、维修环节的服务营销

用户是衣食父母,海尔人在服务中坚持"用户永远是对的"。当你走进海尔的售后服务中心,首先映入眼帘的就是"如果你满意,请告诉你的亲朋好友;如果你不满意,请你告诉总经理",而海尔总经理的回答又是"用户永远是对的。"众所周知,再好的产品也会有出问题的时候。关键是在出现问题后,企业对它的态度。海尔建立了自己的技术研究团队,不仅搞新产品的开发,还要解决在顾客使用过程中的诸多问题。海尔制定了一系列维修服务标准,而且对上门维修人员提出了统一的细节上的服务要求。例如,上门服务要自备鞋套,自带水喝;维修要专业、及时;不接受客户额外物质答谢等,这更加树立了海尔在顾客心中的企业形象。

四、信息环节的服务营销

很多企业都知道信息的重要性,但关键是看谁能创造并利用好手中的信息资源。为了进一步提高顾客需求的响应速度,为顾客提供随叫随到的服务,海尔客服系统实现了与全国5 000多家专业服务商的联网,电话中心接到信息后,利用自动派工系统在5分钟之内便可将信息同步传递到离顾客最近的专业服务商,他们根据顾客需求提供及时服务。

对每一位海尔顾客,在购买产品或提出服务请求后,海尔客服中心均会代表海尔集团对顾客反馈的信息通过客服系统传递到相关部门进行一票到底的处理,对处理结果客户是否满意,也将由客服中心通过回访方式对信息进行反馈以确保顾客满意。

(资料来源:《合作经济与科技》2009年第8期)

本章引言

营销服务是有形的物与无形的服务的综合体。良好的营销服务会对消费者的心理和行为产生重要的影响。随着经济发展水平和市场化程度的不断提高,特别是各类商品市场由卖方市场向买方市场的转变,消费者对销售服务的要求越来越高,消费者与工商企业的关系远远超出了单纯的买卖关系,服务已成为企业营销活动过程中获取市场优势的关键因素。因此,研究消费者在接受商品营销服务过程中的心理现象和心理活动规律,对优化企业服务质量、提高竞争能力具有十分重要的意义。

基本理论

9.1　营销服务及其心理效应

营销服务是指营销人员在销售商品前后,为进一步满足消费者的各种需求所采取的多项措施和手段,是伴随着商品流通而提供的劳动服务。营销服务的中心是销售服务。良好的服务,不仅会扩大商品销售,而且还会增加消费者的信赖,树立企业的声誉。因此,良好的营销服务及其所产生的心理效应,对于消费行为的实现和企业营销活动的顺利进行无疑会产生重要的影响。

9.1.1　营销人员对消费者心理的影响

9.1.1.1　营销人员的仪表影响消费者对企业的认识过程

心理学的知识告诉我们,人们对客观事物的认识过程,总是从感知其外部形态开始,再逐渐认识其本质的。在与别人接触的过程中,特别对初次交往的人来说,仪表是一个重要的吸引因素,通常称为第一印象。第一次见面仪表是否吸引人,是能否使人产生好感的一个重要因素,称为第一印象或首次效应。第一印象往往给人以极深的、难以忘怀的心理感觉和印象,并影响到以后关系的发展。仪表分为容貌、服饰、举止和谈吐。

仪表包括人的体形,也包括心理状态的自然流露,与一个人的文化水平、道德品质、思想修养和生活情趣息息相关。营销人员整洁大方的仪容、热情爽朗的精神风貌和顾客至上的服务态度,都会给顾客留下难忘的印象,对购买活动中消费者心理有直接的影响。绝大多数消费者对营销人员的仪表有如下心理要求：

（1）要有精神和健康的感觉。消费者对于体格健美、整洁卫生、精神饱满的营销人员，有良好的心理感觉，愿意寻求他们的服务；着装褶皱不堪、布满油垢灰尘的营销人员往往会使顾客退避三舍。

（2）要有舒适端庄的感觉。这是指消费者对营销人员衣着服饰的心理要求，衣着服饰反映了人的精神面貌、性格。穿着的美观大方、整洁合身与营业环境协调，将给消费者一种清新明快、舒适端庄的美的感受，使人产生一种信任感，促进购买行为的实施。

（3）要有亲切文雅的感觉。营销人员的行为风度，即待人接物中举止动作、言谈姿态、语调声响、面部感情等，体现了一个人的性格和态度，反映了一个人的文明程度、心理状态和心灵，这些将直接影响到销售额。

消费者对营销人员的仪表要求是互相联系的。仪表重要，但只是视觉的印象，有了美的心灵，热爱本职工作和热爱人民的高尚情怀，加上良好的职业技巧操作水平，才能长久地获得消费者的信赖、爱戴和尊敬。

9.1.1.2　营销人员的服务态度、服务方式影响消费者的情感过程

无论是乘汽车还是乘火车、飞机，服务人员的服务态度对乘客心理均有很大的影响。服务人员必须树立全心全意为乘客的思想，必须掌握乘客心理，才能搞好服务工作。例如，乘公共汽车，由于乘客各异，他们的心理也各不同。上下班的乘客，由于时间比较紧，他们心理只有一个要求，上班不迟到，下班早回家。因此，在早、晚上下班高峰时，司售人员应尽力动员车上乘客往里走，多上一些乘客，"动员满载"，并预报下一站站名，招呼要下车的乘客交换到门口，节省停站时间。一些外地乘客，由于初来乍到，人生地不熟，到了车上，喜欢多问，怕错过站，司售人员要耐心回答，态度热情，指点方向。对于休闲游的乘客，他们大都在乘客较少的时候乘车，有的是上街买东西，有的是出门看戏、看电影，心情一般都比较愉快，能给车厢带来活跃的气氛。司售人员就应更加热情周到，以免破坏了乘客的兴致。对于探亲访友的乘客，一般在节假日乘车较多，他们提着各色礼品，合家出门，除了要安全、及时地到达目的地外，还希望手中的礼物不要被碰坏。老年、怀孕、生病的乘客，他们一般有三怕：一怕车来了挤不过年轻力壮的人；二怕上车后站立不稳不安全；三怕下车时挤不出去。司售人员就应在他们上车后动员其他乘客让座，下车时扶一把，保证他们安全乘车。

9.1.2　消费者购买商品过程中的心理变化

作为一个完整的购买过程，一般消费者的心理状态上存在八个阶段：

一是对商店的印象。这多与以往的印象有关，指的是消费者对商店门口环境、招贴、货物陈列、营业气氛、营销人员仪表等一个粗略概括的印象。

二是对目标的找寻。经过第一步选择了印象较好的商店，或来到过去满意的商店以后，开始注意目标商品或通过观赏，发现了某种目标。

三是对目标观察了解。当消费者有了目标或已寻得欲购商品之后，就产生了迫切了解该商品的心理，乐于问询、打听、注意力集中。

四是获得知识和了解。通过听、看、问和学，产生了认识和了解，诱发了欢欣喜悦心理，开始产生情感。

五是在有了喜悦感后，消费者对商品还有一个思考、加深印象的过程。在此阶段，会因亲

友和营销人员介绍、广告宣传,产生对商品功能的联想心理,联想到欣赏价值、外观性能和实用价值等,进而强化喜悦心情。

六是对商品的喜爱和占有欲的产生。当联想强化了喜悦心理之后,逐步产生偏爱,产生了占有欲。

七是对购买商品确信、坚定,此时的心理是非它不买。

八是购后的心理。消费者对满意的商品、称心的服务、美好的购买环境,会留下良好的心理感受,对购买地点产生惠顾心理,对该厂商品产生偏爱和坚定心,进而反复购买,担任义务宣传营销员;反之,亦然。

9.1.3　营销服务的策略与技巧

了解掌握消费者购物过程中的心理变化,是营销人员有的放矢做好服务、接待工作的基础。在具体的服务接待工作中,还必须掌握一定的策略和技巧。

9.1.3.1　待客策略与技巧

(1) 判断、了解来意,适时接待。消费者来店的目的是什么,这一点是营销人员必须首先了解的。进入商店的消费者,一般有三种情况:一种是来商店随便逛逛,带有消遣的意思,并无十分明显的购买意图。但他们随时可能对有兴趣的商品产生购买欲望。这类消费者进店后步态从容、左顾右盼,没有固定目标。对有兴趣的商品会留步观看甚至询问。另一种是有购买意图,但并无十分具体的目标,如消费者希望买一件上衣,但并不清楚买什么式样的更好。这类消费者进店后,一般会主动寻找或向营销人员询问,以便尽快确定购买目标。最后一种是有明确的购买意图和目标,进店后直奔所要商品的柜台,点名要货,成交一般地较迅速。对于这三种消费者,营销人员应寻找时机,主动接触。这样,既可了解消费者的真正来意,又使消费者有亲切感。一般讲,在以下几种情况下,营销人员应抓住时机向其推销:① 消费者较长时间地观察注意某类或某件陈列商品时;② 消费者突然停步注意观察某商品时;③ 消费者好像是在寻找什么商品时;④ 消费者在敞开陈列的商品前,不断地摸摸这件,看看那件,不愿离去时;⑤ 消费者对某件商品观察一段时间后,目光离开商品思索时;⑥ 消费者与营销人员有意或无意地正好面对面时。

(2) 展示商品,争取消费者。通过接触,了解了消费者的购买意图后,根据消费者的不同要求,向消费者展示或介绍商品。对无目的的消费者应积极争取,向其介绍某些商品的质量、性能、适时性及售后服务,激发其购买热情。介绍中,一定要注意介绍商品的适用性,而不要直接劝说消费者购买,这样,容易使消费者认为商店是在甩卖商品、强拉顾客。对于购买目的不十分明确的消费者,营销人员则可直接向其介绍或帮助其挑选。由于这类消费者有购买要求,所以一般不会对营销人员的积极劝说产生反感。对于目的十分明确的消费者,营销人员只需促其尽快成交,给消费者以方便、周到的感觉。

(3) 周到服务,增进信任。如果消费者已经确认要购买的商品,营销人员一定不要迅速结束交易,而应利用包装整理或付钱的时机,进一步向消费者介绍有关的使用常识或售后服务以及本商场的有关情况等,使消费者不仅对所购买商品满意,而且对营销人员甚至对商店感到满意,为消费者的再次光顾打下良好基础。同时,注意收付款时应"唱收唱付"。虽然消费者在购物或付款时都会自己核算一下,但如果营销人员能很清楚地说明单价、总价,会使消费者感到满意和真实。同时,还可防止收付款时出现错收错付等情况。

9.1.3.2 营销人员的语言艺术与技巧

营销人员与消费者的交际过程中,要通过语言与对方进行信息和情感的交流。柜台语言艺术与语言技巧是服务的重要组成部分。同一个意思使用不同的语言表达,会收到不同的效果。准确、生动的语言,不仅给消费者以好感,而且能提供更多的成交机会。

营销人员应掌握以下的语言艺术与技巧:

(1) 对消费者的称谓要选择准确。对年长者用相当于长辈的称呼,如先生、伯父、伯母等;对年龄相仿的同性用相当于朋友的称呼,如大哥、大姐等;对异性则用相当于兄弟姐妹的称呼,如姐姐、妹妹、哥哥、弟弟等;对少年儿童用"小同学"、"小朋友",如果营销人员本身也很年轻,也可用"小弟弟"、"小妹妹"的称呼。把握好语言尺度,会使消费者感到亲切,缩小由简单的一买一卖造成的距离感。

(2) 说话要留有余地,切忌决断生硬。当消费者所要购买的商品没有时,最好不讲"没有",更不能连头也不抬地道一声"没有",使消费者感觉到营销人员的不耐烦,使消费者既对买不到商品失望,又对营销人员的态度失望。如果营销人员回答"这种货刚卖完,您过两天再来看看";"现在没货,您等几天或到其他商店看看";"我们店不经营这种商品,××店卖,您可以去看看"等,这样消费者虽然买不到所需商品,但也不会产生失望的感觉,因为营销人员帮他解决下一步该怎么办。对于没有买到商品的消费者,由于营销人员的语言表达不一样,结果也截然不同。

(3) 用语要适当,不要使消费者产生反感。当营销人员主动与消费者打招呼时,如问:"先生,您买点什么?"有些消费者可能回答"不买,瞧瞧可以吗?"这说明营销人员的询问使消费者反感,如果改成:"先生,您想看看什么,还是想买什么?"消费者一般会感到很自然,不会产生反感。

(4) 营销人员在与消费者交际中切忌"好话伤人"。比如,身材较胖的消费者来买服装,营销人员在帮助挑选时,不可用"您太胖,穿这种花色的衣服不合适"。这种"揭短"式的劝告,最容易刺伤消费者的自尊心,使其再也不愿来这个商店买东西。对于生理上的弱点,切忌主动触及。

(5) 语言与表情的一致性。语言美还要行为美,在与消费者交际过程中,既要有美好的语言,又要有大方亲切的表现。

9.2 营销者与消费者的心理沟通

营销者与消费者之间的买卖活动是通过双向沟通实现的。主客双方的心理差距导致沟通过程中出现矛盾和冲突,这就使营销者和消费者实现心理沟通成为必然。

9.2.1 营销沟通的主要特征

营销活动不仅是销售商品,而且是一项与人打交道、与人沟通的活动过程。营销交往特定的主客观情况及其交往方式的特殊性,决定了它具有区别于其他交往方式的主要特征。其主要特征是:

(1) 交际的范围比较狭窄,即只限于商品买卖之间的内容。

(2) 交际的程序相对简单,即只反映商品、货币间的交换过程。

（3）交际的时间比较短暂，即买卖过程。

（4）交际的内容一般是纯事物性的，即只涉及有关商品的内容、性能、质量、使用方法和修理等。

因此，在商业交际中，营销人员与消费者都很少考虑到在接触时给对方留下的是怎样的个体印象。凡与购买过程无关的信息，如对方的品质、气质和心理背景等都不加注意，只是关心买卖活动的进行。营销人员希望促成交易，把商品销售出去；消费者只考虑这个商品是否是自己最满意的商品，价格、质量等是否合适。在一般情况下，营销人员与消费者之间的接触，随着买卖过程的完结即告结束。必须指出，由于双方在买卖过程中都只注意商品与货币的交换，而容易忽视一般交际过程中应注意的规范，往往由于语言、行为表达不当，发生误会，以至冲突。因此，在商业交际中，作为交际主导一方的营销人员应努力争取良好的交际效果，以赢得消费者满意，这就需要营销人员具有一定的交际能力。

9.2.2　营销者与消费者的相互作用

营销人员与消费者在接触交易过程中，各自会表现出不同的态度。这种在偶然、短暂的接触中所表现出来的态度状态，可以看作是双方的积极程度与情绪水平的结合。这种结合可以归纳为四种状态：

第一种状态是情绪好与积极性高的结合。人处在这种状态下，往往表现为愉快、兴奋、有活力、积极性高、乐于交往、待人友善。体现在营销活动中意味着消费者有兴致购买商品，营销人员有良好的服务状态。

第二种状态是情绪坏与积极性高的结合。人处在这种状态下，易发怒、苛求于人、找茬挑衅。显然，体现在营销活动中消费者与营销人员都容易失去理智，不情愿也不能够体谅对方，买卖活动存在着潜在的冲突。

第三种状态是情绪坏与积极性低的结合。人处在这处状态下，孤僻冷漠、无精打采、漫不经心。显然，体现在营销活动中，消费者与营销人员都提不起精神，无很强的交往兴趣，在无所谓地消磨时间。

第四种状态是情绪好与积极性低的结合。人处在这种状态下，安闲温和、精力不足、动作迟缓。意味着消费者从容不迫、细心谨慎、耐心宽容。营销人员表现为冷热适中、不卑不亢、缺乏主动交际精神。

一般地说，处于第一种状态的消费者最易于交往，他和同样处于第一种状态的营销人员交往的结果一定是好的。如果消费者处于第二种状态是最危险的，这类消费者情绪很坏，但积极性却很高，他们可能装了一肚子火在伺机发泄，正在寻找攻击目标和"替罪羊"，此时的策略是：营销人员根据经验应马上判断出这类危险的客人，提供迅速而谨慎的服务，不要过分殷勤，不要试图引导其多消费，应以避免冲突为最佳选择。如果消费者处于第三种状态，营销难度是最大的，这种消费者情绪和积极性都处于低潮，营销人员要想把这两方面扭转过来，通常是办不到的，在这种情况下要首先设法调动客人的情绪，然后再调动其积极性。如果消费者处于第四种状态，即情绪不错，但积极性不高，此时，营销人员就大有用武之地了，要想办法感染他、影响他，将其积极性调动起来，从而促进消费。

从营销交往角度看，只有买卖双方心理状态向量的合力落在第一种状态才能产生最佳效果。也就是说，营销人员必须永远把自己的心理状态调整到第一种状态，然后是根据消费者的情况采取相应的服务行为,以期双方的交往产生最好的结果。

9.2.3　营销者与消费者的冲突

所谓冲突,从心理学的角度讲,是双方的互不相容、互相排斥,是矛盾激化的一种表现。在营销过程中,营销人员难免与顾客发生冲突。因此,这里我们分析一下冲突的根源:

其一,营销人员与顾客发生冲突的原因是多方面的。既有主观因素,也有客观因素。其中主要的原因有以下几个方面:

(1) 双方买卖关系造成的差距。营销人员处在卖方,顾客处在买方,两者所处地位不同,是产生冲突的根本原因。具体地说,这种角色差距体现在:

第一,双方的出发点不同。营销人员期望把手中的商品卖出去,而不在乎谁是买主;而顾客追求的是称心如意的商品,在某种程度上说并不在于卖主是谁。这样,买卖的双方只注重商品本身。

第二,双方的利益不同。营销人员希望销售更多商品,赚更多钱。而顾客则愿意以最低价格购买最满意的商品。一个希望以高价保护生产者和中间商的利益;一个希望以低价维护消费者的利益,稳定行情,保障生活水平的逐步提高。利益的差距会导致冲突。

第三,信息水平不同。生产厂家推销员或商店的售货员对该产品的生产、销售有较全面的了解,熟知产品的性能、操作和维修。而消费者对商品销售状况、质量好坏大多缺乏了解。在购买高档商品时,总喜欢向营销人员了解详情。这种经常式的、周而复始的答疑,会使营销人员失去耐心,与顾客发生摩擦,冲突也就在所难免了。

(2) 双方的文化背景不同。营销人员与顾客存在着文化差异,各自的风俗不同,价值观不一样,特别是在国际交往中,双方存在着语言障碍,就可能引起冲突。

(3) 销售工作中的原因。销售工作中存在的问题较多,主要有:有的是由于商品质量不过硬,价高质低;有的是由于节假日顾客拥挤,营销人员人手不足,顾客等待时间较长;有的是由于顾客要求退换产品,营销人员不愿接受;也有的是由于营销人员违反职业道德,服务态度恶劣,以次充好,引起冲突。

其二,消费者与营销人员对买卖活动中可能出现的现象的预测,会导致彼此间冲突的爆发。

在商品买卖的活动过程中,无论是消费者还是营销人员都希望能够愉快地成交,但买卖双方对交易过程中可能出现的现象的预测是不同的。事实上,每位消费者与营销人员,由于能力、气质、性格、兴趣的不同,常常都有已成习惯的、自己特殊的情境项圈结构,或者是非常重视和突出其中的一些项目,而舍弃其他的一些项目。

当消费者与营销人员各自情境项圈结构中的某些项目不能实现或不能完全实现时,会因期望落空而不能自控,双方的冲突就会由潜伏准备到渐进表现甚至强烈爆发。

按照消费者对商品与营销人员的感情评价,分析消费者的心理状态,可以分为以下两种情况。

第一,四种不平衡状态:

(1) 消费者对商品购买动机强烈,同时对营销人员的接待服务也感到满意。但营销人员对商品的评价意见与消费者相反,消费者会出现犹豫、动摇,心理处于不平衡状态。

(2) 消费者对商品满意,营销人员对商品也持肯定态度,但消费者由于某种原因对营销人员不满意,由此产生心理不平衡。

（3）消费者对营销人员的服务甚感满意,但商品不能令其满意,营销人员极力推荐商品,消费者进退两难,心理状态也难以平衡。

（4）消费者对商品不中意,营销人员对他又冷嘲热讽,并对商品也持否定态度,消费者会恼怒气愤,极为不悦。

第二,四种平衡状态:

（1）消费者喜欢商品,营销人员服务态度热情,仔细介绍商品,耐心帮助挑选,并对这种商品持肯定态度,消费者会实现满意的购买,心理状态很平衡。

（2）消费者感到商品中意,但对营销人员不满意,营销人员对商品持否定态度,消费者感到不快,但由于商品称心如意,得到极大的心理安慰,心理状态也能平衡。

（3）消费者对商品不满意,营销人员也对商品持否定态度,很体谅消费者心情,消费者觉得没买商品的决策是正确的,有遗憾但心理是平衡的。

（4）消费者对商品不满意,由于各种原因对营销人员亦反感,营销人员极力推荐,促其购买,但消费者并不为之动心,这也能达到心理平衡。

9.2.4　营销者与消费者的冲突的排除

研究结果表明,营销者与消费者心理上的差距可以通过沟通而缩小。在市场研究中可以发现,正是这种相互沟通在支持着商业的繁荣发展。

从本质上讲,买卖、购销、收售是相互依存的,它们之间只能是相辅相成的关系。不能成交的生意,对买卖双方都无价值。交易场上向来崇尚"买卖不成仁义在"的信条,这反映了买卖双方对相互依存关系的朴素认识,有了这种认识,才能想到"这次不成还有下次",不愿就此"绝交"。这也说明买卖双方的基本利益是相通的,因而心理距离的缩短与思想差距的沟通存在着现实的可能性。

心理差距相互沟通的可能性,还表现于买者与卖者之间。在种种商议的环节上,双方有讨有还、有争有让,正反映了他们互谅互让的希望。买卖双方总期望于"成交互补"或"购销两利",因此都尽可能设法促使这种沟通能得以开拓与实现。主要表现在双方都致力于寻求说服对方的恰当途径与有效方法。在这种颇为艰难的努力过程中,存在着许多复杂而重要的心理学研究课题。其中,包括"说服"与"态度的改变",包括"信任"、"从众"、"流行"等的影响作用,以及"心理评价"的力量等等。

消费者个体在心理上各具特点和差异,诸如消费者的认知能力、气质性格、兴趣爱好、情绪状态和理想信念等等。这些主观因素与客观经济条件在一定的文化背景的作用下,能相互结合。尽管每个消费者在动机抉择上千差万别、复杂多向,而在这些因素中,有一些可以成为沟通买卖之间的桥梁。例如,人们常常考虑某种消费是否有益于身心健康,这是消费者的基本利益之所在,也应当成为产品设计、生产、销售必须坚持的基本原则。不言而喻,凡是有益于消费者身心健康的商品,必然会受消费者的青睐。

在改善信息沟通及提高宣传效果方面,有关"定势"或称之为"心向"作用的原理,是很有启发意义的。所谓"心向"即心理倾向,是指人的心理在个体经验的影响下的一种准备状态,它使人在思考和解决问题时具有专注性和趋向性。研究一个人在一定时间内产生的这种带有一定倾向的心理趋势,对于思想沟通即缩小心理距离,效果是很显著的。

在定势理论看来,人的意识和行为主要受制于外界环境与个体需要之间的相互作用。个体的需要是在与环境的互动过程中发生并且在其生活的范围和环境中得以满足的。个体一旦为了某种需要,便会陷入惊慌不安的紧张状态。只有需要得到满足时,紧张才会得以解除,也才能呈现出一种健康的心理状态,这是个体对某种行为的调整,也是个体实现某一具体行为的准备状态。影响或引起这种心理倾向的因素涉及主体内部与外部的多种因素,其中,主体内部的因素主要是需要:直接的需求、力图达到的愿望、期待、自我观念(即对自己本身的看法)等;外部的因素包括人在生活中的现实情境以及社会对他提出的要求等。在这些因素的作用下,人才形成一个完整的个性状态,而这一个性状态又引导人的心理活动趋向一定的方向,在对所接触到的信息进行加工处理时,有时会表现出抗拒的态度。营销者在替厂家宣传商品时,必须考虑到消费者的心向作用,克服其可能存在的抗拒倾向,获得使其接受宣传影响的效果。因此,下面的经验是应当加以借鉴的。当然,具体借鉴时,应因地制宜、因时制宜。

其一,组织安排恰当的宣传情境。

宣传情境的安排,应当考虑到物理环境与心理环境两大方面。经验总结与实验研究都表明,特定的客观物理环境会增强或削弱人的智力活动或说服的效果。一般说来,能够引起人们愉快情绪的地方、可以使人产生敬仰或信赖的场合,都能促使消费者接受宣传的思想观点。

其二,把情感的唤起与理性的号召综合起来加以运用。

研究证明,为了在较短时间内获得暂时性的或现阶段所必需的宣传效果,可以采用唤起情绪反应的方法。然而用这种方法并不能改变消费者的行为定势,其效果也不巩固。要培养比较稳固的个性定向,如为使消费者对某一特定厂家所提供的特定产品形成固定购买心理倾向,则适宜于采用理性号召的方法。例如,有较多的用户在较长的时期内争购飞鸽牌自行车,这除了在情感上喜爱其精巧美观之外,一定还有不少的理由,即从理性上识别它的坚固耐用、轻便省力、信誉可靠等。在心理沟通中,应当尽可能综合运用情感唤起与理性号召这两种形式。开始时带有情感色彩,引起注意,使人对此产生兴趣,继而通过简明的理性论述,激起消费者思考并在其心向系统中加以接纳。

其三,对营销者所提供的商品信息,消费者有些是原来就赞同的,有些原来是否定的,还有些可能从未思考过,因而漠不关心。在心理沟通中应根据这三种不同的心理倾向分别采用相宜的方法,如采取适中的观点并兼顾他们的期望,极端的单向传播往往收不到预期的宣传效果。

其四,应明确心理沟通与启蒙教育之间虽有联系却又有明显的区别。为沟通心理而进行的信息传播既包括普及宣传又带有启蒙教育的色彩。与教育工作相比,心理沟通还有更多的要求,这就是要努力将服务对象的心理倾向引到我们所需要的方向。但是,实际的效果并不一定都同营销者的期望一致,也可能出现事与愿违的局面。

其五,人的心理倾向的形成和改变,是在社会性的人际交往中实现的,因而心理沟通的效应也受到多种因素的制约。

当然,防止冲突的发生还有许多办法,这需要营销人员作出巨大的努力,而这一切的实现直接依赖于营销人员心理素质的提高,只有具备良好的心理素质,才能真正实现营销过程的良好沟通。

9.3　售后服务与投诉接待心理

9.3.1　售后服务的心理效应

售后服务是企业文化、企业精神和企业素质的重要体现。从消费者心理方面看,顾客购买商品不仅仅是购买物质形态的商品本身,还希望得到良好的服务。消费者的需要不仅包括物质享受需要,还包括精神文化享受的需要,消费者的精神文化满足不仅来自于物质商品的"给予",而且还来自于无形无声的服务,特别是售后服务。主动、热情、耐心、诚恳、周到的售后服务,是对消费者莫大的精神安慰,通过开展售后服务,可以融通生产经营者与消费者之间的感情,增进人与人的理解,把深情厚谊洒向社会,让人们的生活更加充满美和爱,从而推进市场经济条件下的两个文明建设。

随着市场经济的发展,买方市场格局的逐步形成,消费者已成为市场的主宰。在这种形势下,强化售后服务,对消费者来说,犹如一颗"定心丸",更能增加对产品的安全感和对企业的信任;对生产经营者来说,良好的售后服务不仅可以巩固客户,而且通过客户的间接、辐射传导,可以争取更多的新客户。

9.3.1.1　售后服务是非价格竞争强有力的手段

20世纪80年代以来,国际上对"竞争"一词有了新的解释:产品实现自身价值是第一次竞争;售后服务是第二次竞争。随着市场竞争的加剧,两次竞争显得同样重要,产品的市场销售,售后服务举足轻重,产品质量再好,没有良好的售后服务,市场也难以扩散;质量不过关的产品,如售后服务跟不上,则会断绝第二次交易。从国内市场来看,谁注重第二次竞争,谁的竞争潜力就大,谁就能在激烈的市场角逐中立于不败之地。倘若只安于第一次竞争的现状,只顾短期利益,在长期效益的竞争中势必被时代潮流所淘汰。

9.3.1.2　售后服务是一种有效的促销举措

广告是开拓市场的先锋,要打开市场、扩大影响,广告的作用十分重要。但要占领市场、巩固市场,售后服务是关键。美国企业家罗杰斯说得好:"争取订单其实是最容易的一个步骤,售后服务才是真正的关键所在。"美国大汽车商吉拉德甚至认为,销售真正始于售后,并非在产品出售之前。产品经营者认为,售后服务是多余的,因为产品经营者的目的是销售产品,产品已经售出,目的即已达到。而对于商品经营者、资本经营者来说,售出既是旧的目的之结束,又是新的目的之开始,售后服务是提高消费质量的基础和前提,消费质量是对于消费者具有最终决定意义的概念。好的消费质量直接创造了消费者重复消费的功能,同时,通过具有极强影响力的口传信息,必然会引起连锁反应,起到"一传十,十传百"的效果,反过来又促进产品的市场销售。

9.3.1.3　售后服务是企业增加经济效益的途径之一

现代经济是一个大系统,任何部门、行业都有一个"以下一道工序为用户"的"售后服务"问题,在工业发达国家,由于生产社会化和服务化的水平极高,企业不用自己建设维修车间,而是由制造厂商的技术服务部门来提供技术服务(售后服务)。据测算,维修服务收入在营业额中占有相当比重,如美国奥梯斯电梯公司在法国的分公司,年技术服务收入占营业额的70%左右;美国燃烧工程公司动力系的技术服务收入占销售额的16%。可见,售后服务既有利于节约社会劳动和资源,有利于提高社会效率,也为企业带来可观的经济效益。

9.3.1.4　售后服务蕴藏着开发新品的源泉

据美国麻省理工大学教授克·冯希贝尔对仪表、元件制造业的研究,发现100%的主要新产品的设想及80%的次要新产品的改进,都直接来自与用户的联系,售后服务是企业联系用户的渠道。在技术服务过程中,销售部门搜集到的有关产品可靠性的数据,使用中和维修保养中的问题,用户反映的改进意见等信息,及时、准确地反馈到产品开发等有关部门,成为改进现有产品、开发新产品以及提高企业技术与管理水平的重要途径。

9.3.2　顾客投诉处理理论

顾客投诉处理是指企业用来解决服务失败,从中吸取教训,从而树立本企业在顾客心目中良好信誉的策略。研究发现,"公平"的概念为解释投诉的满意度提供了一个有效的框架。公平包括:交互公平(顾客在投诉过程中所受的待遇)、程序公平(对顾客投诉处理过程)和分配公平(对顾客投诉处理的结果)。

交互公平包括了一些显示公平的交流手段和行为,如诚信、热情、礼貌。我们发现,顾客的投诉通常是由企业服务失败所引起的,同时这些服务都是引起一些使顾客对企业失望的典型问题。如果企业的服务人员用一种礼貌热情的方式努力解决这些服务中的问题,便能消除顾客的愤怒情绪;反之,倘若服务人员采取粗鲁冷漠的态度便会更加激怒顾客。

程序公平强调企业对顾客投诉作出迅速及时的反应,为顾客提供方便的重要性,即"公平延迟就是否认公平"。研究发现,企业为顾客提供大胆投诉的机会、并给出令人满意的结果都不足以使顾客确信程序的公平。顾客期望的是企业对他们的投诉作出快速的反应,承担相应的责任,他们讨厌企业找出种种借口推迟对投诉的处理。

分配公平集中在经济赔偿和道歉方面。道歉的重要性表现在保持客户不仅仅需要经济成本,同时也需要感情成本。事实表明,公平的交互和程序可以降低投诉成本,减少分配公平所需的赔偿。

投诉处理的满意度也很重要,它与信誉承诺相联系。那些选择投诉的顾客实际上给企业提供了重建信誉的机会,而企业对投诉的解决过程将直接决定顾客随后对该企业的态度和行为。

9.3.3　顾客投诉心理分析与沟通

第三章分析过消费者的气质特征分为四大类:胆汁质型、多血质型、黏液质型和忧郁质型。经研究,大多数重复投诉的客户属于胆汁质型和多血质型客户,这两类气质的客户的高级神经活动类型属于兴奋型和活泼型,他们的情绪兴奋性高、抑制能力差,特别容易冲动,因此,他们在投诉时的心理主要有三种。

1) 发泄的心理

这类客户在接受服务时,由于受到挫折,通常会带着怒气投诉和抱怨,把自己的怨气、抱怨发泄出来,这样,客户忧郁或不快的心情会得到释放和缓解,以维持心理上的平衡。

2) 尊重的心理

多血质型客户的情感极为丰富,他们在使用产品过程中如遭受的挫折和产生的不快会投诉。在进行投诉时,总希望他的投诉能被接受,他们最希望得到的是同情、尊重和重视,并得到对方的道歉和立即采取相应的补救措施等。

3）补救的心理

客户投诉的目的在于补救，补救包括财产上的补救和精神上的补救。当客户的权益受到损害时，他们希望能够及时得到补救。例如，电信用户反响最强烈的短信息服务中的知情权问题，如建立和终止短信息服务业务的条件、方式的不透明，特别是短信息服务的收费标准模糊不清等。这不但给客户造成了财产上的损失，同时由于无法知道如何终止短信息服务的方式，加上电信企业与信息服务商对用户投诉的"踢皮球"现象，也给客户造成精神上的损失。因此，客户投诉时，需要在这两方面都同时得到补救。

客户投诉中的沟通就是接受投诉的责任人（首问责任人），凭借一定的渠道，将信息发送给投诉客户，并寻求反馈以达到相互理解的过程。受理客户投诉的首问责任人与投诉客户的沟通一般分三个阶段：

第一，受理投诉与解释阶段的沟通。

根据"首因效应理论"，最先接触到的事物会给人留下深刻印象和重大影响，是先入为主的效应。"首因效应"对人们后来形成的总印象具有较大的决定力和影响力。受理投诉阶段是与投诉客户的第一次接触，如果第一印象是积极的，则会产生正面效应；反之，则会产生负面效应。正面效应的建立应考虑以下因素：① 同情与宽容。作为首问责任人，一定要认真倾听客户的抱怨，同情、理解客户的心理，持容忍态度，创造一个轻松、宽容的环境，尽量满足客户的自尊心。② 重视与诚恳。对客户的投诉一定要给予高度的重视，一个人在困难时得到他人的重视会产生一种感激的心理，这种感激的心理会激发报答的心理。首问责任人在向客户解释和澄清问题时，要进行换位思考，从客户的角度出发，诚恳地道歉，并作出合理的解释。③ 诚实与守信。客户的投诉与抱怨表明他在使用商品过程中对某一方面或某一事项存在不满，需要得到企业的救济。应该指出，消费者购买某种商品所付出的不仅是金钱，更多的是对该商品品牌的信任。对一名处理消费者投诉的首问责任人来讲，信用就是一种向用户信守承诺的责任感；信用就是对自己企业提供的服务产品之后果负责的道德感。在受理投诉时，只要能做到的一定要向客户承诺，做不到的不轻易承诺，凡是向客户承诺的一定要做好。同时，必须明确告知客户处理投诉的等待时限，并在承诺的时限内反馈给客户。

第二，提出解决方案阶段的沟通。

解决方案的提出应着重体现公正和效率。消费者与商家的纠纷是以双方的权利、义务争议为基础的，这种争议的存在意味着权利与义务的扭曲和混乱。因此，处理纠纷的目的在于对这种扭曲和混乱加以矫正。为了实现这一目的，这种矫正手段必须具备公正性。处理用户投诉的公正从其运行过程来看，包括两个方面，即公正地处理用户投诉的规则和公正地适用该规则。解决客户的投诉是为了实现客户的正常使用权利，使客户受到损害的权益及时地得以恢复，以维护用户的合法权利。因此，解决客户的投诉还必须强调效率，如果客户的投诉长期得不到解决，不仅不能体现企业的管理效率，而且从根本上背离了公正的目标。其结果是给客户造成更大的心理创伤，这是很难补救的。

第三，回访客户阶段的沟通。

回访客户阶段是处理客户投诉的最后阶段。这一阶段主要是关心与询问客户对处理结果的满意程度。根据"近因效应"，在某一行为过程中，最后接触到的事物留下的印象和影响，也是极为强烈的。因此，回访客户作为最后一次与客户沟通的阶段，能产生近因效应。与首因效应对应,积极的近因效应会使客户产生满意感,消极的近因效应会导致客户的不满意感。客户忠诚表现为两种形式:一种是客户忠诚于企业的意愿;一种是客户忠诚于企业的行为。回访客户阶段作为最后一个环节,应重视两大问题:

一是对处理结果的合理解释,应跳出投诉事件本身与客户沟通,特别是针对客户心中预期的理想型概念产品与企业提供的实际产品之差进行解释,使客户在今后使用实际产品时,对其功能、品种、质量、价格有一个重新的理解和判断。

二是应重视在处理投诉过程的最后阶段与客户建立友谊。处理投诉过程是与客户相互接触、相互交往的过程,如果纯粹以解决投诉为目的与客户进行交往,即使问题得到了解决,也不会使客户真正感到满意。在处理投诉的最后阶段,应把客户当作自己的朋友,与客户建立一种情感,使客户产生一种归属感。根据消费者行为理论,客户的情感影响他们的行为,客户对某个企业的情感依恋越强,客户的抱怨就越少,客户就越可能继续与该企业保持联系。然而,客户与企业情感的建立是通过企业员工与客户之间的真诚和坦率的沟通形成的。

9.3.4　跟踪服务

在销售服务中的售后阶段,即跟踪服务是当前的最薄弱环节。可以说,提高销售服务的关键就是搞好跟踪服务,就当前而言,应主要包括以下方面:

其一,应当把对消费者的各种承诺真正落到实处。现在没有服务承诺的商家几乎没有,但执行承诺大打折扣,甚至拒不执行的却十分普遍,"三包"或维修服务更是消费者抱怨的焦点。所以,商家的承诺必须求实,不可夸大或言过其实,如终身保修承诺,本身就可以被认定为欺诈性宣传,由于产品的更新换代,原有产品的配件已不再生产,终身保修自然成了一句空话。同时,商家(或配合生产企业)应建立专、兼职结合的销售服务队伍,对消费者的各种意见、要求、询问等都能做到迅速答复、及时解决。

其二,必须特别重视不购买者。比如,在国外,商家对进入商场后空手而归的消费者一般会特别关照。其理由是,消费者进入商场买到了商品,本身就说明他是基本满意的,而没有购买商品的消费者(除纯粹观光者外),总有其不满意的一面,如没有自己所需的商品;有需要的商品,但对具体的品牌、色泽、款式、价格、花色等不满意;或者对营销人员的服务不满;还有的是对环境的不满,如购买录音机时,周围声音嘈杂,无法挑选、试听等。所以,精明的商家对空手而归的消费者,总会主动上前(有条件时)征询其对商场、商品和营销人员的意见,询问其有何要求等,这种现象在我国的商场中几乎是见不到的(关注不购买者在国外一些商场是很普遍的)。而对购买者热情接待,对只挑不买者横眉冷对,甚至恶语中伤的场景更是屡见不鲜。可以说,关注不购买者就是在今天为商场的明天创造出更多顾客。

其三,商场对消费者跟踪服务的另一个重要方面是信息的收集和处理(这里只讨论服务方面的信息)。商场认真对待消费者的意见、投诉、要求等,绝不只是为消费者解决某一个具体问题,更重要的是实现与消费者的有效沟通。在现实生活中,没有哪一个商场没有受到过消费者的批评、抱怨或投诉。应当说,在商场的经营过程中,出现差错、不足、服务不周的现象是在所难免的,但如何对待消费者的意见才是其服务水平高低的真实反映。如果消费者的所有不满,商场都能根据其实际情况给予合理的解答、说明、解释、道歉、赔偿等,那么,就可以使这种不满转化为满意,由此为商场带来更多的回头客。

总之,在商场经营中,提高服务的"软硬件"水平是现代商业发展的基本要求,是商业竞争的需要,是实现企业自身利益的要求。就消费者而言,没有良好的形式服务,就不能满足现代消费者不断提高的生活情趣和品味,就无法产生"形象吸引"的积极效果;同样,如果没有真实的销售服务,就不能使消费者体味到购买中的心理满足感和实现购买后的心理安全感。

9.4　企业营销服务的创新与发展

9.4.1　企业营销服务创新的意义

当今世界,科学技术日新月异,以计算机及其网络为代表的信息技术迅速发展,经济全球化、市场一体化的趋势逐渐形成。经济增长越来越呈现出知识化、信息化的特征,使21世纪成为新经济时代,也称为知识经济时代。在这个时代背景下,企业的生产方式、经营环境都发生了巨大变化,企业营销的服务方式必须不断创新,只有与时俱进,才能应对日趋激烈的市场环境,从而寻找更多的市场机会,扩大企业的生存空间,增强企业活力。正是强化营销服务,在"海尔"、"联想"、"小天鹅"等一批国内著名企业走向成功的过程中发挥了关键作用,营销服务已经成为这些企业继续发展和提升的重要基石。因此,现代企业必须注重营销服务,创新服务观念,以顾客为中心,实现自身的营销目标,在竞争中获胜。

9.4.2　企业服务意识的发展方向

随着人们对消费者权益保护认识的提高,企业服务意识的建立显得尤为重要。企业不能停留在原来简单服务的想法上,应建立适应现代市场经济状况和国际经营的营销服务意识和观念。

第一,应进行营销服务理念的创新和发展。服务理念是一个企业在营销服务活动中形成的管理思想、管理方式、经营哲学、群体意识和行为规范。它是企业在长期营销服务实践活动中,通过对市场经营规律的理解和掌握形成、发展和建立起来的。例如,海尔集团倡导的国际星级一条龙服务的营销服务理念,充分体现了该企业对营销服务价值的认识,以及服务工作的承诺和规范。但目前很多企业的服务理念尚未形成或者说是毫无特色可言,其根本原因就在于企业没有真正重视和理解营销服务的要义。前些年,企业界大肆宣扬"顾客就是上帝"的服务理念,其实在销售中,只有朋友,没有顾客。在营销服务过程中,企业与顾客之间应该建立一种朋友式的平等关系,创造良好的社会关系环境,只有坚持平等互利的"双赢"原则才能使企业与顾客均能获得长久效益。因此,企业应在营销活动中,根据企业内外部环境的实际情况,制定切实可行的服务理念,从而对企业的营销服务过程进行指导、管理和规范,使营销服务成为企业全体员工的自觉行为。同时,能够将这样的服务理念升华为企业文化的一个重要组成部分,从员工服务于顾客,到企业服务于社会,从而对企业员工及社会的公众产生巨大且深远的影响,提升企业自身的社会价值和地位,带动企业经营活动的开展。

第二,个性化服务方式的创新。新经济时代,随着人们生活水平的不断提高,消费者的消费理念越来越成熟,趋于理性化,消费行为越来越复杂化。人的差异、文化的差异、职业的差异、性格的差异、地区的差异使消费需求日益呈现出多样化、个性化的特点,对个性化产品和服务的需求越来越高。人们越来越追求那些能够促成自己个性化形象、展示自己与众不同的产品或服务,消费者在接受产品或服务时的"非从众"心理日益增强,越来越重视产品的文化含量和科技含量,越来越追求较高的文化品位和精神境界。服务营销是最能体现个性而显示其独特的竞争魅力的营销方式。因此,企业要赢得市场,就必须根据每个消费者的具体需求,设计特定的产品和服务,保证服务质量,为消费者提供有特色的服务,实现服务的个性化。

如何创新个性化服务方式,满足消费者的需求呢? 其一,企业要从顾客的需求出发,把每个消费者看成是独立的、不同的个体,按消费者的要求提供产品,以产品最终满足消费者个性化需求的发展变化为依据,更新服务观念,增加服务内容、范围与方式,为顾客提供独特的、富有人情味的个性服务,开发令顾客满意的产品,提高消费者满意度,赢得消费者的信赖。其二,企业要不断加强市场调查研究,及时了解客户的需求和偏好,迅速定制不同规格的产品,有效地满足顾客的特殊需求,为他们提供优质价廉、充满个性化的产品。当他们得到自身需要的商品和服务时,会进一步增强对企业的信任感,提高对企业的忠诚度。例如,美国的通用公司根据顾客所挑选的汽车的颜色、发动机、座位设备和收音机等,分别组装独具个性特点的汽车,深受顾客喜爱。

第三,体验性服务方式的创新。体验即情感,是人的需要能否得到满足时所产生的一种对客观事物的态度和内心情感。新经济时代是体验性消费的时代。消费者在产品购买中,不仅仅追求物质需求、生理需求等较低层次需求的满足,而是更多地注重精神需求、心理需求等较高层次需求的满足,如希望获得精神上的愉快、心理上的安宁,享受温情、受到尊重等。消费者越来越注重产品感性消费上的满足、精神的愉悦,重视"情感价值"胜过"功能价值",希望能够得到与心理需求产生共鸣的心理商品。体验性服务营销方式是站在消费者的感觉、感受、思维、行动、关系五个角度,来设计营销行为的一种方式,强调把心理感受作为衡量消费者满意度的唯一标准。营销的任务在于更新服务理念,从消费者内在的情感体验出发,认真探究消费者的情感反应模式,致力于满足顾客的情感需要,从而引导消费者对企业及其产品和服务产生良好印象,直至形成偏爱的态度。首先,企业应当树立"以人为本"的服务营销理念。要抓住情感消费的内在动机,设计出体现消费者情感的产品和服务,营造温馨氛围。例如,中国电信在用户生日时,发短信息致生日问候;中国移动和联通为用户开设亲情号码;情侣表、情侣衫等产品都体现了情感色彩,具有较强的煽动力和感染力,使消费者备感亲切。其次,正确识别消费者的各种消费心理,适时地进行感情包装与标识。精美、独特的包装风格,使商品具有动人的情感,溶入感情色彩,引起消费者的购买欲望。体验性服务营销方式与其他营销方式相比,突出了人本理念,是更富有人性化的服务,它真正从消费者的感受出发,细心体察与呵护消费者的情感,使消费者备感亲切,迅速采取购买行为。从这个角度看,营销人员与其说是产品的推销者,不如说是美好情感的使者。在美国戴尔公司总部,差不多每间办公室都写着一句口号"顾客体验:把握它"。数千名员工脖子上挂着嵌有照片的工卡,上面写着戴尔公司的使命——在我们服务的市场传递最佳顾客体验。

第四,企业应进行营销服务形式和服务手段的创新和发展。目前,许多企业的营销形式较为单一,只是简单的买卖行为,这必然导致服务形式的单一。为此,各企业应根据市场的变化,采取灵活多变的营销形式开展产品营销活动,同时配以多样化、多元化的服务形式,满足各类顾客不同的消费需求。并且在具体的服务手段上进行创新和发展,在原有的服务项目的基础上,增加主动性、长远性和综合性的服务措施,如建立顾客档案,记录顾客个人资料和消费情况;建立顾客回访制度,对售出产品进行跟踪和咨询服务;提供必要的免费服务、咨询等。营销服务形式和手段的创新与发展将有效地提升企业品牌形象,提高品牌附加值,同时也将企业营销服务的战略目标落到实处,这是对付价格竞争的有效方法,是企业竞争的法宝。

最后,企业还应进行服务环境的创新和发展。现代企业的竞争已综合地反映在营销的硬件和软件的争夺上,因此,企业必须在营销服务环境上独具匠心地去创新和发展,即按照目标消费者的消费品位、消费习惯和消费行为方式对购物环境进行改造,使之更加符合消费者的口味,营造购买氛围,同时投入资金改善服务设施和条件,让消费者直接感受营销服务。另外,企业还应特别注重发展营销过程中的人际关系,即发展营销相关环境中与服务对象的良好关系,创造企业与周围环境之间和谐的社会关系,促进营销服务活动的顺利开展,从而得到众多顾客的认同和支持。

要点重述

良好的营销服务及所产生的心理效应,对消费行为的实现和企业营销活动的顺利进行有重要的影响。了解掌握消费者购物过程中的心理变化,是营销人员有的放矢地做好服务、接待工作的基础。在具体的服务、接待工作中,还必须掌握一定的策略和技巧。

营销者与消费者是作为买卖双方而存在的,它们之间的买卖活动是通过双向沟通实现的。主客双方的心理差距导致沟通过程中出现矛盾和冲突,这就使营销者和消费者实现心理沟通成为必然要求。

售后服务是企业文化、企业精神和企业素质的重要体现,良好的售后服务不仅可以巩固客户,而且通过客户的间接辐射传导,可以争取更多新客户。顾客投诉处理是指企业用来解决服务失败,从中吸取教训,从而建立本企业良好信誉的策略。选择投诉的顾客实际上给企业提供了重建信誉的机会,而企业对投诉的解决过程将直接决定顾客随后对该企业的态度和行为。

21世纪被称为知识经济时代。在这个时代背景下,企业的生产方式、经营环境都发生了巨大变化,企业营销的服务方式必须不断创新、与时俱进,才能应对日趋激烈的市场竞争,从而寻找更多的市场机会,扩大企业的生存空间,增强企业活力。

关键术语

营销服务　心理效应　心理沟通　售后服务　投诉处理　创新

问题思考

例9.1　美国有一位叫乔·吉拉德的汽车经销商,他经营汽车销售业务11年来,卖出的新轿车和卡车比谁都多。在一般年份里,他所卖出的汽车数量比任何居第二位的同行所售出车辆的2倍还多,其他汽车经销商更是望尘莫及。乔·吉拉德在解释自己成功的奥秘时说:"我每月都要送出1.3万张以上的贺卡。"这是他胜人一等的诀窍。乔·吉拉德指出:我干的一件事是好些经销商不干的,那就是我认为销售工作其实是在货物售出之后才真正开始的,而不是在那之前,顾客还没有出我们的门,我的儿子就已经写好了一份表示感谢的短信。

这样,乔·吉拉德的顾客只要从他那里买过一辆车,就再也不会忘记他,而且他们会像刚买车时那样,每月都会收到一封信,信虽然装在普通信封里,但信封的大小和颜色却总是在变化。当收信人打开信,抬头就写着"我喜欢你",里面则根据不同的月份,写着乔·吉拉德的祝福。这样,乔·吉拉德又会接到顾客们的回信。一种特殊的沟通形成了,顾客们把汽车的使用情况都如实地向他反映,乔·吉拉德会代表顾客同汽车制造商交涉。这样,乔·吉拉德在汽车厂家和顾客那里都信誉卓著。

乔·吉拉德每月的 1.3 万张贺卡真正体现了他对顾客的关心。乔·吉拉德说:"那些一流的大饭店,就连厨房里也洋溢出对顾客的热情和关心。每当我卖掉一辆车,顾客要走的时候,他们的心情就同从一流的大饭店里出来的时候一模一样。顾客来要求服务,我总是力所能及地给他把事情办得尽善尽美。你要像个医生那样,他的车子出了毛病,你要痛他之所痛才行。"乔·吉拉德不只是从统计学的角度来考虑,把购车人看成是一般的消费者,而是非常明确地说:"顾客可不是累赘,他们是我们的衣食父母,是我们的饭碗。"

思考　请结合本章的有关理论谈一谈这位推销员的成功之处。

例 9.2　某市投资新建了一座大型的综合性服务商厦,经营品种齐全,设施完美。商场的新员工是刚从劳务市场招收的合同工,经理是具有多年实践经验的售货员。开业后,商场内部狠抓经营管理,完善销售服务,初步取得了成效,而邻近的另外两家商场的销售却出现了滑坡。

一天,一位老同志来商场要求换一双皮鞋,原因是大小不合适,有些磨脚。售货员小李认为皮鞋已穿过,不给换,而且这位老同志也无法提供发票,证明皮鞋是在本商场购买的。老同志坚持说皮鞋是在商场开业时购买的,并有同事作证,而且皮鞋仅穿了一天,没有太多的磨损,商场理应在一周内给予更换。双方各持己见,发生了争吵。围观的顾客也越来越多。

思考　在这种情况下,

1. 假如你是售货员小李,如何处理此事?

2. 假如你是商场的经理,你认为该如何处理此事?

3. 作为一个新商场,通过这件事应有什么启发?

10　营销人员的个体心理

一个保险推销员的心路历程

　　林方生是我国台湾的一位保险推销员。他刚开始推销保险时,一向客户说明来意,客户就说:"我没有兴趣! 不过只要时间不长,你可以说说看。""只要三分钟时间就够了。我的建议是,疾病死亡是赔20万元,意外死亡是赔10万元,医药费用2万元,将来期满可领20万元!"林方生满头大汗地解释道。"这些我都不需要!"客户说完,就低头忙自己的事了。林方生呆在那里,不知该说些什么。突然他冒出一句:"如果发生什么事情,你的家人有没有什么保障?"客户停下手中的活,询问了一些保险方面的问题。

　　保险是无形的商品,要让客户一眼就觉察出它的价值,绝不是一件容易的事情。但这正是保险推销工作富有挑战性的一面。

　　林方生有一位客户,姓周,是一位社会工作者。他一心投入社会工作,对赚钱或储蓄的欲望不高,与他谈到保险和理赔时,总是一点兴趣也没有。

　　"最近向国外申请一笔基金一直下不来,这对我们残疾人教育推广的计划实在影响极大。"在一次偶然的交谈中,客户谈到了最近的苦恼,林方生突然灵机一动:"周先生,社会工作面临的最大困难是财务方面,对不对? 其实,保险就是一项社会福利,只是把社会工作企业化经营而已,如果每个残疾人都有一大笔钱能解决他们的生活问题,那么,他们自然能够再学习、再教育了,不是吗?"这番话吸引住了客户的注意,林方生第一次为他展示了建议书,周先生同意考虑这个计划。

　　第二天,林方生再去看周先生时,说这个计划很不错,但因为再过三个星期他就要到韩国、日本去考察,所以等回国后再办理投保。林方生希望周先生能早一点投保,一颗盼望的心像被浇了一盆冷水。

　　"周先生,是这样,你早一天办,早一天得到保障,对你的家庭不是更好吗?""可是,我现在需要准备一些钱出国,两个月的保险费也要十几万呀!"他面有难色,也说出了困难。"周先生,我知道你的困难,但是你有没有想到,出国考察这两个月是你一生中危险性比较大的时候? 如果你现在办,可以提前两个月得到保障,也使你能安心出国。这样吧,你先交这一季度的保费,等回国后再把余额交完,如何?""喔,可以先交一部分?"周先生非常兴奋。林方生为周先生算了一下保费,也填好了安保书,并重约定第二天上午十点收保费。

　　第二天早上九点十分,林方生突然接到周先生的电话:"昨天我回家同妻子商量,她还是认为回国后再办,为了这件事,我们吵了架,我实在很抱歉,等我回国后再说吧!"林方生心中一愣,但还是抑制住慌乱的情绪。"这样吧,我现在就过去,我们当面谈谈!"林方生没等周先生回答,就把电话挂了。见面,周先生就给了林方生一个苦笑。"不好意思了,答应你的事又……"

"不要这么说,我也觉得不好意思,害得你们夫妻吵嘴,我知道你是很尊重妻子的,不过,你知不知道,这份保险除了为你妻子买以外,更是为你三个孩子买的？这一点钱也不会影响你出国呀！"周先生犹豫了一下,然后露出了坚定、充满自信的微笑:"好吧,现在就办！"这时,林方生反而担心了:"那你妻子那边……"周先生摆出一家之主的架势:"没关系,先斩后奏。"于是,他从抽屉里抽出一沓钞票,交了第一季度的保费。

这件事情对林方生有很大启发,他对周先生有了深入了解,所以能急中生智地说出有针对性的话。他悟出一个推销要领——对不同的顾客,要强调不同的商品利益。现在,林方生对所有的拜访对象,都会提出同样的问题:"为什么他特别需要这份计划(保险计划)？"除了一般的家庭生活费、子女教育费、医药费及晚年退休金外,还有什么？

此外,林方生还为三位合伙开了一家公司的年轻人设计了一份股东互保计划,并使他们的保费纳入公司的固定费用支出;为一家船务代理公司的经理设计了一份夫妻互保计划,使夫妻双方任何一个人发生事故时,另一个人就有能力独撑大局;为一位正在创业的年轻人设计了一份创业保险,作为保险生涯的起步,也是经济完全独立的开始;为一位新婚的年轻人设计了一份新婚保险,作为夫妻婚姻、家庭责任的开始。

就这样,林方生针对不同的客户,提出不同的计划,最终获得事业上的成功。

(资料来源：http://www.cnshu.cn/yxgl/2616.html)

本章引言

人们常说推销员是"见人说人话,见鬼说鬼话,人鬼不见说胡话",虽然充满调侃的味道,但也道出了推销的一个要点:推销员必须挑选出产品利益与顾客要求相吻合之处,和顾客要求相吻合,把"特别的爱给特别的你",才能打动顾客。推销的艺术,在很大程度上就是针对顾客的不同心理作适当说明的艺术。典型例子中的林方生从初出道时的漫无目的,到后来深谙此道,展示了营销人员在营销中个体心理的成长过程及其对营销活动的促进作用。

营销人员是营销活动的发起者和推动者。营销人员的个体心理特征及其与营销活动的关系分析,对于研究如何改进营销活动有根本意义。本章首先揭示营销人员个体心理过程与营销行为之间的关系,然后分析营销人员的需求与动机以寻求改进营销人员工作状态的途径,最后探讨营销人员需要具备的包括态度、兴趣、能力、性格、气质等在内的个性心理品质特征,以及如何培养这些个性心理品质。

基本理论

10.1　营销人员的心理过程与营销行为

10.1.1　营销人员的感觉、知觉与市场开拓

10.1.1.1　营销人员的感觉与市场开拓

营销人员的感觉是营销人员凭借自身的感觉器官,对消费者的消费行为的表面的和个别特征的直接反应。感觉作为一种初级意识形态,便于营销人员和消费者在这个层次上达成共识,也为营销人员把握消费者的初级意识活动提供了契机。一般来说,多数消费者购买商品或

服务首先是由于感觉的诱导，其次才会通过知觉、思维等高级意识形态来决定是否进行消费，甚至很多消费者并没有使用高级意识形式的习惯。因此，营销人员必须让自己的感觉追随消费者的感觉，使它们产生共鸣，在此基础上才可以让自己的知觉引导消费者的感觉，最终达成交易。

营销人员的感觉在这里是首要的。如果没有敏锐的感觉，营销人员将会失去与消费者的感觉进行"对话沟通"的机会，从而失去潜在的客户和市场。1999年国庆节期间，全国居民国内旅游人数为4 600万人次，旅游花费约141亿元；北京、上海、沈阳、天津、厦门、大连的九家商场1999年10月1～7日销售统计显示，实现销售总额3.56亿元，比1998年同期增长32.64%，比1999年9月增长54.87%。面对如此巨大的商机，能够预测到"假日经济"并采取了相应举措的商家还是少数，事先周密策划的商家更是凤毛麟角。绝大多数商家还是在从事"清仓"活动，那些老面孔商品难以令越来越挑剔的消费者驻足购买。为什么如此无穷的商机我们的企业没有把握住呢？答案是显而易见的，企业的营销决策者们对此感觉不到，那就更谈不上直接反应、积极行动了。

任何促进销售的手段，只有较好地诉求于顾客的感觉，才有可能达到预期目的。没有感觉就不能有知觉、思维，没有知觉、思维就不能形成一系列复杂的心理过程。对于商品价格，消费者很敏感。有时工商企业为了推销商品而降价出售，降价幅度对消费者而言就是个刺激信号。对此，营销人员必须考虑到消费者的感觉阈限。降价幅度过小，刺激强度不够，消费者不会踊跃购买；降价幅度过大，消费者会心存疑虑，怀疑商品是否存在着重大的缺陷，亦不敢贸然购买。所以，营销人员对商品降价幅度要有很好的感觉预期。另外，在销售现场，要求营销人员的感觉灵敏度要有一定的界限。如果营销人员感受性过高，则容易伤感或激动，对销售工作无益；反之，亦然。同时，营销人员只有具备了一定的心理承受能力，才能在与难对付的客户打交道中保持"平常心"，以顽强的毅力做成买卖。

10.1.1.2 营销人员的知觉与市场开拓

营销人员的知觉是营销人员的大脑对直接作用于他们感觉器官的消费行为的整体反映。"意象"一词用以表示持久的知觉。每个人对自我都会有一个意象。通常，把人的自我分为实际和理想两类。前者是指具体存在的实体；后者是指希望达到的自我。一般而言，理想的自我比实际的自我更可能与购买行为有关。因为，购物者可能会把购买商品的过程看成理想的自我表现过程。因而，在购物活动中，消费者都会购买与理想的自我意象相一致的产品，而回避那些不一致的产品。

在营销活动中广泛应用知觉的特点和规律进行营销和宣传活动，是对营销人员更高层次的要求。这要求营销人员首先要对产品对消费者生活的影响有总体把握，能够向消费者展示该产品与消费者生活有机融合的整体效果，令消费者产生消费冲动。知觉的选择性特点要求企业在对商品的宣传上应注意符合人的知觉规律，以免被消费者的选择所忽略。知觉的理解性要求商品的宣传以能被消费者尽量理解为前提，以便为消费者的认识奠定基础。知觉的整体性表明，具有整体形象的事物比局部的、支离破碎的事物更具吸引力和艺术感染力。例如，一幅宣传微型录放机的路牌广告图，画面上是一个秀发披肩的年轻女孩，身着运动衫和牛仔裤，骑着新潮彩车，头戴耳机，腰间挂着微型录放机，在春风和煦、绿树摇曳的背景中，微笑着徐徐前行。录放机在画面中所占比例很小，但它把录放机与人们生活的关系跃然纸上，它可以减轻疲劳，提高情趣，陶冶情操，收到了高雅不俗的效果。这幅广告画面运用知觉的整体性和理解性原理,恰到好处地画龙点睛,此处无声胜有声,巧妙利用知觉进行营销。

此外,建立在感觉基础上的知觉有助于发现和开拓新的市场。在四川省某地,一到秋天,常常有当地农民报修洗衣机,技术人员在维修时发现,大多数故障是因为农民使用不当引起的。原来,当地农民为了图方便,就用洗衣机洗地瓜,这才造成了洗衣机常常堵塞。针对这一情况,"海尔"服务部认为,应该加大力度宣传,避免农民用洗衣机洗地瓜,否则将大大增加服务工作。如若消费者因使用不当而导致洗衣机损坏,"海尔"的服务维修应该收费。然而针对这件事,"海尔"的总裁张瑞敏却有不同的看法,他认为,既然消费者用洗衣机来洗地瓜,说明有这种需求存在,我们的技术人员应该想办法从技术上进行突破,看看有没有办法研发一种既能洗衣服,又能满足洗地瓜要求的洗衣机。于是,"海尔"对产品进行部分改造,使其能够承载洗地瓜的需求。随即,在当地推出了"地瓜"洗衣机,结果一投放市场就大受到当地农民的欢迎。在本例中,"海尔"服务部没有从消费者的感觉出发考虑问题,只是出于自身经营的便利而提出直接的处理方案,而张瑞敏则从消费者的感觉出发,感受到消费者的切实需要,并通过技术改进满足消费者的实际需求,最终改进技术设计并开发了新产品和开拓了新市场。这种让自己的感觉追随消费者感觉并依靠知觉等高级意识形态解决问题的做法,反映了张瑞敏扮演营销人员的角色是成功的。

10.1.2　营销人员的学习、记忆与商品知识

营销人员具备商品知识的数量与质量,直接关系到营销活动的成败。学习、记忆对营销人员知识的积累有着重要的意义。营销人员作为企业的窗口行业工作者,他们的言谈举止无时无刻不在消费者的视觉范围之内。营销人员掌握营销活动相关知识的程度,特别是对于企业所生产经营的商品及其所提供的服务了解的程度,对相关产业、替代产品、竞争对手的营销策略掌握状况,对自身企业文化和历史的理解程度等,不仅关系到他们每一次营销活动的成败,而且对企业形象的建立、维系至关重要。在脑海里建立起营销知识框架是成功地开展营销活动的基础。营销人员知识框架的建立是一个坚持不懈、持之以恒的学习过程,来不得半点松懈。学习仅仅是营销知识建立的起点,而记忆则是营销知识不断强化的过程。不断的记忆,形成了良好的积累与持续的更新,使营销人员的知识结构能够适应不断变化的市场环境。

营销人员要有以下各方面知识的充分准备:

(1) 商品知识。营销人员应该掌握基本的商品知识,了解商品的性能、用途、用法、特点、定价策略、维修、管理程序、竞争产品、本产品的寿命周期等。

(2) 本企业的相关知识。要熟悉企业的发展历史及其在同行业中的地位、企业的规模、经营方针和规章制度以及企业的销售政策、定价策略、交货方式、付款条件、售后服务项目等有关方面的销售知识。

(3) 市场知识。营销人员应了解和掌握市场营销学的基本原理,所售商品的市场占有率,现实顾客的实际情况,潜在客户在何方,潜在销售量有多大,有关市场的政策、法规等。

(4) 理论知识。要了解有关的社会学、心理学、行为科学知识,要注意掌握消费者购买心理等知识,善于针对不同类型的顾客提供不同的服务。

营销人员要向顾客宣传介绍所售商品,就必须了解商品,使自己成为"内行"。作为营销人员,关于商品的知识愈丰富、愈全面,在工作中就愈主动,愈能取得顾客的信任。为了做到这一点,营销人员必须保持终身学习的习惯。在今天这个终身学习的时代,营销人员肩负着传播产

品和企业信息、新的生产生活理念的重任。处处留心皆学问,营销人员是企业经营过程中与外界交往最频繁、接触人群最广泛的工作者,这些与外界广泛的接触机会都成为营销人员学习知识的契机。

心理学研究表明,记忆包括识记、保持、再认和回忆四个环节。识记是人们为获得对客观事物的深刻印象而反复进行感觉并形成知觉的过程,即记住。在营销活动中,营销人员就是利用视觉、听觉和触觉去认识消费者和商品,在大脑皮层建立起消费者和商品之间的联系,留在自己的脑海里,作为开展营销活动的参照系。保持就是巩固已经识记的知识和经验的过程,使识记的材料较长时间地保留在脑中。营销人员把在识记过程中建立起来的消费者与商品诸要素之间的联系,作为经验储存在脑中,就是保持的过程。再认是指过去感知过的事物重新出现时感到熟悉,从而确知是以前感知过的过程,如曾听过的乐曲,再听到时能听出是以前听过的就是再认。回忆是指以前感知过的事物不在眼前,但能把对它的反映重新呈现出来的过程。营销人员在目前的营销活动中,为了进行比较往往在脑海中重新呈现曾经见过或自己使用过的营销手段,就是回忆过程。以上四个环节是紧密相连,又相互制约的。识记和保持是再认和回忆的基础,再认和回忆既是识记和保持的结果,也是强化识记和保持的催化剂。这些功能可以帮助营销人员对自己的产品特性和作用更清楚地记忆,并讲述给消费者,令其产生购买冲动。

10.1.3 营销人员的情感与商品推销

有人问乔·吉拉德卖什么,他说,那是全世界最好的产品——独一无二的乔·吉拉德。要把自己销售出去,面部表情很重要:它可以拒人千里,也可以使陌生人立即成为朋友。笑容可以增加你的面值。当你笑时,整个世界都在笑。一脸苦相没有人愿意理睬你。可见,营销人员的情感对于营销关系的建立非常关键。

情绪与情感,是指一个人对一定事物所持的态度的体验。情绪是与有机体生理需要是否得到满足相联系的体验,往往是由当时特定的情景引起的。一旦情景改变或消失,情绪也会很快消失,故有较大的情景性。而且在强度上比情感强烈,有较明显的外部表现和较大的冲动性。情感是同社会性需要是否得到满足相联系的体验,是在人们的社会实践中,在一定的社会历史条件下形成的。情感是有社会历史性的高级的态度的体验。由于情感与社会实践活动的内容有着密切的联系,因此,有较大的稳定性和深刻性,而很少有冲动性。

营销人员的情感活动是营销人员在从事营销活动中,对营销活动的目标、方式、结果是否符合自己需要而形成的态度体验,是对营销活动的一种好恶倾向。情感活动源于一定的客观事物,离开了客观事物,情感活动是不能产生的。由于营销人员劳动的特殊性,他们所面临的营销活动中的客观事物是复杂多变的,因而营销人员的情感活动也是不同的。例如,消费需求与社会生产的矛盾、购买行为与销售方式或服务质量的矛盾等等,都有会引起现象或购买行为等事物不断地发生新的变化,各种事物的特点以及事物与营销人员之间所存在的关系的不同,必然引起营销人员对这些事物抱有不同的态度,形成不同的情感活动。不同的情感会引起不同的营销活动,或使营销活动积极,或使营销活动消极。情感丰富是心理活动高度发展与多方面发展的必要条件。强烈而深刻的积极情感,一方面,可以推动营销人员进行有益于消费者的各种经营活动;另一方面,又可以反射给消费者,使买卖双方建立起更加融洽的气氛。

情感影响人的心理和行为,营销人员的情感对于个体营销心理与行为非常重要。为了保

证个体情感对营销行为和效果产生积极影响,营销人员应具备以下四方面的条件:

(1) 要有良好的情感倾向性。情感倾向性是指一个人的情感指向什么和为什么引起的。营销人员良好的情感倾向,应指向全心全意为顾客服务,应与"两个文明"建设的宏伟目标相一致。在营销活动中,营销人员应关心、热爱、尊重顾客,一切为顾客着想,真正从职业意识上认识到"顾客永远是对的"。

(2) 要有深厚的情感。深厚的情感是指与真正理想、信念、人生观紧密相联的情感。有浓厚情感的营销人员都是情感倾向性高尚的营销人员。他们的热情服务是能够通过营销活动表现出来的。

(3) 要有稳定而持久的情感。稳定而持久的情感是指与情感的深厚联系在一起的,并在相当长的一段时间内不变化的情感。这就要求营销人员要把积极的情感稳定而持久地控制在对工作的热情上,控制在为顾客服务上,对工作的热情应持之以恒,对顾客要始终如一。

(4) 要有较高的情感效能。情感效能是指情感在人的实践活动中所发生作用的程度。它是激励人们行为的动力因素。一般来说,情感效能高的营销人员能够把任何情感转化为积极学习、努力学习的动力。所以,为了主动、热情、耐心、周到地搞好营销工作,对营销人员的情感效能的要求要高一些。

在营销实践中,当消费者在购物时表现出情绪不佳,对商品和热情的接待服务漠不关心时,营销人员充满耐心,须知顾客总是对的,对待"上帝"要毕恭毕敬,才能使顾客乐意把钱留在商店里。营销人员接待客户代表时,如果当时情绪处于低谷或过激,买卖就存在潜在的危险,因为情绪会传染给对方或激怒对方。这时,营销人员要竭力控制自己的情绪,说话要委婉,表情要自然和谐,不能盛气凌人或讽刺挖苦对方,要进行自我心理调节,用"逆情思维"方法能收到一定效果。

10.1.4　营销人员的意志与营销目标

意志是人自觉地确定目标,根据目标支配与调节自己的行为,从而达到预定目标的心理过程。意志对于营销人员来讲具有特殊的意义。推销是一项艰难的工作,整日奔波劳碌,经常会遇到意想不到的阻力和挫折:激烈的竞争,瞬息万变的市场,严厉的拒绝,冷嘲热讽,怀疑冷落,拒之门外,无理要求等,如果没有坚忍的意志力,很难战胜推销工作中的种种困难。乔·吉拉德就是一个典型,他早年工作生活屡遭挫折,但百折不挠的意志使他坚持做下去,最终取得辉煌成就。日本著名推销员齐藤竹之助在 57 岁那年开始从事推销生命保险工作,7 年后荣登日本推销第一,6 年后又以年签订 4 988 份合同创下了世界纪录。他曾向五十铃汽车公司开展企业保险推销,这家公司一直以不交纳企业保险金为原则。该公司的总务部长作为他的访问对象,始终不肯见面。齐藤竹之助仍不停地拜访,两个月后终于获得一个见面机会,见面后谈到一半,总务部长就以"这种方案不行"拒绝了他。次日早晨,齐藤竹之助把新的销售方案和参考资料交给总务部长,对方以"本公司有不交纳保险金的原则"为由再次拒绝了他。此后,齐藤竹之助开始了长期艰苦的推销访问,前后大约跑了 300 次,持续了 3 年之久,每次,他抱着厚厚的资料,怀着"今天肯定能成功"的信念,不停地奔跑。就这样过了 3 年,终于成功地完成了这笔盼望已久的业务。可见,顽强的意志是营销人员战胜一切困难的法宝。

营销人员的意志活动是企业营销人员自觉地确定营销目标而有计划地组织自己的行动、克服行动中的各种困难的心理过程。营销人员的意志活动的特殊作用在于能自觉努力地确定营销目标,并保证营销目标的实现。意志活动的能动性与制约性的相互作用,推动营销人员心理的发展和变化。其中,意志活动的能动性推动营销人员朝着营销目标前进;意志活动的制约性使营销人员克服各种障碍,服从营销目标的需要。

营销人员的意志力一般表现在五个方面:

(1)意志的自觉性。一个优秀的营销人员对自己行为的目的有明确的认识,千方百计实现推销目的,不会轻易改变自己的目标。

(2)意志的果断性。善于分辨真假和权衡利弊,采取措施当机立断,决定取舍义无反顾。

(3)意志的坚定性。在推销活动中遇到困难和挫折,能够承受沉重的心理负担和社会环境的压力,坚忍不拔,坚持不懈地努力,一计不成,又生一计,变不利为有利,不达目的,绝不罢休。

(4)意志的自制性。在不利的环境中,善于控制自己的情绪和行为,要做到"无故加之而不怒,猝然临之而不惊",我行我素,按既定方针办事。

(5)意志的科学性。在发挥意志的作用时,能够遵循事物的客观规律,不超越客观条件许可的范围,将精力投放在那些无法办到的事情上。正确地对待自己,充分发挥个人的主观能动作用。

营销人员具有明确行动的觉悟性,就有明确的努力方向与营销目标,在营销活动中就能自觉地以实际行动为之奋斗,即使遇到挫折与障碍,也毫不动摇,从而保证营销活动目标的实现。营销人员具有决定行为的果断性,就能够快速处理营销活动中出现的种种问题,提高服务质量,面对复杂问题能迅速作出合理决策,提高企业的竞争力。营销人员具有自制性就能够做到在任何条件下自觉地发扬个性的积极性,以职业道德和经营目标约束自己,从而出色地做好各项营销工作。营销人员具有保持行动的坚持性,就能保持符合企业营销目标的行动方式及其情感状态,长时间内克服来自内部与外部的因素干扰,坚决完成各项有助于实现企业经营目标的具体任务。

10.2　营销人员的需求与动机分析

10.2.1　营销人员的心理需求及其满足

营销活动一方面是销售商品、提供服务的过程;另一方面又是与人交往的过程。营销交往既可使人产生愉悦和满足,又可以使人产生烦恼和不快,这主要是由营销交往的二重性决定的。一方面,营销交往是一项生动活泼、内容丰富的活动。这一交往过程,除传递物品、提供服务外,还能给营销人员带来许多良好的心理感受和体验。因为,每销售一件商品,每提供一种满意、周到的服务,营销人员都能体会到自己在营销活动中扮演的角色,从而产生一种事业中的成就感。同时,在这种交往过程中,还能不断提高和发展他们的观察力、随机应变能力、自制力和一系列可贵的品质,从而使其整体素质得到提高。这正是人们从这项工作中获得愉快和满足的原因。另一方面,营销交往还具有和其他交往过程不同的特点,对于这些特点如果认识不清或处理不当,则会造成许多烦恼和不快。

营销人员的心理需求一般职业工作者的心理需求既有共性,又存在差异。作为一名职业工作者,营销人员渴望自己的营销工作能够卓有成效,从而使其收入获得增长或者职位得到提升,得到同行或者社会的认可和肯定,并最终达到自我实现的心理满足。企业营销管理战略中应引进竞争机制,激发营销人员的营销能力。首先,企业需要为营销人员制定能够实现且不太低的营销目标,保证营销人员在实现既定目标的前提下,永不满足,追求卓越。其次,企业要不断引入有洞察判断力、递进运行能力和竞争能力的营销人员,迫使现有营销人员产生压力,从而产生动力,发挥营销潜能。再次,企业必须不断且适时地提供在递进、分步实施中有竞争力的产品,使营销人员在营销活动中有高质量的"硬货"做后盾。最后,企业需要为营销人员提供递进竞争的持久的动力机制。如同发动机不能缺乏燃料一样,营销人员也不能没有动力。动力机制不能仅仅理解为物质奖励。诚然,物质奖励是不可缺少的,如奖金、住房等,但精神奖励也十分重要,有时甚至超过物质奖励。企业的领导和管理人员要尊重营销人员的劳动,把他们看作企业的英雄,使他们体验到荣誉感的激励作用,然后转化成鞭策自己前进的动力。

营销人员作为专门的营销工作者,有其自身所特有的心理需求。营销人员的特殊心理需求主要表现在与工作对象交往或者营销活动中,大致有以下几方面:第一,希望消费者购买其所销售或营销产品的心理需求;第二,希望消费者认同其所代表的企业或者产品的心理需求;第三,希望与消费者建立长期合作关系的心理需求。这些需求中最容易被营销人员具备和被消费者认识到的是第一种心理需求,另两种需求则是由第一种心理需求派生出来的,也是不容易为营销人员所具备和被消费者所认识的。希望完成产品销售的心理需求迫使营销人员努力寻找顾客,建立顾客档案,设法激发顾客的购买欲望,抓住良机促成交易。这种心理需求程度的强弱,决定着营销人员意志力的强弱。成功的营销人员都有强烈的销售产品的心理需求,并派生出百折不挠的意志。希望消费者认同其所代表的企业或者产品的心理需求较之第一种心理需求更深一层,这种心理需求迫使营销人员积极向消费者宣传本企业的其他产品乃至企业自身的良好形象。消费者只有对企业及其产品产生深度认同,才会在实施购买行为时义无反顾,并在决定新的购买行为时优先考虑该企业的产品。希望与消费者建立长期合作关系是任何一个有远见的或者有长期打算的营销人员的正常心理需求,虽然这种需求并不常见,也并不被消费者认识到。这种心理需求会促使营销人员设身处地为消费者的长久利益考虑,思考消费者或客户的发展方向,甚至帮助他们达到目的,从而更容易获得营销对象的认同感并达成交易。这种心理需求要求营销人员不仅仅把市场营销看作一种销售产品的行为,而是看作一种经营人际关系的行为,并为出现新的商机和保持长久的交易提供一定的保障,从而在无形中增加营销活动价值。

当然,营销人员潜意识里对消费者的希望是礼貌、耐心、通情达理、不挑剔,担心的是粗鲁、暴躁、优柔寡断、自命不凡、不领情、挑剔和经过反复挑选不买等。这些潜意识形成营销人员对消费者状态的一种需求。虽然这些需求的满足并不以营销人员的意志为转移,却可以在营销人员的影响下发生一定变化。因此,营销人员应当抓住机会,改善消费者的具体观念,使之有利于交易达成。

10.2.2　营销行为的动机分析

乔·吉拉德这位世界顶级推销员曾说,每当有人路过他的办公室时,他都有一种向别人推销汽车的冲动,而且很清楚这种冲动的根源在于"我的钱在你的口袋里"。这种表述虽然很赤裸,但它真切地揭示了一个顶级推销员的精神状态,尤其是强烈的推销动机和赚钱需求。同样是这位推销员,去见到人时总是习惯地将左手伸进口袋去拿名片,在看体育比赛时会抓住时机向欢呼的人群抛撒自己的名片,在饭店吃饭时会多给一点小费并附上两张名片,以推销自己。这种强烈地推销自己和自己产品的动机及其行为,促成了这位顶级推销员的成功。这反映出营销人员行为动机与营销行为效果的正相关关系。

营销人员的动机在这里界定为其工作,即营销行为的动机。营销行为是由营销人员主动发起的推介、销售、宣传产品、服务乃至企业形象等一系列活动的总和。因此,营销行为的动机主要是由营销人员的心理需求引发的。营销行为实质上是双方的心理与行为相互作用的过程,效果不仅取决于消费者的心理状况,而且在很大程度上取决于营销人员的个性心理倾向。如前所述,人的个性心理倾向主要是人们形成需要、动机、兴趣、信念、理想和价值观等所表现出来的不同倾向和取向。营销行为目的性非常明确,因此营销人员在营销行为中表现出来的个性心理倾向,主要由营销行为的动机决定。

根据营销人员的心理需求,营销动机可以表现为销售产品的动机、宣传企业的动机、建立关系的动机等。这些动机根据营销人员个体的目标高低不同和追求营销业绩的精神状态差异,可以表现出强弱不同的变化。一般而言,如果营销人员对自己的营销目标没有很高要求,甚至得过且过不思进取,那么其销售产品、宣传企业或者建立关系的动机会较弱,如持事不关己型态度的营销人员。如果营销人员比较关注营销业绩的实现,从而比较迫切希望达成交易,就会表现出强烈的销售产品或宣传企业的动机,如持强硬营销导向型态度的营销人员。

人的活动是受自身的动机调节和支配的。强烈的动机可以指引并维持人们向着某一特定目标行动。面对每一个潜在的顾客,营销人员就是企业的代言人,要审慎地对待每一次机会。在销售过程中,营销人员会遭遇各种各样的阻力,这就要求他必须有坚忍不拔的毅力、强烈的动机和进取精神,才能走向成功。具体有:

(1) 动机的自觉性,是指一个人在行动中具有明确的目的性,并充分认识行动的社会意义,使自己的行动服从社会环境的要求。营销人员的自觉性品质既表现在他对营销行动动机合理性和社会意义的自觉认识上,也表现在坚决实现营销目的而具有的合理态度和自觉行动上。它是营销人员产生坚强意志的精神支柱。

(2) 意志的顽强性,是指一个人能以充沛的精力和坚忍不拔的毅力克服一切困难和挫折,为实现既定目标始终坚定不移。营销工作会遇到各不相同的人和事,经常遇到困难和麻烦。营销人员必须具有顽强品质,能够经受长期困难及心理和生理紧张度的磨炼,遇到任何困难不会气馁,遇任何挫折不会灰心。顽强的意志必定以强烈的动机为基础,因而营销人员要保持自己的顽强意志就必须强化自己的行为动机。

(3) 行动的果断性,是指人在选择目标和执行决定过程中能够迅速和坚决地进行决断。强烈的动机有助于促成果断的行动,微弱的动机则容易使行动迟缓。一个具有果断品质的人,总是以自觉性和深思熟虑为前提,以大胆勇敢为条件。有胆有识、处事果断不仅表现在个人执行决定的正常活动中,善于观察事物的发展变化,收集、掌握和分析处理信息,迅速而坚决地作出决定,而且能够根据情况的变化和社会的需要,立即停止或改变已经执行的决定,毫不犹豫地作出新的决定。这必然要以营销人员具有强烈的行动动机为前提,否则营销人员不会注意观察市场发展变化、收集分析处理市场信息,更无法作出果断的决定。营销人员如果不具备果断性品质,就会在交际时间短、交际程序简单的营销活动中坐失良机;如果缺乏强烈的营销行为动机,则很难形成果断有效的行动。

10.2.3 营销人员与顾客互动心理分析

市场营销活动中,消费者任何消费行为的客体都是商品和劳务,或者是两者的结合。市场的多变性与人们个体的心理差异又会使这一活动的进行具有随机性与动态性。主客双方在沟通过程中难免会出现这样或那样的矛盾,而矛盾的解决又必须借助于沟通。对营销人员与顾客互动心理的研究,将有助于提高营销人员的服务水平和能力。

营销人员和消费者在交往过程中会表现出不同的态度。这种在偶然、短暂的营销交往过程中所表现出来的态度,可以看作是交往双方主动程度和情绪水平的结合,主要有四种情况。(参见 9.2.2 营销者与消费者的相互作用)

营销过程要经过引起注意、发生兴趣、激发欲望、促成交易等几个不同的发展阶段。尽管这几个发展阶段的分界线并不是很明显的,每一阶段都有其心理活动过程。在进行业务洽谈的时候,如果顾客表现主动,发挥着积极的作用,那就不需要通过说服工作来唤起顾客的兴趣,顾客自然会全神贯注地倾听销售人员谈话。这种情况经常发生在零售商店。如果顾客只是到商店闲逛,并不准备买什么东西,销售人员就必须发挥积极的作用以唤起顾客的购买兴趣。

无论在营销过程的何种阶段,营销人员都必须认真倾听消费者的需求和意愿,但不能走入顾客导向型心理误区,必须有足够的自信宣传自己所营销的产品和所代表的企业。营销人员一定要相信自己所营销的产品,要相信自己所代表的公司,相信自己的营销能力。营销业务的"成交"是产品、公司和营销人员三要素综合作用的结果。为此,营销人员在营销过程中要做到以下几点:

(1) 相信自己所营销的产品。公司及其各种职能部门要向营销人员介绍有关产品的各种资料,使营销人员对本企业产品有全面、深刻的了解。同时,还应把所营销的产品同竞争产品相比较,看到自己产品优于竞争产品之处,更加相信自己的产品,热爱自己的产品。据有关资料统计,有 20% 的营销人员是成功者,他们对自己的产品有信心,有正确的认识;有 20% 是标准的营销人员,他们能积极宣传本企业产品的长处;还有 60% 的营销人员得过且过,他们根本谈不上对自己的产品信任和热爱,只是不得已而营销之,这就是所谓的"二、二、六"法则。当然,宣传产品的优点应实事求是,而不是将伪劣产品乱吹一通。

(2) 要相信自己所代表的企业。相信自己所代表的企业这一点非常重要。有了这种信任,营销人员在工作时就会充满信心,并以自己的企业和产品为豪,营销时也就会更有激情。营销人员和企业的全体职工要共同创造企业的商业特征,树立企业的形象;创造企业的个性,树立企业的声誉;创造企业的成功,激发顾客的购买动机和欲望。

(3) 营销人员要相信自己。营销人员要相信自己是一名合格的营销人员,对每一次产品营销都有必胜的信心;要相信自己的辛勤劳动会取得成功,相信自己从事的营销工作在经济发展中具有重要作用。营销人员保持自信心的一个常用方法是:不在营销失败的时候放弃,但可以在营销成功的时候停手。若能常常回忆自己的成功,则能增加自信心。

营销人员在营销过程中,必须掌握和消费者心理沟通的方法。在营销活动中,购销双方产生分歧,发生纠纷、矛盾、冲突都是不可避免的,而发生纠纷、矛盾、冲突后如何正确处理,才是关键所在。怎样通过营销人员的积极努力,大事化小、小事化了,使营销活动顺利开展,购销双方的利益在大家的共识的前提下都得到充分的保障。因此,如何进行有效的心理沟通,就成为营销人员的基本任务,根据消费者心理活动的特点,营销沟通的途径和方法有以下几种:

（1）以消费者的基本需要为契机，架起买卖双方沟通的桥梁。营销人员应根据不同消费者的不同消费需求，制定不同的营销组合策略，开展有效的营销活动，以达到事半功倍的效果。

（2）寻找双方的共性，不断磨合，减少双方的心理差异。作为营销人员要设身处地为消费者着想，进行换位思考，缩小彼此的心理距离。营销人员要注意对消费者的积极引导，开展消费者教育活动，对消费者的消费行为进行诚心诚意的引导，使消费者的消费意识不断得到强化。

（3）利用"心向"作用原理实现买卖双方的心理沟通。心向是指人们在思考问题和处理问题时都会带有一定的倾向性、专注性和趋向性。营销人员在宣传产品时必须考虑消费者的心向作用，克服其可能存在的抗拒倾向，使其积极接受营销人员所做的各种宣传和营销活动，主要方法有：① 设置恰当的宣传情景，使人们在愉快的情绪体验中减少防卫机制的作用，不自觉地接受营销者的宣传。② 利用调动情绪和启迪理想相结合的方法建立和巩固消费者对组织的信赖。为了在较短的时间内吸引消费者，需要营造热烈的气氛，以调动消费者的情绪认同。为了培养消费者稳固的消费倾向则需要用启迪理性的方法，如广告策略的制定强调广告上的人物和情境要适宜购买者"自我卷入"，其实质就是让购买者的态度更容易受广告中人物的影响。例如，威力洗衣机的广告，即通过在城市工作的青年人给生活在农村的母亲送去洗衣机的情意，来感染消费者，暗示消费者应像广告中的人物一样，送洗衣机给远在家乡操劳的母亲，同时，建立起对这一品牌洗衣机的喜爱态度。③ 适当地以社会舆论来引导消费者，以使其自觉缩小与营销人员的心理差距。

应该看到，要实现营销目标，需要营销人员和消费者加强心理沟通，他们之间的真诚合作，是营销活动走向成功的必由之路。而这一切的最终实现，还取决于营销人员心理素质的提高，只有具备良好的营销个性心理，才能使营销沟通过程变得更加积极和自觉，也才能使营销活动沿着健康的道路前进。

10.3　营销人员的个性心理品质及培养

营销人员的个性心理品质是营销人员在一定的生理基础上，在一定的社会历史条件下，通过营销发展起来的，带有倾向的、本质的、比较稳定的心理特征的总和。它体现营销人员个体的独特风格、独特心理活动，以及独特行为表现，包括营销人员的态度、兴趣、爱好、能力、气质、性格等许多方面。上述个性心理特征对营销活动产生着深刻的影响，掌握它们的发展变化规律是成功地开展营销活动的必要条件。

10.3.1　营销人员的态度

态度是指一个人对某些事物或观念长期持有的好与坏的认识上的评价、情感上的感受和行动倾向。态度导致人们对某一事物产生好感或恶感。营销人员的工作态度对其业务活动会产生重大影响。彬彬有礼地与消费者、顾客、客户打招呼，耐心细致地介绍商品，诚恳交换意见都会使消费者、顾客、客户产生好感，亲切友好的态度会形成融洽的气氛。恶劣的服务态度会使消费者、顾客、客户反感，破坏营销人员和企业形象，使企业丧失市场机会。

营销人员在进行营销时，面临着两种问题：① 自己如何赢得顾客的欢迎，与顾客建立良好的人际关系。② 商品如何满足顾客的需要，说服顾客购买，达成商品交易。在营销过程中，不同的营销人员对这两种关系重视的程度不同,于是形成不同的心态。布莱克和蒙顿的营销方格把营销人员的心理态度分为五个基本类型。

第一,事不关己型。事不关己型营销人员对顾客的关心程度和对销售的关心程度都很低,既不关心营销对象也不关心自己的营销业绩。这种类型的营销人员没有工作责任心,对自己的营销工作没有成就感,对顾客的需要毫不关心。在营销过程中,对顾客购买没有丝毫的促进作用,有时还会影响销售。这种心理态度主要是由于营销人员缺乏进取精神或营销人员所在公司没有严格的管理制度造成的。

第二,顾客导向型。顾客导向型营销人员对顾客很关心,而对销售却不关心。这种类型的营销人员处处迁就顾客,十分注意营销活动中的人际关系,以建立和保持与顾客的良好关系作为自己的营销目标,却不考虑营销工作的实际效果。他们有时能够做成生意,但假若相关人员退休或者调离客户单位,便失去了这些客户。这类营销人员之所以不能成功,可能是由于过于软弱,甚至迁就顾客造成的。

第三,强硬营销导向型。强硬营销导向型营销人员对销售十分重视,而对顾客却漠不关心。具体表现为千方百计地说服顾客购买,积极主动地开展营销活动,发动心理攻势,有时还对顾客施加压力。这类营销人员不了解顾客的实际需要和购买心理,忽视人际关系在营销中的重要作用。他们的成就感太强,可能一时能获得成功,却很难与顾客保持长久的合作。

第四,营销技术导向型。营销技术导向型营销人员既关心营销效果,也关心顾客,把营销工作作为技术来研究,工作作风踏实,有较强的交往能力和较强的营销技巧。他们往往只注意顾客的购买心理,而不考虑顾客的实际需要,常常费尽心机说服某些顾客购买他们实际上并不需要的商品。这种类型的营销人员可能是比较称职的,但难以成为营销专家。

第五,解决问题导向型。解决问题导向型营销人员不仅关心营销效果,而且对营销工作的实质有明确的认识,掌握现代营销技术;不仅关心顾客,而且能够切实满足顾客的需要。这种类型的营销人员把营销作为一项事业,有积极主动的工作热情,又有刻苦钻研的精神。他们能够把自己的营销与顾客的实际需要巧妙地结合起来,把商品交换关系与人际关系艺术地融为一体。按照现代营销观念考察,这种类型的心理态势是最佳心理态势,这种类型的营销人员是理想的营销专家。他们牢记自己的职责,也不忘顾客的实际需要,知己知彼,不屈从于人,不强加于人,能够通俗易懂地说明营销商品的优点及其给顾客带来的利益,取得营销的成功。当然,营销人员要达到这种水平,并不是一件易事,需要掌握营销理论并不断总结实践经验。

10.3.2　营销人员的兴趣

乔·吉拉德说,有的销售员回到家里,甚至连妻子都不知道他是卖什么的。从今天起,大家都不要再躲藏了,应该让别人知道你,知道你所做的事情。乔·吉拉德说,成功的起点就是热爱自己的职业。营销职业是个苦差事,但也有自己的欢乐,关键是营销人员必须找到自己的兴趣所在。

营销人员的兴趣是在需要的基础上产生和发展的,是企业营销人员积极探究营销活动以及与营销活动有关的各种事物的认识倾向。兴趣反映企业营销人员的活动倾向。如果企业营销人员对与企业营销活动有关的一切活动产生兴趣,那么就会经常关心,积极收集有关信息,并想方设法寻找更好的方式去从事该项活动。培养企业营销人员对工作的兴趣能够使企业营销人员长期保持对工作的积极性,形成创造性的工作态度,对企业营销活动起到积极的促进作用。"兴趣是最好的老师"。对营销工作有浓厚的兴趣,可以增强营销人员开拓进取的勇气,使其在奔波劳累之中乐此不疲,以持久的热情从事推销活动,探索推销的成功之路;可以激发营销人员的超常才能,使其在复杂多变的市场上敏锐地进行思考,不断捕捉成功的机会;可以使营销人员坚定克服困难的意志,使其在遇到困难和挫折时不屈不挠,以乐观的态度战胜困难。

营销职业兴趣不是天生的,需要在其职业活动中自觉地培养。营销人员在培养自己的职业兴趣时,应注意三个问题:

(1) 要培养兴趣的广度。营销工作是一项涉及多方面知识的职业,需要对社会上事物有广泛的兴趣。营销人员广泛的兴趣,有利于获取与营销工作相关的各个方面的知识,从多种角度思考营销工作中的疑难问题,采用各种技巧进行推销活动。

(2) 要有兴趣中心。营销人员的兴趣中心应该是对推销原理与技术的钻研。推销人员是否对本职工作有中心兴趣,决定着他能否把主要精力投入到营销工作中去,把各方面的知识转化为做好营销工作的力量。

(3) 一般兴趣要有限度,中心兴趣要能持久。营销人员在发展一般兴趣时,要选择那些不需要占用很多时间就可以取得效果的,不能本末倒置,影响本职工作的进取;中心兴趣要持久,不能多变,频繁改变自己的专业,也不能浅尝辄止,对专业只知其然而不知其所以然。

10.3.3　营销人员的能力

企业营销人员的能力是指与企业营销人员顺利地完成营销活动有关的心理特征,是企业营销人员从事营销活动的本领。企业营销人员能力的差别,一方面表现在不同的人员在不同的领域存在着不同性质的能力;另一方面表现在不同的人员在相同的领域能力大小的不同。不同的企业营销活动要求营销人员具有不同性质的能力和相应的能力水平。

营销人员应具备以下能力:

(1) 创造能力。营销人员只有具备很强的创造能力,才能在激烈的市场竞争中异军突起,出奇制胜。营销人员应养成独立思考、独立行事的习惯和能力。在营销过程中,创造性地运用各种促销方式,发展新客户,开拓新市场。

(2) 社交能力。现代营销人员应该是开放型的,要敢于和善于与各种顾客打交道,这包括善于和别人建立联系,相互沟通,取得信任和谅解,以及处理各类矛盾的能力;也包括在各种场合可以应付自如、圆满周到的能力。

(3) 观察判断能力。这是指营销人员对市场行情有特殊的职业敏感,善于捕捉市场信息,能眼观六路,耳听八方,见微知著,对市场发展趋势作出正确的判断。吉拉德可以根据顾客开来的旧车的里程表读数和修理店的贴纸判断其对车子的爱惜程度;根据汽车前座及杂物格的推销信、广告册判断其在寻找什么车,得到了什么报价;根据汽车轮胎磨损的情况判断其买新车的可能性;根据行李箱物品判断其兴趣和爱好等。

(4) 灵活应变能力。营销人员应该思维敏捷清晰,快速分析和综合问题;想象力丰富,触类旁通,常在"山穷水尽"之时,找到"柳暗花明"之路。只有这样,才能迅速地察觉客户需求的变化对推销效果的影响,针对变化了的情况,及时采取推销对策。

(5) 对话能力。营销人员应讲求语言艺求。谈话要抓住要领,避免纠缠在冗长的交谈和辩论中。善于抓住适当机会将自己的想法明确告诉顾客。说话应力求条理井然,重点突出,语言风趣明确。同时,要注意学会倾听,在倾听中捕捉对方话语中的关键语句,了解顾客的真实想法,有针对性地进行诱导,激发顾客的购买欲望,促成其购买行为。

（6）决断能力。决断能力主要指拍板、决策能力。一个优秀的营销人员在与顾客洽谈生意时,必须不失时机地作出决断,绝不能优柔寡断。市场行情瞬息万变,机不可失,时不再来,如果不敢于决断,不善于决断,往往会坐失良机。决断能力不是任性、草率,而是在知识、经验的基础上,经过深思熟虑后作出的理智而果断的选择。

10.3.4　营销人员的气质

企业营销人员的气质是企业营销人员典型的表现于心理过程的强度、心理速度和稳定性以及心理活动的指向性等动力方面的特点,反映为其开展市场营销活动的方式。气质虽然不能决定企业营销人员的营销业绩,但却能影响其情感和行动,以及市场营销活动的效率,从而对企业的市场营销活动产生影响。具有不同气质类型的企业营销人员的营销活动方式表现也不同。活泼型的企业营销人员具有明显的多血质气质特征,容易和购买决策者或购买者接近,容易促成购买者的购买;冷静型营销人员具有暧昧的粘液质气质特征,介绍商品比较客观,但与购买者有一定的距离,容易就技术性强、价格昂贵的特殊商品促成交易;温顺型营销人员具有多血质和黏液质的某些气质特征,能够顺从顾客的意见,满足顾客挑选要求;急躁型企业营销人员具有明显的胆汁质气质特征,能主动向购买者推荐商品,工作积极性高;沉默型企业营销人员具有明显的抑郁气质特征,对市场环境变化具有较高的敏感性。

心理学研究认为,人对外部客观事物的认识和把握,总是从感知它的外部形态等要素开始,再逐渐由表及里,认识把握其本质的。在人际交往接触中,尤其是初次接触交往的人,仪表风度是一个重要的刺激吸引因素,这种"第一印象"或"首因效应",往往给人留下这样或那样的心理感觉,并影响此后相互关系的发展。实际上,仪表风度也是展现营销人员气质的重要方式之一。

在营销过程中,营销人员良好的容貌、美观大方的衣着、端庄的姿态和优雅的举止风度,以及热情主动地为顾客服务的情感会直接影响顾客在消费活动过程中的心理活动,关系着消费者的购买行为。营销人员的仪表风度主要表现在体态容貌、服饰衣着、言语表达等方面。

人的体态容貌包括了人的体型、身高、体质、精神气色和清洁卫生等多方面的要素。营业人员的良好体态容貌固然与先天条件有关,但更重要的是通过修饰和修养而获得。营销人员可从职业特点和职责任务的要求出发,通过主观努力,去完善自我形象或弥补自身缺陷,来发挥体态容貌对顾客消费心理的积极作用。

人的个性品格、生活情趣、精神面貌和对真、善、美的追求,不仅反映在他的言谈举止上,而且也体现在他的服饰衣着方面。在营销服务过程中的营销人员要强调突出自身职业的外表特征,要与特定环境相和谐,与接待客户的需要相一致。营销人员的服饰衣着要整洁得体、美观大方,给顾客一个清新明快、干净利落、端庄稳重的视觉印象。

营销人员和消费者之间的沟通,很大程度上是通过双方言语的交流来达到的。言语表达能力的内涵十分丰富,与人的记忆能力、思维能力、想象能力等心理品质有密切的联系。"良言一句三冬暖,恶语伤人六月寒"。营销人员所具有的良好言语表达能力,对于创造和谐的营销氛围、促进营销活动有着重大的影响。营销人员的言语表达要清晰准确、快慢适中,要富于情感、生动形象。此外,营销人员的言语表达要因人而异,随时应变。

10.3.5 营销人员的性格

营销人员的性格是在营销人员的生理素质基础上,在营销活动中形成、发展和变化的,对营销活动态度和经营方式中经常表现出来的稳定倾向。营销人员的性格是营销人员个性心理中最核心的内容,它是决定企业营销人员行为倾向的最重要的心理特征之一。

具有不同性格特征的营销人员在其行为倾向、行为内容方面表现出不同的特点,从而对企业的营销活动产生不同的影响。具有内向型性格特征的营销人员往往难以迅速适应快速变化的市场环境,但却能认真思考营销活动过程中出现的问题;具有外向型性格特征的营销人员往往能迅速适应多变的市场环境,但却难以从中发现市场机会;具有理智型性格特征的营销人员常常能以科学的方法来指导营销实践,但却缺乏适应市场变化的灵活性;具有情绪型性格特征的营销人员在营销活动中常常表现出我行我素的风格,一旦活动内容与营销目标不一致,必将给企业带来重大的负面影响;具有意志型性格特征的营销人员其营销活动目标比较明确,往往对实现企业经营目标起到积极的促进作用。

一般地,营销人员应具有外向型、理智型和意志型的性格特征,这样更利于交易达成和营销业绩的提高。这种性格特征与竞争意识是相匹配的。市场经济的一个重要特点就是竞争。缺乏竞争意识,往往使人丧失持续发展的劲头,在市场经济条件下,维持现状,就意味着倒退;回避竞争,就意味着限制自我发展。商品推销过程中充满了竞争,营销人员要具备强烈的竞争意识,要充分认识到:"在这个世界上,不论要推销什么宝贝,都可能有人在推销和你的东西一模一样的东西"。就如同逆水行舟,不进则退。又好比在竞技场上拼搏一样,你弱一点,傻一点,奖牌就与你无缘。你要成功,必须毫不犹豫、坚持不懈、竭尽全力地去努力工作,力争比你的同行做得更好,并战胜你的对手。物竞天择,适者生存,优胜劣汰,市场经济是残酷无情的。只有具备与市场经济下竞争意识相匹配的性格特征,才能够不断提高营销业绩,成为市场营销中的赢家。

要点重述

营销人员的感觉是其对于消费者的消费行为的表面和个性特征的直接反映。在此基础上,营销人员要运用知觉向消费者展示该产品与消费者生活有机融合的整体效果,令消费者产生消费冲动。

营销人员学习、记忆一定的营销知识,直接关系到营销活动的成败。

营销人员的情感会直接反映在其与消费者的交往中,这些情感表现会影响消费者的心理过程。

营销人员的意志活动是企业营销人员自觉地确定营销目标而有计划地组织自己的行动、克服行动中的各种困难的心理过程。营销人员的意志活动的特殊作用在于能自觉努力地确定营销目标并保证营销目标的实现。

营销人员的心理需求首先具有一般工作者职业心理需求的共性,其次与一般职业工作者的心理需求存在差异。

营销行为的动机主要由营销人员的心理需求产生,表现得相对更为明显。营销人员在营销行为中表现出来的个性心理倾向,主要由营销行为的动机决定。

营销人员与顾客的互动心理过程是一个复杂的心理交互作用并不断反复的过程,营销人员在这个过程中应当掌握主动权。

营销人员的个性心理特征体现在营销人员个体的态度、兴趣、爱好、能力、气质、性格等许多方面。这些因素对营销活动产生着深刻的影响,营销人员应当掌握它们的发展变化规律,并有意识地培养相关个性心理素质。

关键术语

感觉　知觉　学习　记忆　情感　意志　需求　动机　互动心理　态度　兴趣　能力　性格

问题思考

例10.1　美国某个尿布品牌针对妈妈们诉求——"方便"推出其产品,但是最初的市场反响很不好。调查后发现,原来妈妈们的普遍心理是觉得以"方便"作为选择尿布的标准会显得她很懒很不负责任,好像她们只图方便而不是真的关爱孩子——因为真正爱孩子的妈妈是不辞辛劳不会嫌麻烦的。于是,该公司把广告卖点改为"宝宝舒适、开心",结果销售效果奇佳。

思考　试用营销人员的知觉与市场开拓的关系解释上述现象。

例10.2　张丰是个长得很帅的小伙子,身高1.80米,匀称、健康的身材,而且又很注意打扮。每次去见客户时,小张都刻意穿上最好的西装、皮鞋,并注意梳理好头发,其外表令人无可挑剔。但是,他的住所杂乱无章,东西扔得到处都是,地板、桌子上一层灰;外表光洁的公文包里凌乱不堪,塞满了名片、宣传册、通讯录等,样样被压得皱巴巴的。拿出通讯录时,会突然从中飞出纸片、名片等。

思考　请你用营销人员的气质与营销行为的关系分析小张的仪表风度及其对营销活动的影响。

例10.3　一个乡下小伙子去应聘城里"世界最大"的"应有尽有"百货公司的销售员。

老板问他:"你以前做过销售员吗?"他回答说:"我以前是村里挨家挨户推销的小贩子。"

老板喜欢他的机灵:"你明天可以来上班了。等下班的时候,我会来看一下。"

一天的光阴对这个乡下来的小伙子来说太长了,而且还有些难熬。但是年轻人还是熬到了5点,差不多该下班了。老板真的来了,问他说:"你今天做了几单买卖。"

"一单,"年轻人回答说。

"只有一单?"老板很吃惊地说:"我们这儿的售货员一天基本上可以完成20~30单生意呢。你卖了多少钱?"

"300 000美元,"年轻人回答道。

"你怎么卖到那么多钱的?"目瞪口呆,半晌才回过神来的老板问道。

"是这样的,"乡下来的年轻人说,"一个男士进来买东西,我先卖给他一个小号的鱼钩,然后是中号的鱼钩,最后是大号的鱼钩。接着,我卖给他小号的渔线,中号的渔线,最后是大号的渔线。我问他上哪儿钓鱼,他说海边。我建议他买条船,所以我带他到卖船的专柜,卖给他长20英尺有两个发动机的帆船。然后他说他的大众牌汽车可能拖不动这么大的船。我于是带他去汽车销售区,卖给他一辆丰田新款豪华型'巡洋舰'。"

老板后退两步,几乎难以置信地问道:"一个顾客仅仅来买个渔钩,你就能卖给他这么多东西?"

"不是的,"乡下来的年轻售货员回答道,"他是来给他妻子买卫生棉的。我就告诉他'你的周末算是毁了,干吗不去钓鱼呢?'"

思考　试用营销人员与顾客互动的心理分析来解释上述营销行为。

11 营销群体心理

朱新礼和汇源果汁集团

朱新礼，北京汇源集团党委书记、董事长兼总裁。说起"汇源果汁"，不知晓的人恐怕不多。多年来，它的市场占有率、销售收入一直雄踞同行业之首，但说到它的创始人、掌门人朱新礼，名气显然要小得多。这与他一向不善张扬、低调行事的性格有关。

熟悉的人都知道，他审时度势、思维超前。1992年至2001年6月担任北京汇源集团总公司党委书记、董事长兼总裁就毅然辞去令许多人羡慕的铁饭碗，开创中国自己的民族果汁饮料事业。和他共过事的人都知道，他勇于创新、永不满足、淡泊名利、不善张扬，他到底获得过多少奖牌、奖章和荣誉称号，他自己也说不清。见过他的人都有一种感觉，他的衣着打扮、生活习惯太普通了，简直看不出是一个腰缠万贯的大老板。

一个普通的企业家，聚集起一帮普通的人，却成就了一件不普通的事业。"汇源"发展的奥秘是什么。朱新礼说，"汇源"的发展有着诸多方面的原因，但我本人最引以为豪的是我们这个团队的上万名员工。是他们对我的期盼，他们的敬业精神在激励着我、支持着我。如果做不好，我就对不起他们。信赖员工、依靠员工、培养员工、关爱员工是朱新礼办企业成功的真谛。

他一贯倡导把企业办成学习型组织，让员工感到在这里有学头。在"汇源"，设有员工培训中心、文化中心、体育中心、图书报刊阅览室等，常年开设各种类型培训班，确保员工每年都要受到两次以上的培训。公司先后拿出上千万元将数百名干部、技术人员、优秀员工送到国外考察、学习。"汇源"每月一次的营销会议中，一项不变的议程就是培训。浓浓的学习氛围造就出一批又一批的厂长、经理，也激励着年轻的员工不断自我加压、自学成才。

他一贯倡导创造一个公平、公正、公开的竞争环境，让员工在这里有干头。朱新礼常说：我用人的原则就是给员工提供一个公平竞争、展示才能的舞台，让大家尽情表演，各显神通，在这个基础上真正实现能者上、平者让、庸者下。目前，公司管理层中80％的人是通过竞争上岗的。从总裁到员工，每月都要通过述职和自下而上的绩效考核来确定待遇，年终通过综合考评来决定是否继续聘用。他积极倡导并且亲自参与各种形式的对话会、演讲会、辩论会，目的就是要把蕴藏在员工中的积极性挖掘出来。一大批员工正是利用这些机会崭露头角、脱颖而出，走上了领导岗位。

他一贯倡导以绩效为导向的企业文化，让员工在这里有盼头。企业没有效益就不能立足于社会，员工得不到实惠就不能立足于企业。朱新礼倡导的是一种以绩效为导向的用人机制。不怕你要职务，不怕你要高价，不怕你"跳槽"，一切用绩效说话。他倡导每月拿出200万元的专项奖金设定了金星奖、营销专项奖，做到月月有奖、事事有奖。一年下来，最多的可获奖金数十万元。随着企业实力的不断增强，朱新礼总裁每年的工作计划中都要承诺为员工做多少件实事。标准的职工餐厅、浴室、医务室、员工公寓、各种活动中心、配套的服务设施一应俱全。职工工资逐年递增,人均年工资已超过 2 万元。

有耕耘就有收获。十多年的奋斗,他所率领的"汇源"已连续 5 年跻身于中国饮料工业"十强",生产规模、销售收入、市场占有率连续多年位居同行业第一。汇源品牌为中国"驰名商标"、中国"名牌产品"。

（资料来源：http://news.xiushui.gov.cn/Article/ArticleShow.asp? ArticleID＝2825）

本章引言

在一个群体中,领导者居于独特的地位,发挥着重要的作用,他们往往成为影响组织发展及成败的重要因素,因而,如何选拔和培养优秀的领导人才,如何提高领导工作的效率,更为有效地促进组织的发展,就成为管理实践,包括营销管理实践中极具现实意义的一个问题。汇源果汁集团的成功,离不开其领导人朱新礼较高的领导素质和独特的领导风格。他审时度势、思维超前、勇于创新、永不满足、淡泊名利、不善张扬、行事低调、严于律己。朱新礼是民主型的领导,他努力为员工提供公平竞争的工作环境,重视发挥员工的才干和积极性,实行以绩效为导向的用人机制,让员工感到有学头、有干头、有盼头。朱新礼的领导素质和领导风格,让他所领导的汇源集团在激烈的竞争中脱颖而出。

没有沟通,群体就不可能在成员之间传递信息,信息只有通过人与人之间的传递,才能交流。人际间的冲突最经常的起因可能是沟通不足,缺乏有效的沟通是抑制一个群体取得成功绩效的主要因素之一。

组织气氛的质量直接影响着每一位员工的业绩水平、发展定位和工作满意度,继而对组织的绩效产生潜移默化的影响。

基本理论

11.1　营销群体的领导心理

11.1.1　领导、领导者、领导心理的内涵

什么是领导？尽管在组织管理心理学领域中对于领导的研究已经进行了几十年,但是对于这个名词的解释依然是众说纷纭。斯托格蒂尔认为,领导是对一个组织起来的群体为确立目标和实现目标所进行的活动施加影响的过程。孔兹认为,领导是影响人们使之跟随着去完成某一共同目标,是一门促使其部属充满信心、满怀热情地完成他们的任务的艺术。乔治·特瑞认为,领导是影响人们自动完成群体目标而努力的一种行为。

这些关于领导的概念是不同的研究者从不同的角度提出来的,各有各的侧重点。但多数意见认为,领导是指引和影响个人或组织,在一定条件下实现某种目标的行动过程。领导的含义中应该包括以下三个方面的重要因素:一是具有领袖地位(身份、职位、任务)的领袖人物(指挥者、领导者);二是具有领导者素质(领导能力、统帅能力)的领袖人物;三是进行领导(统帅、指挥)的过程。

在组织中,致力于向他人施加影响的过程以及使他人或组织在一定条件下为实现某种目

标而行动的人就是领导者。领导者是通过计划、组织、监督、控制、沟通信息、委派任务和承担责任来实现组织目标的人。据国外的有关研究结果表明,员工积极性的发挥 40% 是由领导者诱发出来的,60% 是由其他因素(社会压力、生存需要、获取高报酬等)诱发的。

领导心理是指领导者的认识过程、决策过程和个性特征,这些对进行组织管理是起决定作用的。在整个组织中,领导者处于独特的地位,是影响组织目标实现、工作成败的重要因素。对领导心理的研究,包括组织中领导行为的研究,组织结构与管理的研究,组织决策、组织沟通的研究,领导者个性心理特征的研究,对领导者的权力、威信及其对被领导者产生的心理影响的研究等。对领导心理的研究,旨在提高领导者组织管理的水平和能力,提高领导者的素质和品德,使领导者与被领导者之间的沟通达到顺畅,促使双方共同努力,实现组织目标。

11.1.2　领导的功能

领导的基本功能是组织功能和激励功能。领导者实现组织功能和激励功能的过程叫领导行为。领导的组织功能属于管理学研究的范畴,而不属于管理心理学主要的研究范围;激励功能属于管理心理学所要研究的重要课题之一。

管理心理学认为,激励功能是领导的主要功能。一个领导是否具有这种激励下属的能力,直接关系到领导行为的效能。事实证明,即使目标再好、组织再合理、管理再科学,倘若领导者缺乏激励功能或者不能很好地发挥自己的激励功能,就无法实现组织目标。领导的激励功能主要表现在以下几个方面:

第一,提高被领导者接受和执行目标的自觉程度。个体的行为活动目标与组织的目标一般情况下并不完全一致。个体积极性、创造性的发挥程度与个体、组织之间目标的一致程度成正比。因此,作为领导者,要想方设法把组织目标的实现与员工个体需要的满足统一起来,努力创造一种环境,使员工加强对组织目标的感受性,提高员工接受和执行组织目标的自觉性水平。

第二,激发被领导者实现组织目标的热情。员工积极性的发挥,一方面要取决于个人目标与组织目标的契合程度;另一方面又依赖于员工工作热情的激发和保持。因此,员工工作热情的激发是领导激励功能的重要内容之一。在组织内部,领导者与被领导者的关系是人际关系的一种表现形式,他们之间不仅存在组织关系,也存在一种感情关系,一种相互影响的关系。在这种相互影响中,领导者的作用是主要的。因此,注意被领导者的心理需要,乃是激发被领导者实现组织目标热情的关键措施。

第三,提高被领导者的行为效率。被领导者的行为效率,是指为实现组织目标所作贡献的大小或才干的发挥程度。它也是鉴定领导水平的直接依据之一。一个优秀的领导者,应当通过自己的领导行为为被领导者创造充分发挥其聪明才智的良好环境,使人尽其才,为组织目标的实现作出尽可能大的贡献。

总之,一个优秀的领导者应有效地影响和改变被领导者对组织目标的认知、态度和行为,使他们的积极性和创造性得到最大限度的发挥,为实现组织目标作出最大限度的努力。一般来说,领导的上述功能大都与满足成员的心理需要有关,包括鼓励员工,解决员工中的纠纷与冲突,去除员工的紧张焦虑,以及为组织全体成员提供平等的机会,让他们自我成就的需要都能得到某种程度的满足等。任何一个领导者在行使领导职责的过程中都要兼顾上述两项任务,以达到既增强被领导者的积极性与创造精神,又保证组织目标顺利实现的目的。

11.1.3 领导有效性理论

11.1.3.1 领导特质理论

该理论最早期的研究集中于找出领导者实际具有的特性或个人品质,以期预测具备什么样的人格特征或品质的人最适合充当领导者。领导特质理论的发展经历了两个阶段:传统品质理论与现代品质理论。

一般认为,1949 年以前为传统的领导特质理论,其理论倾向与现代领导特质理论有所不同。传统的领导特质理论认为,领导者的特性或品质是先天的,天赋是一个人能否充当领导者的根本因素。心理学家吉伯认为,天才的领导者应该具备七种个性特点:① 外表英俊潇洒,有魅力;② 善言辞;③ 智力过人;④ 具有自信心,心理健康;⑤ 善于控制和支配他人;⑥ 性格外向;⑦ 灵活敏感。斯托格蒂尔则认为,领导者应具有十六种先天特性:① 有良心;② 可靠;③ 勇敢;④ 责任心强;⑤ 有胆略;⑥ 力求革新与进步;⑦ 直率;⑧ 自律;⑨ 有理想;⑩ 良好的人际关系;⑪ 风度优雅;⑫ 乐观;⑬ 身体健康;⑭ 智力过人;⑮ 有组织能力;⑯ 有判断力。

进入 20 世纪 50 年代后,现代领导特质理论占据重要地位。现代领导特质理论——反传统领导特质理论强调遗传、天赋的片面观点,认为领导者的个性特征和品质是在后天的实践中形成的,并且可以通过培养和训练加以造就。因此,领导是一个动态的过程。

美国的包莫乐教授曾对企业家应具备的条件作过研究,他提出一个企业家应具备下面十个方面的条件:① 合作精神:能赢得人们的合作,愿意与其他人一起工作,对人不是压服,而是说服;② 决策才能:依据事实而非想象来进行决策,有高瞻远瞩的能力;③ 组织能力:善于组织人力、物力和财力;④ 精于授权:能抓住大事,把小事分给部属去完成;⑤ 善于应变:权宜通达、机动进取而不抱残守缺、墨守成规;⑥ 勇于负责:对上下级以及整个社会抱有高度责任心;⑦ 勇于求新:对新事物、新环境、新观念有敏锐的接受能力;⑧ 敢担风险:敢于承担改变企业现状时遇到的风险,并有创造新局面的雄心和信心;⑨ 尊重他人:重视和采纳别人的合理化意见;⑩ 品德超人:在品德上为社会和企业员工所敬仰。瓦伦·本尼斯研究了 90 位美国最杰出和最成功的领导者,发现他们有四种共同的能力:① 有令人折服的远见和目标意识;② 能够清晰地表述这一目标,使下属明确理解;③ 对这一目标的追求表现出一致性和全身心的投入;④ 了解自己的实力并以此作为资本。

日本企业界要求领导者应具有十种品德和十项能力。十种品德是:① 使命感:无论遇到什么困难,都要有完成任务的坚强信念;② 信赖感:同事之间、上下级之间保持良好的关系,互相信任与支持;③ 诚实:在上下级之间和同事关系中,要有真心实意,以诚相待;④ 忍耐:具有高度的忍耐力,不能随意在下属面前发脾气;⑤ 热情:对工作认真负责,对同事与下级热情体贴;⑥ 责任感:对工作敢负责任;⑦ 积极性:对任何工作都要主动,以主人翁的态度去完成;⑧ 进取心:能在事业上积极上进,不满足现状;⑨ 公平:对人对事都要秉公处理,不徇私情;⑩ 勇气:有向困难挑战的勇气。十项能力是:① 思维、决策能力;② 规划能力;③ 判断能力;④ 创造能力;⑤ 洞察能力;⑥ 劝说能力;⑦ 对人的理解能力;⑧ 解决问题的能力;⑨ 培养下级的能力;⑩ 调动积极性的能力。

外显理论来源于对领导者外部行为的观察和经验研究,而内隐领导理论则来源于人们内心关于领导的概念化,即"领导者应该是什么样的"。外显理论基于行为论,而内隐理论立足于人格特质论。中国科学院心理所的凌文辁等人经过长期探索,提出了中国领导行为评价的CPM模式。凌文辁等人还从社会文化角度进行了中国人内隐领导理论的探讨,总结出了中国人内隐的领导特质:

(1) 个人品德因素。要求领导者要诚实正直、廉洁无私、以身作则、能接受他人的批评。由此可见,中国人首先是用道德标准来判断领导的,"德"是领导的首要特质。

(2) 目标有效性因素。在中国人的领导概念中,也包括与有效地完成工作目标有关的特质。领导者被认为应该有远见卓识、深谋远虑、观察敏锐、思想解放,而且要有魄力、善于决策、办事果断。他们精明能干、能力出众、方法科学、善用人才。这些特质将有助于他们所领导的组织的目标的实现。

(3) 人际能力因素。这是与社会成熟性有关的领导特质。领导者应老练沉稳、坦率开朗、善于社交、有说服力。另外,中国人似乎不只关心领导者的人际技巧,而注意其外表的魅力。因此,领导者要有风度、有好的体态、文雅的举止等。这些特质会使领导者具有吸引力,有利于处理好人际关系。

(4) 多面性因素。这是指领导者应掌握有关专业知识和技能,而且多才多艺,兴趣广泛,既富有想象力,又有冒险精神。

此外,领导者还要有幽默感,使人感到愉快。这一特质代表着领导者才能的广度以及有关的心理品质,既有助于组织目标的实现,又有助于处理人际关系,从而增强领导效果。

领导特质理论中还包括领袖魅力理论。这些领袖帮助员工提高对他们的工作的重要性和价值的认识,鼓励员工为了组织的利益而超越自身利益,并能对员工产生深远而不同凡响的影响。他们是变革者,是具有领袖魅力的领导者。与不具有领袖魅力的领导相比,具有领袖魅力的领导者的关键特点在于:

(1) 自信:对自己的判断和能力充满信心。

(2) 远见:有理想的目标,认为未来定会比现状更美好。理想目标与现状差距越大,下属越有可能认为领导者有远见卓识。

(3) 清楚表达目标的能力:能够明确地陈述目标,使其他人都能明白。这种清晰的表达表明了对下属需要的了解,它可以成为一种激励的力量。

(4) 对目标的坚定信念:具有强烈的奉献精神,愿意从事高冒险性的工作,承受高代价。为了实现目标能作自我牺牲。

(5) 不循规蹈矩的行为:行为是新颖的、反传统的、反规范的。当获得成功时,这些行为令下属们惊讶而对领袖产生崇敬之意。

(6) 作为变革的代言人:是激发变革的代言人而不是传统现状的卫道士。

(7) 环境敏感性:能够对需要变革的环境加以限制和对资源进行切实可行的评估。

具有领袖魅力的领导与下属的高绩效和高满意度之间有着显著的相关性。为具有领袖魅力的领导者工作的员工受到激励而愿意付出更多的工作努力,而且由于他们喜爱自己的领导,也表现出更高的满意度。

11.1.3.2 领导风格理论

领导风格理论着重研究领导者工作风格的类型及其对职工的影响,以便为寻求最佳的领导风格提供理论依据。风格理论的创始人是美国依阿华大学的研究者、著名心理学家勒温。他和他的同事们从20世纪30年代起就进行了关于团体气氛和领导风格的研究。勒温等人发现,团体的任何领导并不是以同样的方式表现他们的领导角色,领导者们通常具有不同的领导风格,这些不同的领导风格对团体成员的工作绩效和工作满意度有着不同的影响。勒温等研究者力图科学地识别出最有效的领导风格,他们着眼于三种领导风格的研究,即专制型、民主型和放任型的领导风格。

勒温认为,这三种不同的领导风格,会造成三种不同的团体氛围和工作效率。专制型的领导者只注重工作的目标,仅仅关心工作的任务和工作的效率。但他们对团队的成员不够关心,被领导者与领导者之间的社会心理距离比较大,领导者对被领导者缺乏敏感性,被领导者对领导者存有戒心和敌意,容易使群体成员产生挫折感和机械化的行为倾向。民主型的领导者注重对团体成员的工作加以鼓励和协助,关心并满足团体成员的需要,营造一种民主与平等的氛围,领导者与被领导者之间的社会心理距离比较近。在民主型的领导风格下,团体成员有较强的工作动机,责任心也比较强,团体成员自己决定工作的方式和进度,工作效率比较高。放任型的领导者采取的是无政府主义的领导方式,对工作和团体成员的需要都不重视,无规章、无要求、无评估,工作效率低,人际关系淡薄。

勒温等人试图通过实验确定最有效的领导风格。他们分别将不同的成年人训练成具有不同领导风格的领导者,然后让这些人充当青少年课外兴趣活动小组的领导,主管不同的青少年群体。这些青少年群体在年龄、人格特征、智商、生理条件和家庭社会经济地位等方面进行了匹配,也就是说,几个不同的实验组仅仅在领导者的领导风格上有所区别。这些青少年兴趣小组进行的是手工制作活动,主要是制作面具。结果发现,放任型领导者所领导的群体的绩效低于专制型和民主型领导者所领导的群体;专制型领导者所领导的群体与民主型领导者所领导的群体工作数量大体相当;民主型领导者所领导的群体的工作质量与工作满意度更高。

基于这个结果,勒温等研究者最初认为民主型的领导风格似乎会带来良好的工作质量和数量,同时群体成员的工作满意度也较高,因此,民主型的领导风格可能是最有效的领导风格。但不幸的是,研究者后来发现了更为复杂的结果。民主型的领导风格在有些情况下会比专制型的领导风格产生更好的工作绩效,而在另外一些情况下,民主型领导风格所带来的工作绩效可能比专制型领导风格所带来的工作绩效低或者仅仅与专制型领导风格所产生的工作绩效相当,而关于群体成员工作满意度的研究结果则与以前的研究结果相一致,即通常在民主型的领导风格下,成员的工作满意度会比在专制型领导风格下的工作满意度高。

在实际的组织与企业管理中,很少有极端型的领导,大多数领导者都是界于专制型、民主型和放任型之间的混合型。

勒温能够注意到领导者的风格对组织氛围和工作绩效的影响,区分出领导者的不同风格和特性并以实验的方式加以验证,这对实际管理工作和有关研究非常有意义。许多后续的理论都是从勒温的理论发展而来的。例如,坦南鲍姆和施米特的领导行为连续体理论就是为解决勒温等人在研究中所提出的问题而创立的理论。但是,勒温的理论也存在一定的局限。这一理论仅仅注重了领导者本身的风格,没有充分考虑到领导者实际所处的情境因素,因为领导者的行为是否有效不仅仅取决于其自身的领导风格,还受到被领导者和周边环境因素的影响。

继勒温之后,许多心理学家进行了风格的研究,多数结果支持了勒温的观点。

11.1.3.3 领导行为理论

从 20 世纪 40 年代起,领导理论的研究方向发生了转变,进入了"行为理论"阶段,即从领导者的行为方式来探索成功的领导模式。领导行为理论的主要目的在于研究不同领导行为对职工的不同影响，以期寻求最佳的领导行为。领导行为理论研究的重点是领导者的行为规律。它的研究结果是有关领导行为的众多理论模型的提出。

美国学者卡特赖特和詹德在他们合著的《团体动力学》一书中提出，群体的目的可以归纳成下列两种中的任何一种，或两者兼而有之。即以达成特定的组织目标为目的，以维持及强化团体关系为目的。由此，可以划分为三种领导行为类型：

（1）目标达成型（P 型）。这种领导行为的特点是：将成员的注意引向组织目标，将工作任务明确化，拟订工作程序，利用专门知识评定工作成果等。

（2）团体维持型（M 型）。这种领导行为的特点是：维持和谐愉快的人际关系，调解团体成员的纠纷，注意激励，促进成员的交往.

（3）两者兼备型（PM 型）。这种领导行为的特点是：既注重抓生产，努力实现组织的目标，又注重人际关系的协调处理。

日本著名心理学家、大阪大学教授三隅二不二发展了 PM 调查表。他按领导者的两种主要因素进行分类，即 P 因素，是指领导者为完成生产目标而作的努力和工作绩效；M 因素，是指领导者为维持团体而作的努力。根据这两个因素，他将领导方式分成四种类型：P 型，即目标达成型；M 型，即团体维持型；PM 型，即两者兼备型；PM 型，即两者均弱型。他通过对领导行为模式的有效性进行研究发现，PM 型的管理效果最好，因为用此种领导方式可导致最高的生产效率，下属对领导者的信赖度也最高，领导与下属的亲和力也最高；P 型和 M 型居于中位，都只能取得中等的生产效率，对组织的信赖度与亲和力各占第二位和第三位；PM 型的管理效果最差，因为，用此种领导方式只能导致最低的生产效率，下属对领导者的信赖程度最低。这表明，领导行为模式影响着领导的绩效和成果。

中国科学院心理研究所徐联仓、陈龙等人于 1981 年开始使用实证科学的方法对领导行为进行研究。徐联仓等人认为，PM 问卷要在中国应用，必须考虑中国的文化背景。他们从 1981 年开始对 PM 量表进行了系统考察，并对其进行修订和标准化。在此基础上，中科院的凌文辁等人进行了领导行为评价中国模式的探讨，提出了中国领导行为评价的 CPM 模式：中国的领导行为评价由三个因素构成，即 P——工作绩效因素、M——团体维系因素和 C——个人品德因素。其中，C 因素为品德因素。凌文辁等人认为，CPM 模式更符合中国的国情和文化。在中国，一个领导者只有正确地处理好对工作（P）、对他人（M）和对自己（C）的关系，才能最大限度地发挥领导的作用。他们还编制了"CPM 领导行为评价量表"，并对其信度（可靠性）和效度（一致性）进行了检验。CPM 量表已在中央部门、地方政府和企业等上百个单位的领导班子考核中进行了试用，取得了良好的效果，受到了好评。与俄亥俄州立大学的研究不同的是，CPM 理论突出了个人品德的因素。

11.1.3.4 领导权变理论（情景理论）

20 世纪 60 年代以后，在权变理论的影响下，领导有效性的研究又转入权变理论阶段，这是西方目前占统治地位的领导理论。

这一理论认为，有效的领导不决定于领导者不变的品质和行为，而是决定于领导者、被领导者和环境条件三者的配合关系，如用公式表示，即

$$领导有效性 = f(领导者、被领导者、环境)$$

这一公式表明,领导的有效性是领导者、被领导者和环境等三项变数的函数。这一公式中抛弃了领导品质天生论的观点,而将领导看作一个动态过程,领导能力可以在实践中培养,领导的有效行为可以随着被领导者的特点和环境的变化而有所不同。在这一指导思想下,管理心理学从不同角度提出了各自的理论和模式。

1) 费德勒模型

从 1951 年起,费德勒经过 15 年的调查研究,提出了两种随机制宜的领导理论。费德勒提出,对一个领导者的工作最具影响力的三个基本方面是:

其一,领导者与被领导者的关系。即领导者对下属信任、信赖和尊重的程度,或者是下属爱戴、信任领导者和乐于追随领导者的程度。

其二,任务结构。任务能够清晰地得到阐明的深度和人员对之负责的程度,即工作任务的程序化程度。

其三,职位权力。一个领导者利用来自组织的职位所赋予的权力(如聘用、解雇、训导、晋升、加薪等)使下属成员遵从他指挥的程度。

根据上述三个情境变量来评估总体情境状况,即领导者与下属关系或好或坏,任务结构或明确或不明确,职位权力或强或弱。根据这三种因素的情况,领导者所处的环境从最有利到最不利,共有八种情境组合。其中,三种因素齐备的环境是领导的最有利环境,三种因素均缺的环境是领导的最不利环境。领导者所采取的领导方式,只有与环境相适应,才能获得有效领导。费德勒关于领导形态与绩效调查的情况比较如表 11.1。

表 11.1

费德勒关于领导形态与绩效调查的情况比较

对领导的有利程度	有　利			中　间　状　况				不　利
情况类型	1	2	3	4	5	6	7	8
领导与员工的关系	好	好	好	好	较差	较差	较差	较差
任务结构	明确		不明确		明确		明确	不明确
职位权力	强	弱	强	弱	强	弱	强	弱
与生产效率有关的领导方式	任务导向型			关系导向型		无资料	未发现什么关系	任务导向型

费德勒为了了解领导者人格特性与情境类型之间的关系,曾对 1 200 个群体进行了调查,得出如下结论:在群体情况极有利或极不利的情况下,任务导向型是有效的领导形态;在群体情况一般的情况下,关系导向型是有效的领导形态。这里,任务导向型是指偏重任务行为的领导风格,而关系导向型是指偏重关系行为的领导风格。

费德勒的权变模式表明,适合一切情况的最好的领导形态是不存在的。领导人的领导方式必须适应变化着的情况。上级领导在选用领导人时也可参考权变模式,组织在最好或最坏的情况下任用任务导向型领导,其他情况下则任用以人群关系为中心的领导人为宜。

2) 途径——目标理论

途径——目标理论已成为当今最受人们关注的领导学理论之一,它是由罗伯特·豪斯提出的一种领导权变模型。这一模型从俄亥俄州立大学的领导研究成果和期望理论中吸收了重要元素。该理论的核心在于：领导者的工作是帮助下属达到他们的目标，并提供必要的指导和支持，以确保他们各自的目标与群体或组织的总体目标相一致。"途径——目标"的概念来自于这样一种信念，即有效的领导者通过明确指示实现工作目标的途径来帮助下属，并为下属清除"旅途"中的各种路障和危险，从而使下属的"旅程"更为顺利。

豪斯提出了四种方式：

一是指导型领导。领导发布指示，让下属知道期望他们的是什么，以及完成工作的时间安排，并对如何完成任务给予具体指导。

二是支持型领导。领导十分友善，平等待人并表现出对下属需求的关怀，但是不太注意怎样通过工作使人得到满足感。

三是参与型领导。领导与下属共同磋商，并在决策前充分考虑下属的建议。

四是成就取向型领导。领导为下属设置有挑战性的目标，并期望下属表现出自己的最佳水平，对他们能够达到目标表示有信心，并不断继续探索工作的前景和进一步的目标。

与费德勒的领导行为观点相反，豪斯认为领导者是灵活的，同一领导者可以根据不同的情境，表现出不同的领导风格，采用何种领导方式应视情境因素而定。一项对于十个不同类型员工的抽样研究发现，当工作任务模糊不清、员工无所适从时，他们希望有高工作、高指示型的领导，对工作进行明确规定和安排；反之，则不满意。而对例行性工作或者内容已经明确的工作，则只希望高关系的领导，使个人需要得以满足。如果此时领导还要喋喋不休，发布一连串的指示，员工就会感到厌烦，甚至认为是受侮辱。因此，不存在固定不变的领导方式，而要根据权变因素同领导方式的恰当配合加以考虑。但是一般说来，只要增加对员工的关心度，就能提高领导的效率。目标—途径理论模型指出在不同情境因素下可能采用的领导方式的趋向，并强调激励在领导行为中的关键作用，因而在管理实践中具有重要意义。

3）领导参与模式

这是心理学家弗鲁姆和叶顿于 1973 年提出的领导权模型。它的核心观点是：有效的领导应该根据不同的情况，让员工不同程度地参与决策，即领导方式是依下级参与决策的程度来决定的。由于认识任务结构的要求随常规活动和非常规活动而变化，研究者认为领导者的行为必须加以调整，以适应这些任务结构。

这一理论认为，领导者在进行决策时，可能会遇到八种变化的因素：① 决策质量的重要性；② 领导者作出高质量决策所能掌握资料和技能的程度；③ 为作出高质量决策，下级作为一个群体掌握必要资料的程度；④ 问题的明确程度；⑤ 下级接受决策时对贯彻执行决策关系的大小；⑥ 领导者自行决策被下级接受的可能性；⑦ 下级对明确的组织目标所表现的积极程度；⑧ 准备采取的决策方案可能引起下级间发生矛盾的程度。

弗鲁姆和叶顿的模型是规范化的，它提供了不同的情境类型应遵循的一系列原则，以确定参与决策的类型和程度。这一复杂的决策树模型包含七项权变因素和五种可供选择的领导风格。

弗鲁姆和亚瑟·加哥重新修订了该模型。新模型包括了与过去相同的五种可供选择的领导风格，但将权变因素扩展为十二个，其中十项按五级量表评定。这十二项变量是：

（1）决策的重要性。

（2）获得下属对决策承诺的重要性。

（3）领导者是否有足够的信息作出高质量的决策。

（4）问题结构是否清楚。

（5）如果是你自己作决策，下属是否会对该决策作出承诺。

（6）下属是否认同组织目标。

（7）下属之间对于优选的决策是否会发生冲突。

（8）下属是否有必要的信息作出高质量的决策。

（9）是否因为时间限制而限制了下属参与。

（10）把地域上分散的下属召集到一起付出的代价是否合理。

（11）在最短的时间内作出决策对领导者的重要性。

（12）使用参与工具开发下属决策技能的重要性。

对新旧两种领导者参与模型进行的验证，其结果都十分令人鼓舞。然而遗憾的是，对于一个典型的管理者来说，在常规下运用这样的模型太过复杂。事实上，弗鲁姆和亚瑟·加哥运用计算机程序简化了新模型的复杂性。在此，我们不能对如此复杂的模型进行更详尽的介绍。不过，重要的是弗鲁姆和他的同行们提供了这些权变变量，使我们了解到在选择领导风格时应该考虑哪些权变变量。

11.2　群体成员间的沟通

真诚、平等的内部沟通是创造和工作氛围的基础。企业内部绝对不应允许官僚作风存在，职务只代表分工不同，只是对事务的权责划分，应该鼓励不同资历、级别的员工之间的互相信任、互相帮助和互相尊重；每一个员工都有充分表达创意和建议的权利，能够对任何人提出他的想法，主动进行沟通，被沟通方也应该积极主动地予以配合、回答或解释，但沟通的原则应是就事论事，绝不可以牵扯到其他方面。

11.2.1　沟通的含义、过程和特征

沟通是指可理解的思想或信息，在两个或两个以上的群体间传递或交换的过程。按照美国学者史蒂芬·罗宾斯所提出的标准模型，沟通过程包括七个环节：信息源、信息、编码、通道、解码、接受者、反馈。在沟通发生之前，必须有一个（被发送者表达并传递的）目的。它在信息源（发送者）与被接受者之间传递。信息首先被编码（转化为信号形式），然后通过媒介物（通道）传递至接受者。由接受者将收到的信号转译过来（解码）。这样，信息的含义就从一个人传递给另一个人。

沟通有三个基本特征：

（1）沟通具有广泛性。在组织内部存在着部门之间或个人之间的广泛沟通，在组织外部存在着企业与客户及相关企业之间或利益相关者之间的广泛沟通。

（2）沟通的重要性。组织管理需要五大资源：人、财、物、信息、时间。信息资源已经日益显示出它的巨大作用，可以说，离开了信息要素的支持，组织经营管理是无法正常进行下去的，而信息传递的一个重要渠道就是通过沟通。有效的沟通一方面能够增加信息量；另一方面还会降低信息的搜寻成本，从而为组织的管理提供强大的支撑。

（3）沟通必须是沟通双方可理解的。

11.2.2　沟通的功能

在群体或组织中,主要有以下几项功能:

(1) 沟通能调动组织成员、协调组织内部各生产要素,使之成为一个整体的凝固剂。对企业高层来说,沟通加快了信息交流,促使决策者了解企业的现状,从而为进一步安排生产提供了依据。对下级来说,通过与上级的沟通可以了解该干什么、该怎么办、现在成绩如何,通过同级的沟通可以获得必要的支持与配合,交流工作经验。对个人来说,沟通还可以学习适应技能,同时加强交流,增进感情,所以沟通的凝固剂作用是非常明显的。

(2) 沟通是领导者实现其领导职能的一个基本途径。这个主要表现在以下三个方面:一是沟通能够满足员工的社会交往与被尊重的需要,从而提高员工的满意度;二是通过沟通发布指令,动态指导和追踪下属开展工作,从而提高整个组织的运转效率;三是沟通促进了双向的反馈,从而产生了上下级间的互动,把工作的结果以及对工作的评价及时传递出去,起到良好的激励作用。

(3) 沟通是企业与外部建立联系的桥梁。我们曾经说过,组织要存在和发展就必须保持与外部环境互动的过程,沟通是这种互动过程的重要方面,无论是产品销售还是售后服务都离不开有效的沟通。

11.2.3　常见的沟通方式

按照方式分,沟通可以分为口头沟通、书面沟通、非语言沟通和电子媒介沟通。口头沟通包括交谈、讲座、讨论会、辩论会、打电话、QQ 语音聊天等等,它的优点是快速传递、快速反馈、信息量大;缺点是由于传递需经过若干层次,信息容易失真,有时反馈和核实也比较困难。书面沟通的优点是持久、有形、可以核实;缺点是效率较低而且缺乏反馈。非语言沟通,如声光信号、体态、语调,其优点是信息内涵丰富,含义比较灵活;缺点是传递距离有限,信息模糊,而且很多时候只可意会不可言传。还有一种沟通是电子媒介的沟通,如传真、闭路电视、计算机网络、电子邮件、QQ 等等。这种电子媒介的沟通往往是与传统的沟通方式相结合的,电子邮件是与书面沟通相结合的,QQ 中的语音聊天是与口头沟通相结合,另外,视频又是与非语言沟通相结合的。随着因特网的发展,电子媒介沟通的形式、方法和内容都有了新的变化。

按照组织系统分,沟通可以分为正式沟通和非正式沟通。一般来说,正式的沟通是指以企业正式组织系统为渠道的信息沟通;而非正式沟通是指以企业非正式组织系统为渠道的一种沟通。正式沟通的优点是沟通效果好,比较严肃,约束力强,利于保密,能保持权威性;缺点是比较刻板,速度比较慢,而且有时会存在逐层衰减的可能。非正式沟通的优点是速度快,形式不拘,效率高,而且能够满足员工的社会需要;缺点是难于控制,信息容易失真,容易导致拉帮结派,影响组织的凝聚力和人心的稳定。

按照沟通有无反馈分,沟通可以分为双向沟通和单向沟通。单向沟通是指没有反馈的沟通;而双向沟通是指有反馈的沟通,是发送者和接受者之间有信息交流的沟通。两者比较,从时间上看,双向沟通比单向沟通需要更多的时间;从准确程度上看,双向沟通中接受者能够理解的信息和对发送者理解的准确程度会大大提高;从可信程度上看,在双向沟通中,沟通双方对沟通的内容都比较信任;从满意程度上看,接受者比较满意双向沟通,而发送者更倾向于使用单项沟通;从影响方式上看,由于与问题无关的信息容易进入沟通渠道,所以双向沟通的噪音要比单向沟通大得多。

11.2.4 有效沟通

11.2.4.1 有效沟通的技巧

许多沟通问题主要是由于误解和不准确造成的。如果确保反馈环节的顺利进行，这些问题将大大减少。

1）要善于运用建设性的反馈

以下实施方法可以帮我们有效地实施有建设性的反馈：

第一，反馈应该具体化。无论是批评、表扬、认同，还是谏言，反馈的时候都需要有具体的事例来支撑。最好能够提供具体的数字，这时反馈的效果就会非常好。例如，经理不应该说："鲍比，你态度不好"，而应该说，"鲍比，我现在说一下你对工作的态度，昨天的员工大会，你迟到了半个小时，而且你告诉我，你没有看见我们要开会的通知，今天你又告诉我你要提前3个小时下班看牙医，"这样就能告诉鲍比为什么他会受到批评。

第二，反馈对事，不对人。反馈应该是与工作相联系的。特别是在做批评性的判断时，应当尽量避免使用情绪化的语言来批评这个人。

第三，使反馈指向目标。反馈是为了完成沟通的目标而不是向别人发泄。所以，建设性的积极反馈一定要指向目标。无论是赞美还是批评，都不要失去目标这个重心。在具体运用上，可以在每次反馈之前都技巧性地用一句话来指定方向、概括目标。这时，赞美就是和具体的工作、具体的目标结合在一起的，这样的反馈就会产生积极作用。

第四，把握反馈的良机。这个时候要看反馈的内容和反馈者的态度以及反馈所指向的目标。罗宾斯指出，当新员工犯了一个错误时，最好当天就能及时地给予他反馈，而不是在几个月之后，这种时间上的把握非常重要。如果你想批评一个人，盛怒之下最好不要说什么话，先冷静一分钟，冷静之后再重新反馈，会避免很多沟通上的问题。

第五，确保理解，反馈的东西一定是别人能够理解的。这就需要设身处地想一想对方的态度、所能接受的方式以及解码的特征，有了这种考虑之后再进行反馈，效果就会很好。

第六，积极的反馈指向接受者可控制的行为。比如，一个员工上班迟到了，领导对他进行批评，员工分辩说路上塞车。因为塞车并不是他可控的，如果依据塞车对他进行批评，这种反馈是毫无意义的。这时候，就要通过他本人可控的行为进行反馈，如早起的时间、出发的时间、出发的路径、选择方式等，从这种角度对他进行批评反馈可以使沟通达到预期效果。

2）积极的倾听

在倾听过程中要保持兴趣，全神贯注。该沉默时就沉默，留存一定的时间进行互相的交流和辩论，注意对方的非语言暗示，若没有听清时，可以以疑问的方式重复一遍，发现遗漏时要直接询问。不要从事与谈话无关的活动，不要草率地作出结论，不要打断或进行争辩，也不要让交谈者的情绪直接影响你。要展现出赞许的目光，适当地点头表示认同，以复述的方式表示你在听并确保自己完全理解。要保证听和说的平滑过渡，每一次转换都选好切入点。

3）适当地进行自我暴露

自我暴露就是个体把有关自己的信息充分传达出去。自我暴露与有效沟通之间的联系是非常微妙的，如果一点也不暴露，一方面会压抑自己的感受；另一方面会给人造成不诚恳的印象，沟通的效果肯定会不好。但是如果过多地谈自己，会给人以自我为中心的感觉，只在乎自己,甚至给人以妄自尊大、夸夸其谈的感觉,沟通效果也不会很好。所以要适当地暴露,这样的沟通效果是最佳的。

4) 加强印象管理

印象是人与人交往过程中产生知觉的一个关键环节,印象的好坏直接影响到双方沟通的效果。由于受知觉者、被知觉者以及知觉情境等诸多因素的影响,印象常常会出现偏差,最常见的偏差有如下几个:

第一,晕轮效应。当即人们对某人的某种特征形成固定的印象之后,往往倾向于由这个印象而去推知这个人其他方面的印象。

第二,刻板印象。即人们对某人形成一种概括性的比较固定的看法,而且这种看法不会轻易改变。刻板印象对沟通的效果会产生直接的影响。

第三,首因效应和近因效应。首因效应就是第一印象,第一印象对人际交往的影响是非常大的,一个好的第一印象会影响我们对一个人的总体评价,而且第一印象留下的闪光点或阴影很难改变。近因效应就是最近发生的事情所起的作用。

第四,宽大效应。即人们在评价别人时往往采用一种宽容的观点,凡事总往好处想。

第五,投射。即总会把自己所拥有的感觉扩大到其他人身上,认为他人也和自己有相同的感觉。

11.2.4.2　创造有效沟通的组织环境

1) 创建一个有利于沟通的小环境

组织内的沟通是"T"形的,它需要横向的沟通,也需要纵向的沟通,所以是一横一竖,像一个英文的字母"T"。上下级间要相互信任,同级部门间也要相互信任。这种小环境会极大地提高沟通的效果。

2) 拓展渠道,缩短传递链

组织要缩短信息传递链,拓展信息渠道,保证信息的畅通无阻和完整性,特别是要减少机构的重叠。多重上报和多重指令下达,都是对沟通有较大负面影响的。特别应注意开辟高层人员和低层人员的沟通渠道,而且要采取一些正式沟通与非正式沟通相结合的手段。

3) 建立委员会组织

建立一个固定的委员会组织,定期加强上下级的沟通。比如,我们的国企里面有工会、安全生产委员会、女工委员会、劳保委员会。这样的委员会定期地讨论一些问题,然后把一些信息综合起来,促进了上传和下达,收到了很好的效果。

4) 成立非管理工作组

当企业出现重大问题时,可以成立这样一个组织,由一部分管理人员和一部分工作人员自愿参加,利用一定的时间开展调查并形成一个报告,向最高管理层汇报,同时还可以向下级职工进行传达。比如,企业在管理过程中发生了一起重大的客户投诉事件,并引发了冲突,那么企业就可以组织一个特别调查委员会来调查这个事情。这种组织形式能够促进上下级之间、同级之间及与企业外部之间的信息有效沟通。

5) 加强平行沟通,促进横向交流

如上所述,企业的沟通呈"T"字形,它的横向沟通总是比较短而纵向沟通总是比较长。随着企业规模的扩大、层级的增加,相互间的协调配合如果不好会造成极大混乱,所以加强横向沟通也是非常必要的。

11.3 形成良好的组织氛围

11.3.1 气氛、氛围的概念

气氛是指团队成员或组织元素所表现出来的共性或习惯行为。气氛是组织、流程、规范、制度、主管行为、员工行为等方面共同作用的结果,是在组织运作过程中形成的各种表现的复合体。气氛可以通过感觉来判断,可以依据内部及外部对其满意的程度进行测量。气氛和氛围有一定的区别,气氛是双面用语,如组织气氛的好坏,而氛围是正面用语,如良好的组织氛围。本书将"氛围"等同于"气氛"一词,但是具体应用场合有所区别。

每一个组织都有它特有的氛围。3 个以上的人员或元素组成 1 个团队,或形成 1 个组织,这些团队或组织在运作过程中,都会表现出一定形式的氛围,或者是积极向上的,或者是消极向下的。

11.3.2 组织气氛对工作绩效的影响

组织气氛质量的表现形式有六种:显著(极其满意)、合格(满意)、合格边缘(基本满意或满意边缘)、较差(一般)、差(不满意)、极差(极不满意)。气氛的质量、良好群体氛围,对于组织的运作效率产生非常重要的影响。

决定一个组织团队绩效的不仅在于它所拥有的资源,而且也在于它的运作氛围,已经形成的良好的运作理念、组织流程、规范制度,以及资源组合等。组织氛围可以通过影响员工内心深处的"动机",对员工的工作干劲产生潜在的深刻的影响。员工投入工作的体力、智力的程度是有伸缩性的,是受员工积极性控制的。

优秀的、积极的、开放的、良性循环的组织氛围,能够激励员工形成高度的工作热情,挖掘员工的全部潜能,对于组织实现既定的战略方针,具有特别重要的意义。良好的工作氛围是自由、真诚和平等的工作氛围,就是在员工对自身工作满意的基础上,与同事、上司之间关系相处融洽、互相认可、有集体认同感、充分发挥团队合作、共同达成工作目标、在工作中共同实现人生价值的氛围。在这种氛围里,每个员工在得到他人承认的同时,都能积极地贡献自己的力量,并且全身心地朝着组织的方向努力,在工作中能够随时灵活方便地调整工作方式,使之具有更高的效率。

反之,一个消极的、封闭的、缺乏信任度的组织氛围,非但不能为激励员工有效工作,而且还会阻碍团队提升工作绩效。在这样的一种氛围下,即使员工们可以尝试着把工作做得更好,也会出于对绩效的忧虑,使得他们裹足不前。

总之,组织氛围能够以潜在的力量,深刻影响每个组织成员为工作所付出的努力程度,从而影响组织的业绩。业绩高的团队,通常都是那些能够营造积极、健康的组织气氛,使得每个成员的能力发挥到最大化的团队。

11.3.3 良好组织氛围的营造

11.3.3.1 组织气氛要素和改进策略

组织气氛实质上包含内部气氛和外部气氛。一个团队内部组织气氛有九个要素:简明有效、适应性、沟通交流、发展创新、挑战性、竞争性、奖励性、感召力和凝聚力。外部组织气氛主要包括七个方面的要素：周边合作、上游（供应商）、上级、下游（客户）、下级、竞争对手和旁观者。这里仅仅对组织内部气氛的改进作一阐述。

1）简明有效

要使组织的工作做到简明有效，首先，必须使组织设计（其中包括组织框架、角色定位、分工和职责等）扁平化，对其中的无效组织环节必须予以精简，使得组织的运作既简单又有效；其次，对于工作流程，其中包括工作规范、制度、标准的制定和实施必须是简捷有效的，对于其中臃肿、繁复、多余、不增值的环节予以剔除；最后，制订计划，其中包括工作目标、规划、分工必须合理、准确、可行，尽量做到一步到位，减少变换次数。

2）适应性

要使员工对于工作有较好的适应性，首先，组织的分工必须合理。工作分配要合理，高层管理人员、中层管理人员、员工等，其技术、管理知识经验与所在岗位职责相符合，且方案的决策者、评价评审者必须是业内的资深专家。其次，任务安排适当，保证员工劳逸结合。工作安排必须科学合理，劳逸结合，有张有弛，不要让员工始终处于高度紧张状态。对于紧急突发任务，要妥善处理，减少工作中任务的波动，一般在一段时间的紧张之后，要让员工进行身体上、精神上的休整。

3）沟通交流

沟通交流包括情感沟通和技术沟通。情感沟通方面，在工作之余，可以适当地组织一些联欢活动、座谈会、总结表彰会等。通过开展这一系列的活动，将有利于增强员工的集体荣誉感，增强管理者与员工之间的理解。在技术交流方面，组织需要定期召开工作例会，各部门汇报工作的最新进展，互通信息，互相支持，有难题提出来共同面对和解决；定期进行工作技术研讨会，探讨工作中碰到的难关，寻找有效的解决方案，优化工作中的流程。

4）发展创新

组织对于员工的个人发展必须形成传、帮、带的链接，对于新员工要配有经验丰富的指导老师做辅导，做到尽快适应，尽快上岗，对于老员工，也要有计划地开展培训，更新知识和技术，由此形成良好的学习风气和培养环节。同时，要培育创新环境。无论是管理工作，还是技术工作，管理人员都要鼓励下属善于运用创新思维，注意发现工作中的问题，提出改进意见，对于员工的建议要给予鼓励，对于合理的建议要予以吸纳，同时把员工的创新能力作为一项考核指标，全方位培育创新环境。

5）挑战性

无论是为了获得更好的工作绩效，还是为了生存，团队都应该不断制定具有挑战性的目标，以此作为年度、季度、月度工作计划的依据，并分解成为部门考核指标和员工考核指标。团队中的管理层应特别重视绩效的改进并起带头作用，以结果绩效为导向。

6）竞争性

团队要定期（季度、半年或年度）对成员进行绩效评定，考核的结果一般按照一定的级别制（如六级制：S优秀、A良好、B好、C差、D较差、E极差）。考核标准必须科学、合理、准确，考核结果依据员工的产出绩效确定，而非按照主观印象来定，考核结果反映整个一段时间的绩效评定，而非近期的局部表现。考核需要由熟知员工工作过程的管理人员进行，较全面地评估工作的质量、成本、服务性等。考核后，对于长期兢兢业业、表现突出者，应给予适当的职位升迁，而对于一贯表现不佳、不胜其职者,应给予降职。对于绩效考核长期排在末位而又没有任何实际改进行动的员工,可予以淘汰。

7) 奖励性

团队内的奖惩制度必须完善,管理人员要按照员工的工作产出业绩认可或奖励成员,并且应该及时进行奖励。奖励可以采取精神鼓励和物质奖励两种方式。精神奖励是管理者对业绩佳、表现好的员工的工作予以认可、口头表扬或书面表彰;物质奖励是在团队中按照一定比例对业务能力强、贡献突出的员工给予的经济上或职位上的奖励。奖惩必须适度且分明,让员工时刻充满责任感和危机意识,意识到做得好就会受到表扬和奖励,做得不好、犯了错误就会受到批评和惩罚。

8) 感召力

管理者要在团队中形成强大的感召力,首先,必须以身作则。在规章制度的执行上、在疑难问题的解决上,管理者要以身作则,身先士卒,起带头作用;在工作、学习、生活上,管理者要带头倡导正气,带头营造乐观向上、进步积极的气氛。其次,鼓舞、引导团队为同一目标共同奋斗。当员工遇到工作、学习上的难题时,管理者应为之鼓气,提供必要的支援而非视而不见;要不时鼓励员工敬业奉献,倡导集体奋斗精神,完成组织目标。最后,管理者要关心员工。管理者要尊重员工,坚持工作内外人人平等,职务仅仅是角色分工、职责的差别,而没有高低贵贱之分;要主动对员工嘘寒问暖,为其解决生活上的困难,解除后顾之忧。

9) 凝聚力

要在员工间形成强大的凝聚力,必须使员工们有共同美好的奋斗目标和前景,形成爱岗敬业、积极奉献的意识;员工间要诚信互爱、相互信任、相互依赖、相互关心、互相谦让、互相包容,要形成对知识、经验、资源的共享,共同提高工作绩效。

工作氛围是一个看不见、摸不到的东西,制度在这方面最多起到最基本的保障作用。这就要求充分发挥人的作用。人是环境中最重要的因素,好的工作氛围是由人创造的。

11.3.3.2 管理者如何营造良好氛围

令人愉快的工作氛围是高效率工作的一个很重要的影响因素,对提高员工工作积极性起着不可忽视的作用。如果每天都处在毫无生气、气氛压抑的工作环境之中,那么员工怎么可能会积极地投入到工作中呢。管理者是组织气氛的主要缔造者,团队成员或组织元素是组织气氛的载体。管理者的个人素养、管理方法、管理艺术等,都会对团队的组织气氛产生直接或间接的影响。团队中具有影响力的成员或者成员所表现出来的共性习惯也会对组织气氛产生影响。管理者如果能够掌握创造良好工作氛围的技巧,并将之运用于自己的工作中,那么他就能够识别那些没有效率和降低效率的行为,并有效地对之进行变革,从而高效、轻松地获得有创造性的工作成果。

(1) 管理者是团队人力资源的建设工匠。团队组织中最为活跃的资源是人,团队管理者应为团队各个岗位及时配备合适的人力资源,进行管理知识与业务知识的培训,并进行必要的绩效考核,使团队充满生气与活力。管理好团队的第一要务是要把人力资源队伍建设好。

(2) 管理者是组织流程制度的整合发起人。组织、流程、制度是团队立足的三个支柱,但是在运作过程中,三大支柱时常会产生多余或残缺,因此优化整合组织流程制度是管理者的一大任务。管理者必须能够及时发现这种多余或残缺,并引导团队成员对这种多余进行清理,对残缺进行修补。

（3）管理者要做好授权与支持监控工作。在竞争激烈的环境中，团队组织的工作更加复杂化，即使是才智超群的管理者，也不可能精通全部的团队组织管理及业务，同时也没有精力去包揽一切。因此，管理者必须学会有效授权，使组织成员有权自行决定如何完成工作目标。授权不仅能提高团队的工作效率，而且也能提高组织成员的责任感和团队满意度。

（4）管理者认识到沟通是团队融合的基础并能熟练运用。团队成员忠诚于团队的基本条件之一是了解团队、信任团队，而这种了解依赖于团队管理者的沟通方法。管理者通过与内部员工沟通，使员工了解团队组织未来的目标和前景，通过有效的沟通使组织成员达成共识，端正员工的工作动机，使员工对组织充满期望并产生强烈的归属感。

（5）管理者必须是行业专家。现代的管理者与传统的管理者不同，管理者必须对团队的核心业务有着深入的掌握和体验。如果仅仅依靠雇佣他人管理团队，团队的生命力不会持久。所以，管理者只有从事自身所专长的行业，从事自身所挚爱的行业，那么管理的事业及其团队才会保持强大的生命力。

11.3.3.3　普通员工如何营造良好氛围

要为一个团队营造良好的氛围，虽然管理者在其中起着至关重要的作用，但是员工也绝非处于被动地位，员工在组织氛围营造过程中完全可以具有主动权，发挥重要作用。

1）保持健康积极的心态

为什么要保持积极的心态？因为积极的工作态度不但可以给你带来心智的成长，提升你的能力圈（包括舒适区、自信区及自我价值实现），还可培养你超越困难的能力。更重要的是，保持积极健康的心态，将对周围人产生积极的影响，从而有利于积极向上的群体氛围的形成。

如何保持积极的心态？

第一，像真正的成功者一样思考和行动。如果你下意识地模仿那些你尊敬且推崇的人的心理状态，就可能产生和他们一样的心态，甚至可能取得同样辉煌的成就。因为从对他人的模仿中，你将开发自己的潜能，开启从未使用过的脑力，使自己的人生有更多的选择和惊喜。

第二，保持积极愉悦的心情，消除消极思想。这需要我们常常自省，怀抱乐观态度，让自己的情绪时常保持乐观向上。

第三，使用自我暗示的语句。这些语句主要是为了激励我们积极思考和积极行动，如相信自己一定能够做到；自我感觉很不错；做自己想做的事情等等。这些自我激发性语句能形成强大的动力，激励人们走向成功。

第四，改变六种不好的工作习惯，即：没有工作目标、惰性、孤僻、轻易放弃、争强好胜和小心眼。

第五，形成良好的思维习惯，形成开朗乐观的处世态度。对待事物永远多看其积极的一面，少看消极的一面。

2）敬业与忠诚

要把敬业变成习惯，把忠诚作为信念。敬业就是敬重自己的工作，将工作当成自己的事，具体表现为忠于职责、尽职尽责、认真负责、一丝不苟、善始善终等职业道德。其中，糅合了一种使命感和道德责任感，坚持这种道德责任感，使敬业精神成为一种最基本的做人之道，也是成就事业的重要条件。忠诚是人生的准则，是事业成功的基石，是古今无数英雄恪守的美德。忠诚并不是从一而终，而是一种职业的责任感；忠诚不是对某个人的忠诚，而是职业的忠诚，是承担某一责任或者从事某一职业表现出来的敬业精神。

如果组织中的每个成员都能把组织当成自己的家,把组织的目标与自己的需要结合起来,积极投身于组织目标的建设中,那么这个组织必将是一个拥有奋发向上氛围的团队。

3) 学会与你的上司相处

无论是低级职员、高级职员,还是新雇员、部门负责人,你不可避免地要与某位或多位上司打交道,而上司对你的工作、健康甚至心情的好坏都会产生影响。因此,在日常工作中,你必须学会与上司相处的方法。

要让上司信任你,除了作出成绩外,让上司了解你也很重要。要让上司了解你的途径之一就是多与上司交流,使上司熟知你的工作进展,了解你的背景、爱好等。与上司沟通时,必须注意掌握正确的态度和行为,不要对上司点头哈腰、唯唯诺诺,也不要唯命是听,应该不卑不亢,保持自己的尊严和原则,必要的时候要据理力争。沟通要把握一个"度",什么可以与上级交流,什么不可以或不必与上级交流,什么是你能够决定的,什么是需要上级决定的,都要心里有数,不能事无巨细、一概汇报,让上司应接不暇,这会破坏自己给上司的印象,同时可能导致其他员工对你避而远之。

要点重述

领导是组织起来的群体为确立目标和实现目标所进行的活动施加影响的过程。在组织中,致力于向他人施加影响的过程以及使他人或组织在一定条件下为实现某种目标而行动的人就是领导者。领导心理是指领导者的认识过程、决策过程及其个性特征,这些对进行组织管理是起决定作用的。在整个组织中,领导者处于独特的地位,是影响组织目标实现、工作成败的重要因素。对有效领导的研究,按照其发展阶段形成了四种理论:领导特质理论、领导风格理论、领导行为理论和领导权变理论。

沟通是指可理解的思想或信息,在两个或两个以上的群体间传递或交换的过程。沟通具有凝聚功能、激励功能和信息传递功能。要达到有效沟通,需要组织成员遵循一些沟通技巧,同时需要组织为有效沟通创造良好的环境。

气氛是指团队成员或组织元素所表现出来的共性或习惯行为。氛围是指积极正面的气氛。组织氛围能够以潜在的力量,深刻地影响每个组织成员为工作所付出努力的程度,从而影响组织的业绩。工作氛围是一个看不见、摸不到的东西,除了要从制度上改进组织气氛要素,更要充分发挥人在氛围营造中的作用。

关键术语

领导　沟通　气氛　领导特质理论　领导风格理论　领导权变理论

问题思考

例 11.1　IBM 公司认为,发展领导力在今天变得如此重要,其原因在于环境要求整个企业的不同层级都需要创新精神,而不仅限于最高管理层,有力的领导正在成为组织成长、变革和再生的关键因素。对于领导力的培养,IBM 公司有一套完善的计划,早在 1995 年,IBM 公司即在公司内部进行了一次全面的调查研究,认定了 11 项领导团队应该具备的优秀素质。这11 项优秀素质包括四个方面:必胜的决心(包括行业洞察力、创新的思考和达成目标的坚持)、快速执行的能力(包括团队领导、直言不讳、团队精神和决断力)、持续的动能(包括培养组织能力、领导力和工作奉献度)以及核心特质(对业务的热诚)。

思考　你怎样看待 IBM 公司提出的这 11 项领导素质?

例 11.2　20 世纪 30 年代,罗伯特·盖茨在底特律创办了一家收音机制造小厂,后来这家小厂发迹而成为雄踞全国的收音机、电视机和同类产品公司。公司在创办初期,每个主管和工人都认识盖茨,而盖茨也能叫出其中大多数人的名字。但是,随着公司的繁荣和发展壮大,盖茨先生却担心公司正在丧失"小公司"精神。同时,他也担心公司的信息沟通受到妨碍公司员工,因对公司其他部门从事的工作无知,而造成了大量无效的重复劳动。同样,他还担心自己失去了同员工的接触联系。

为了解决信息沟通问题,他聘用了两位信息沟通主任,并让他报告有关情况。这两个人试用了其他公司正在使用的各个信息沟通手段:在每个办公室和分布全国的工厂安装公告栏;创办了一份刊载各个经营点和个人新闻的公司报;发给每个员工《公司实况》一书,提供关于公司的重要信息;定期公布利润分配书;由公司出面主办讲授有关信息沟通的课程等等。

在付出了大量时间、精力和费用以后,盖茨先生感到失望了。他发现公司在信息沟通中的问题依然存在着,而且他的计划执行效果看来并不好。

思考　你认为盖茨先生为什么要失望?他处于何种境地?公司在信息沟通方面真正的问题是什么?为改进公司的信息沟通,你会提出什么建议?

12 营销人员的心理保健

一个销售主管的心路历程

从入行到 2010 年 7 月，我不知不觉从事销售工作已经 8 个年头了。经历过家电、摩托车、建材等行业，也走过了半个中国，攒起来的客户名片甚至有上千张。算不上高人，也斗胆算是个老人了。回想过往，八年似乎太短，时光匆匆而过，一切恍如昨天，一眨眼就到了而立之年；8年又似乎太长，承载了太多的欢笑和泪水，太多的挫折和磨难，太多的彷徨和迷茫，庆幸的是这一路走来的历程，给了我太多的沉淀和积累，太多的感触和顿悟。从最初的不得其门而入，到今天的小有成就，也算没有虚度。而立之年梦想依旧在，激情依旧有，而且愈加清晰，愈加坚定。

渐渐地有了想写点什么的冲动，并且愈发强烈，下面就我这些年的营销生涯以及心路历程做一个简单的总结和回顾，如果能为有志从事营销事业的新人们一些触动，能够和同仁们有几分共鸣，也就很欣慰了。

一、理想，比什么都重要！

毕业以后，迷茫和慌张了好一阵子，就像一下子来到一个陌生的地方，没有了依靠，没有了方向，不知道究竟要做什么，能做什么，甚至怀疑自己能不能养活自己。我在深圳一个工厂没日没夜地干了 3 个月，实在受不了机械般繁重而无趣的工作，毅然辞职回来了。在一个快消品商贸公司开单。当时公司的一个老业务员每天气宇轩昂、风尘仆仆，早晨背个包，骑个车，晚上回来就一大堆的订单和回款，备受老板器重。我亲眼见他和很多"商超"的老板、经理们谈笑风生，迎来送往，一单单生意就不经意地接下来了。那一刻我就在想，销售工作原来如此绚烂和体面，看在眼里，记在心里，真是美煞我也。我在心里面告诉自己，这就是我要的工作了，我就要做一个这样有价值的人！

当时看了一本书叫《世界上最伟大的推销员》，看得是热血沸腾，遐想万千，觉得人生就当如此曲折生动，辉煌灿烂，更坚定了从事销售工作的理想。不曾想，这个所谓的理想竟然改变了我一生的轨迹，我沉醉其中欲罢不能，每动摇一次，就会更坚定一次，在此后的每一份工作，我都告诉自己，一定要做一个有价值的人。只是我渐渐懂得，我将要付出很多。

二、坚持，就一定会成功！

记得刚做业务的时候，听前辈们讲他们的经典案例，说他们的光荣战绩，听的是如痴如醉，向往而崇拜，恨不能亲自体验一番，攻下一个大客户，拿下一个大订单的快意与豪情。渐渐地我也有了属于我自己的一些案例与战绩，这个过程痛苦而且漫长，当成故事讲起来或许有几分趣味和感慨，只是这个过程非常人所能想象。

我刚从事摩托车销售的时候，没有区域，公司就强行从其他区域经理的区域里面划了几个一直没做的空白市场和一直没做好的问题市场给我，1个月1500元的工资，包括差旅费、电话费甚至印名片等一切费用，没有一个客户，没有一分钱提成，还得忍受被挖了市场的同事们的冷嘲热讽，曾为了开拓一个区域市场的第七任(前面被砍掉6个了)经销商，走访过这个市场及周边所有的摩托车商家、摩配商家和相当一部分的家具家电客户，几个月没能开发出空白市场的压力和每个月从女朋友那借钱出差的窘迫我自己都不忍回味，整夜的失眠，经历了一次又一次的失败，一次又一次的绝望。好在功夫不负有心人，在这个禁牌(摩托车不给上牌照，限制摩托车数量)的城市终于开出代理商了，而且首次打款竟是公司第一大单，前期走访的一些地方，也渐渐看到效果，给新代理商开发出了一大批乡镇经销商，连我贸然拜访和跟进的一个乡镇家具店老板都成了我区域的一个核心二级经销商。开起了一个专卖店。另一个区域空白市场也适时地开发出来了。那时候我已经借了6000元。那一刻我却没有喜悦和开心，只有万般委屈和辛酸一起涌上心头，鼻子酸酸的，真想找个没人的地方痛哭一场。

我用我的偏执和不顾一切的坚持，证明了自己，虽然有点悲壮，现在想来，如果没有当年的坚持，真的不知道今天的我会是如何。

三、塑造个人品牌与魅力！

这些年走过很多地方，经历过很多的人很多的事，刚入行，我只知道虚心学习，勤奋做事，希望做到让客户喜欢，让领导满意。随着经验的积累和职位的提升，我的角色也从最初的执行者不知不觉地变成了一个管理者，甚至是决策者。面对的不再只是一个回款指标，三五项绩效考核，一群经销商；而是一个大区的运营，一个战略的制定，一个团队的管理等等。

只是当年一位前辈的一句话，我却始终记得，他问：客户为什么愿意和我们做生意？我们有着各种各样的答案，他的回答却让我很惊讶，一句话：因为他喜欢你。

因为喜欢，所以接纳，因为接纳，才能施展。原来营销就是这么简单。作为营销人，我们和客户从社会地位上来说，基本上是不太对等的，我服务的客户不乏百万富翁，千万富翁，甚至更高，如何管理，如何让他们接受管理，这是一个不得不面对的课题。是行政命令式的强迫，还是本山卖拐式的忽悠，还是政策利益的勾引，抑或是其他？撇开品牌营销人员的身份，我们又能怎么做，做多久？

还是回到那句话，因为喜欢！因为喜欢你，才去了解你，因为了解你才会认同你，因为认同你才会信赖你，因为信赖你才会尊重你。当我们获得了客户的尊重，OK了，什么都不要再说了，你已经成功了。复制和推广这种信赖与尊重，你就成为品牌。

四、不断学习，不断总结，才能不断提升！

前面说到，客户尊重和信赖的重要性，这都基于一个前提，就是认同。既然我们很难做到与客户在社会地位与财富上的平等对话，就更需要我们在理念上、思路上对等甚至超越客户，如此方能得到客户的认同和信赖。理念思路来自于积累，而积累便来自于无处不在的学习与总结，如此我们方能不断进步，不断成长。

无论是区域业务也好，销售总监也罢，我们所要做的无非是带着一定的目标和使命，通过各种营销方式使别人接受和认同我们的目标和使命，在此前提下达成合作，并在这个合作过程中各取所需，共同成长。试想，在与经销商合作的过程中，如果我们能做到：

论战略规划，品牌运营，我们胸有乾坤；

论渠道管理，终端建设，我们胸有成竹；

论产品知识，销售技巧，我们烂熟于心；

论宣传促销,广告策划,我们驾轻就熟。

何愁市场做不好,客户不配合,任务完不成呢? 到这个时候,操作什么品牌,销售什么产品,运作什么区域都只是一个载体而已,没有什么做不好的。

(资料来源:http://www.top-sales.com.cn/xiaoshou/xqal/201007/4986.html)

本章引言

当初营销人员怀揣希望和梦想一心想要成就一番事业,但入行之初,体会到的除了孤独还是孤独,客户资源短缺,经验极度匮乏,朋友少之又少,任务重之又重。他们唯一能做的就是咬牙坚持,面对从未遇到过的困难,让他们坚持下去的是初入行时对自己的承诺,曾经告诫过自己:"多少次摔倒再爬起,这就是勇气;多少次挫败再努力,这就是志气;只要坚持不懈就一定有奇迹。"

当挨过艰难的第一阶段心态调整时期后,他们就会慢慢品尝到付出总有回报的甜果:专业知识不断提高、销售技能不断完善、客户和合作渠道逐渐认同。与此同时,他们也不断遇到新的问题,这时,解决问题不再依靠调整心态,也许会不断参加各类培训班,努力提升自己的综合素质,让自己迅速成为一个顶尖的销售人员。

如果说第二阶段的成长期是成功的开始的话,那第三阶段就需要不屈不挠的韧性。看着曾经的同事离开这个行业,难免会有失落和迷惘。营销人员要用"锲而不舍"来鼓励自己。营销人员舍不得自己的客户,因为他们需要我去服务、他们的朋友需要我去关怀;舍不得曾经的同事、公司,难忘在一起并肩作战、倍感温暖的往事;舍不得这个行业,因为它让营销人员体会到生命的价值!

从业数年之后,支撑营销人员的已不仅仅是当初入行时对理想的执著,更多的是这个行业教会了做人的道理,还有的就是自己在工作过程中的个体心理保健与心理调适。上面的例子充分展示了营销人员在营销中个体心理的成长过程及其对营销活动的促进作用。它除了要求营销人员必须具备较强的心理素质以外,还应具备一定的挫折容忍力,学会自我心理保健,不断建设自己良好的心态,提高自己的领悟能力,从而取得营销的成功。

基本理论

12.1 营销人员的心理健康及其标准

12.1.1 基本概念

12.1.1.1 健康的含义

健康是每个人都渴求的,但并非人人对健康都有一个正确的认识。长期以来,人们一直局限于没有疾病就是健康的传统想法。后来,有人把健康定义为人体各器官系统发育良好,功能正常,体格健壮,精力充沛并具备良好的劳动效能的状态。毫无疑问,这个定义也不够全面,没有关注到人的精神的、心理的健康。随着现代医学的发展以及人们关于健康观念的转变,绝大多数人越来越意识到,心理的、社会的和文化的因素同生物生理的因素一样,与人的健康、疾病有非常密切的关系。与之相应,健康的概念超越了传统的医学模式,心理的健康已成为"健康"

概念和范畴中的必然而重要的组成部分。

1948年，世界卫生组织(WHO)在其《世界卫生组织宪章》中指出，健康不仅是没有疾病和病态(虚弱现象)，而且是一种个体在身体上、心理上、社会上完全安好的状态。由此可见，健康应包括生理、心理和社会适应等几方面。一个健康的人，既要有健康的身体，还应有健康的心理和行为。只有当一个人的身体、心理和社会适应都处在一个良好状态时，才是真正的健康。

12.1.1.2　心理健康的含义

关心心理健康，1946年，第三届国际心理卫生大会对此定义为：心理健康是指在身体、智能以及情感上与他人的心理健康不相矛盾的范围内，将个人心境发展成最佳状态。具体表现为：身体、智力、情绪十分协调；适应环境，人际关系中彼此能谦让；有幸福感；在工作和职业中，能充分发挥自己的能力，过有效率的生活。除此定义表述外，人们还从不同的方面来进行解释。有人认为，心理健康是人们对环境能高效而愉快地适应；也有人认为，心理健康应是一种积极、丰富而持续的心理状态，在这种状态下适应良好，具有生命活力，能充分发挥其身心潜能而绝非仅仅没有心理疾病；还有人认为，心理健康表现为积极性、创造性和人格统一，有行动热情和良好的社会适应力。较为普遍的观点是，心理健康是能够充分发挥个人的最大潜能，以及妥善处理和适应人与人之间、人与社会环境之间的相互关系。具体来说，包括两层含义：一是其心理功能是正常的，无心理疾病；二是能积极调节自己的心理状态，顺应环境，有效地、富有建设性地完善个人生活。基于以上观点，我们认为，心理健康是指个体在适应环境的过程中，生理、心理和社会性方面达到协调一致，保持一种良好的心理功能状态。

12.1.1.3　心理卫生的含义

"心理卫生"一词是在开展心理健康教育时经常遇到的概念，它和心理健康到底有什么关系呢？

心理卫生又称精神卫生，是相对于生理卫生而言的，原意是维护和增进心理健康，减少心理和行为问题与疾病。它除了指一门学科和一项服务工作外，还专指人的心理健康及状态，简言之，心理卫生与心理健康同义。维护和增进人的心理健康是心理卫生的最终目的，心理卫生是达到心理健康的手段，心理卫生的任务就是探讨如何维护、增进心理健康的原则、措施及各种活动。所以说，心理卫生和心理健康其实是同一问题的不同表述。

12.1.2　心理健康的标准

以什么作为心理健康的标志，怎样才算是心理健康，这是一个比较复杂的问题。当前，关于心理健康的标准，在学术界众说纷纭，所谓仁者见仁，智者见智。

1) 马斯洛和密特曼关于心理健康的标准

(1) 有充分的安全感。

(2) 对自己有充分的了解，并能对自己的能力作出适当的评价。

(3) 生活理想和目标切合实际。

(4) 与周围环境保持良好的接触。

(5) 能保持自身人格的完整和和谐。

(6) 具有从经验中学习的能力。

(7) 保持良好人际关系。

(8) 适度的情绪发展与控制。

(9) 在集体要求的前提下,较好地发挥自己的个性。

(10) 在社会规范的前提下,恰当满足个人的基本需要。

2) 斯柯特关于心理健康的标准

(1) 一般的适应能力。主要包括:适应性;灵活性;把握环境的能力;适应和对付变化多端的世界的能力;阐明目的,并完成目的的能力;成功的行为;顺利改变行为的能力。

(2) 自我满足的能力。主要包括:生殖性欲(获得性感高潮的能力);适度满足个人需要;对日常生活感到乐趣;行为的自然性。

(3) 人际间各种角色的扮演。主要包括:完成个人社会角色;行为与角色一致;社会关系适应;行为受社会的赞同;与他人相处的能力;参与社会活动;利用切合实际的帮助;托付他人;社会责任;稳定的职业;工作和爱的能力。

(4) 智慧能力。主要包括:知觉的准确性;心理功能的有效性;认知的适当;机智;合理性;接触现实;解决问题的能力;智力;对人类经验的广泛了解和深刻的理解。

(5) 对他人的积极态度。主要包括:利他主义;关心他人;信任;喜欢他人;待人热情;与人亲密的能力;情感移入。

(6) 创造性。主要包括:对社会的贡献;主动精神。

(7) 自主性。主要包括:情感的独立性;同一性;自力更生;一定的超然。

(8) 完全成熟。主要包括:自我实现;个人成长;人生哲学的形成;在相反力量之间得以均衡;成熟的而不是自相矛盾的动机;自我利用;具备把握冲动、能量和冲突的综合能力;保持一致性;完整的复杂层次;成熟。

(9) 对自己的有利态度。主要包括:控制感;任务完成的满足;自我接受,自我认可;自尊;面对困难,解决问题充满信心;积极的自我形象;摆脱自卑感;幸福感。

(10) 情绪与动机的控制。主要包括:对挫折的耐受性;把握焦虑的能力;道德;勇气;自制力;对紧张的抵抗;道义;良心;自我的力量;诚实;清廉正直。

3) 当前关于一般人心理健康的标准

综合各家观点,参照现实社会生活及人们的心理和行为表现,现代人的心理健康标准应从以下七个方面来考虑:

(1) 智力正常。智力是衡量一个人心理健康的最重要的标志之一。正常的智力水平是人们生活、学习、工作的最基本的心理条件。一般地讲,智商在 130 以上,为超常;智商在 90 以上,为正常;智商在 70~89 间,为亚中常;智商在 70 以下,为智力落后。智力落后的人较难适应社会生活,很难完成学习或工作任务。衡量一个人的智力发展水平要与同龄人的智力水平相比较,及早发现和防止智力的畸形发展。例如,对外界刺激的反应过于敏感或迟滞、知觉出现幻觉、思维出现妄想等,都是智力不正常的表现。

(2) 情绪适中。情绪适中是指情绪是由适当的原因所引起,情绪的持续时间随着客观情况的变化而变化,情绪活动的主流是愉快的、欢乐的、稳定的。有人认为,快乐表示心理健康如同正常体温表示身体健康一样。一个人的情绪适中,就会使整个身心处于积极向上的状态,对一切充满信心和希望。

(3) 意志健全。一个人的意志是否健全主要表现在意志品质上,意志品质是衡量心理健康的主要意志标准。其中,行动的自觉性、果断性和顽强性是意志健全的重要标志。行动的自觉性是对自己的行动目的有正确的认识,能主动支配自己的行动,以达到预期的目标;行动的果断性是善于明辨是非,适当而又当机立断地采取决定并执行决定;行动的顽强性是在作出决定、执行决定的过程中,克服困难、排除干扰、坚持不懈的奋斗精神。

反应适度是意志健全的主要组成部分,也是心理健康的外在表现之一。反应适度说明人的行为表现协调有度,主要表现为:意识和行为一致,即言行一致;为人处世合情合理,灵活变通;在相同或相类似情境下,行为反应符合情境,既不过分,也不突然。

(4)人格统一。人格是指一个人的整体精神面貌,即具有一定倾向性的心理特征的总和。人格的各种特征不是孤立存在的,而是有机结合成相互联系的整体,对人的行为进行调节和控制。如果各种成分之间的关系协调,人的行为就是正常的;如果失调,就会造成人格分裂,产生不正常的行为。双重人格或多重人格是人格分裂的表现。一个人的人格一经形成,就具有相对稳定的特点,因此,形成一个统一的、协调的人格和形成一个残缺的、失调的人格,其对心理发展和精神表现的影响是截然不同的。

(5)人际关系和谐。人际关系和谐是心理健康的重要标准,也是维持心理健康的重要条件之一。人际关系和谐具体表现为:在人际交往中,心理相容,互相接纳、尊重,而不是心理相克,相互排斥、贬低;对人真诚、善良,而不是冷漠无情、施虐、害人;以集体利益为重,关心、奉献,而不是私字当头,损人利己,等等。

(6)与社会协调一致。心理健康的人,应与社会保持良好的接触,认识社会,了解社会,使自己的思想、信念、目标和行动跟上时代发展的步伐,与社会的进步与发展协调一致。如果与社会的进步和发展产生了矛盾和冲突,应及时调节,修正或放弃自己的计划和行动,顺历史潮流而行,而不是逃避现实,悲观失望,或妄自尊大、一意孤行,逆历史潮流而动。

(7)心理特点符合年龄特征。人的一生包括不同的年龄阶段,每一个年龄阶段的心理发展都表现出相应的质的特征,称为心理年龄特征。一个人心理行为的发展,总是随着年龄的增长而发展变化的。如果一个人的认识、情感和言语举止等心理行为表现基本符合他的年龄特征,是心理健康的表现;如果严重偏离相应的年龄特征,发展严重滞后或超前,则是行为异常、心理不健康的表现。

12.1.3　营销人员的心理素质

作为一名营销人员,除了应该具备一般人应有的心理健康之外,还应该具有以下素质。

1)自我认知力

对于一名追求成功的营销人员来说,无论现在处于什么状态,无论现在从事什么行业,只要能深刻地认知自己,明白自己的长处与短处,就有了获得成功的可能。认知自己是困难的,但是能够正确而深刻地认知自己,无疑是一种出色的能力——许多出色的营销人员共同拥有的素质之一就是:他们都清晰地知道自己优势何在、自己能做什么、自己要往什么方向去。

华人首富李嘉诚早年生活艰苦,经历过无数磨难。少年时,他曾在香港的茶楼里做侍应生。虽然身为侍应生,但李嘉诚有种强烈的梦想,就是要成为一名实业家。可是,像他这样没有后台、没有本钱的人,该怎样才能投身实业呢?自小早熟的李嘉诚对自我有强大的认知能力,他相信自己有做销售员的潜质,而且做销售员可以为自己更快积累资本成就实业家的梦想。在这种强烈自我认知的引导下,17岁的李嘉诚大胆地迈出了新的一步,他辞掉了茶楼里安稳的工作,成为一家塑胶厂的推销员。在辛苦的推销生涯中,尽管经历种种艰苦困厄,但李嘉诚毫不退缩,因为从17岁那一年开始,他就深刻地认识到自己的定位与能力,他相信自己的判断,相信凭着自己的潜质终会成就一番惊人事业。

李嘉诚的成功,虽然有机遇的垂青,更多则是他强烈的自我认知以及不懈努力的结果。

自我认知的能力对营销人员来说十分重要,它能让每一名营销人员冷静地判断、分析自己的职业发展前途,从而制定切实的发展方案,而不是成天抱着一夜暴富的幻想,自欺欺人,最终一事无成。自我认知也是一种成功的暗示,可以让我们在充满压力与挑战的营销生涯中,在最失望、最困厄时,依然看到远方摇曳着的希望之灯,鼓励着我们不断努力,不断向前,最终抵达辉煌的终点。

2) 激励力

对于营销人员来说,很多时候激励力是一种比口才更重要的素质,口才不好可能会让你丢掉某个客户,而不懂得如何激励自己则会让自己的营销生涯提前终结。

日本保险界最成功的推销员原一平,小时候因为家境富裕,他从小就像个标准的小太保,叛逆顽劣的个性使他恶名昭彰而无法立足于家乡。后因家道中落,23 岁时不得不离开家乡孤身到东京打天下。原一平刚刚涉足保险业时,毫无经验,不仅言辞笨拙经常得罪客户,而且由于他身材矮小,而饱受讥笑,作为一名曾经家境辉煌的富公子,生活的天空似乎一下子塌了下来。但这一切并没有打垮原一平,贫富两重天的生活变化令他明白激励自己的重要性,在原一平的内心,他时刻为自己燃着一把"永不服输"的烈火,激励着他愈挫愈勇。27 岁时,原一平的业绩成为全公司之冠,并且夺取了全日本的第二名。36 岁时,原一平又成为美国"百万圆桌"协会成员,协助设立全日本寿险推销员协会,并连续担任会长。最后,因对日本寿险的卓越贡献,原一平荣获日本政府最高殊荣奖。

原一平辉煌的营销生涯是由一连串的成功与挫折所构成的,他的成功是一个自我激励、自我超越的过程。

激励力是自信心与意志力的综合体。作为营销人员,最常遇到的不是客户的笑脸与鲜花,而是无穷无尽的压力与挑战。所以,对于追求成功的营销人员来说,拥有强大的自我激励力是如此重要——他们不怕压力,因为没有压力,就不会有辉煌成就;他们不惧挫折,因为生命的乐趣就蕴含在挑战与克服中。在营销生涯中,压力与挫折能磨炼意志,激励力则协助营销人员攀上成功顶峰。

3) 判断力

判断力对一个企业的营销成功与否具有重要的意义。

在 IBM 公司的大型主机还主宰着商业社会时,比尔·盖茨就预见到个人电脑必然会普及:"让每一个家庭的每台桌子都运行着一部电脑,每部电脑里面都运行着微软的软件。"正是这种对行业发展趋势、对市场发展的深刻判断能力让盖茨成为世界最富有的人。

对于营销人员来说,判断力就是大海航行时的方向标:在茫茫人海中,你必须判断出哪里有营销的机会,哪一些会是潜在的客户。

奥姆是美国赫赫有名的营销"教父",他最成功之处并不在于他的说服能力或推销技巧,而在于他的独具慧眼,总能发现一般营销人员无法发现的商机。当奥姆还是保险公司一名小小的推销员时,有一次他偶然经过一间小公司,从外面可以看到这个公司里有十几个人正在忙忙碌碌、跑来跑去地组装个人电脑,办公室的桌子上堆满了线路板和各种机箱。办公室虽然简陋而且狭小,但在奥姆看来,这家公司充满了勃勃生机,具有无限的发展潜力。虽然奥姆服务的客户都是大公司,但这一次,他提出要见主管。有人把奥姆带到了一个 20 岁的年轻人面前,这个年轻人当时正在一张黑色的桌子前工作。奥姆与这位年轻人详谈之后,预感到这个年轻人会有一番大作为,奥姆说服了年轻人接受他们的保单。但是,奥姆所在的保险公司原则上不接纳雇员少于 50 人的公司作为投保对象,而这位年轻的 PC 领军人物只有 16 个雇员,奥姆决心挑战这个政策,因为他预感这家小公司一定会有所发展。奥姆找到自己的经理和有关组织部门,找了他能找的所有人,试图破除这个政策上的限制,经历多次挫折与失败后,他终于使公司调整了原先的政策,接纳了这家小公司的保单。不出 1 年的时间,这家小企业就从 16 名员工发展成拥有 500 名员工的大企业。而当时站在桌子前工作的那个年轻人就是迈克尔·戴尔。

像奥姆一样,出色的判断能力对于营销人员来说往往是成功的起步。判断能力来自于直觉与经验的混合。如果说直觉是源自于个人主观的感受,那么经验则是不断学习与磨炼的结果。任何一名成功的营销人,都必然是经过长时间的磨炼,才练就准确的商业与社会判断力。

4) 学习力

时代不断地变化,客户不断地成长。在这个迅速发展的时代,学习是让营销人员了解外部世界、跟上客户步伐的最有效途径。

学习者不一定是成功者,但成功者必然是擅长学习者。纵如李嘉诚这类商业巨子,在年逾七旬之时,他依然强迫自己每周读完 3 本书、几本杂志,让自己时时能了解社会最新知识。而对于身处瞬息万变的营销行业的营销人员来说,学习新知识,了解社会、行业、客户最新情况是一种工作必须。

对于优秀的营销人员来说,学习力是指能够快速地汲取最新知识,了解社会发展趋势;能够将学习到的知识,与实际工作进行结合,做到理论与实践相融合的能力。

12.2　营销人员的耐挫力的提高

12.2.1　挫折的一般概念

12.2.1.1　挫折

根据《辞海》的解释,"挫折"一词系失利和挫败之意。因此,在日常生活用语中,常常在挫败、挫伤、受阻、失意的意义上使用"挫折"一词。在心理学中,"挫折"是指在个体从事有目的的活动过程中遇到障碍或干扰,致使个人动机不能实现,需要不能满足时的情绪状态,如焦虑、愤懑、沮丧和不安等。

12.2.1.2　挫折的种类

挫折可以分为以下几种:

(1) 需要挫折。所谓需要挫折,是指因为各种原因而造成行为者的需要无法得以满足时的情绪状态。需要挫折又可分为需要冲突与需要受挫。前者是指行为者在特定条件下,因若干种需要发生矛盾冲突又未能妥善解决,而造成的挫折;后者是指行为者自认为自己的合理需要被外界条件阻碍,不能得到满足而体验到的挫折。

(2) 行为挫折。所谓行为挫折,是指行为者在一定动机支配下,并且有了行为的意向,但是因各种条件的影响,行为无法付诸实现时的情绪状态。

(3) 目标挫折。所谓目标挫折,是指行为者在行为过程中,由于遇到无法克服的障碍,不能达到目标时的情绪状态。目标挫折与行为挫折是有区别的。行为挫折实质上是行为意向或行为的准备状态受到挫折,挫折发生在行为之前;而目标挫折则是行为本身受到了挫折,挫折发生在行为过程之中。

(4)丧失挫折。所谓丧失挫折,是指在行为者自认为本来就应是自己所有的东西,却在一定条件下丧失了时所感受到的情绪状态。前三种挫折都是行为者自认为应得到而未得到,因而受挫;丧失挫折则是自认为不应丢掉的却丢掉了,因而受挫。

12.2.1.3　研究挫折的实际意义

就挫折本身而论,这显然是一种"不幸",它的后果具有明显消极的一面。如果心理准备不足,它不仅可能导致积极性的低落,严重的甚至还会达成情绪紊乱、行为失常等心理和生理上的疾病。但是,实际生活又辩证地表明,挫折的后果可以引出积极的一面。诸如能力的提高、意志的坚忍以及情绪的稳定等就都有赖于在挫折中获得。

12.2.2　挫折容忍力

12.2.2.1　挫折容忍力的含义

心理学认为,所谓挫折容忍力,是指一个人遭受挫折时,能够摆脱其困扰而避免心理与行为失常的能力。换句话说,即个体经得起打击或挫折的能力。

在社会生活中,人们随时都可能遇到这样或那样的挫折,有的挫折是短暂的,有的挫折则是长期的,有的挫折比较轻微,有的挫折则较严重,有的挫折容易克服,有的挫折则难以克服。而人们对于挫折的反应也各不相同,有的人在严重的挫折面前百折不挠;有的人则是稍遇轻微的挫折便意志消沉;有的人能够忍受清贫生活的挫折,却不能容忍自尊受到伤害等等。这就表明,不同的人对于挫折的容忍力也是不同的。

12.2.2.2　影响挫折容忍力的因素

心理学的研究表明,挫折容忍力的高低,主要受以下三个因素的影响:

(1)生理条件。一个身体健康的人,对于生理需要挫折的容忍力就总比一个百病缠身的人要高得多。如果两者在同样饥寒交迫的条件下,那么后者就要比前者能经受更大的精神折磨。

(2)过去的经验和学习。如果一个人从小就娇生惯养,生活欲求总是顺利地得到满足,那他就失去了学习处理挫折的机会,这种人的挫折容忍力必然很低。而在生活的道路上饱经风霜,经受过种种磨炼的人,由于在同逆境的搏斗中提高了自己的应付能力,因此,这种人的挫折容忍力就必然很高。这也表明,挫折的容忍力同其他的心理品质一样,也是可以经过后天的学习和锻炼来获得的。

(3)对挫折的主观判断。由于每一个人对客观世界的认识不尽相同,因此,即使挫折的客观情境相同,而主观判断也会是不同的,从而对于每一个人所构成的打击或压力也有差异。

挫折容忍力的高低,还与一个人的政治素质、生活态度、性格特点、意志品质、自我修养等因素密切相关。如果这些方面比较好,那就更容易面对现实,迎接和接受挫折的考验。

能否忍受挫折的打击,并保持人格的完整统一,这是心理是否健康的重要标志。只有具有挫折容忍力的人,才能适应和改造环境、有所发现、有所发明、有所创造。因此,在管理工作中,就要教育员工勇敢地面对现实,增强挫折的容忍力,以百折不挠的精神去实现自己的目标。

12.2.3　产生挫折的原因

引起挫折的原因是多种多样的,但概括起来不外乎两大类,即客观外在因素和主观内在因素。

12.2.3.1　客观外在因素的影响

客观外在因素的影响又称外因。因其引起的挫折叫作环境起因的挫折，是指由于外界的事物或情境阻碍人们达到目标而产生的挫折。客观外在因素包括自然因素和社会因素两种。

（1）自然因素的影响。自然因素的影响是指个人能力所无法克服的自然灾害、自然环境的限制以及自然物理环境因素的影响。例如，地震山崩、冰雪洪水对于人们生命财产的威胁，这属于自然灾害的限制。他乡游子，沦落天涯，重洋远隔而难以和亲人团聚；时光如梭，转眼间白了少年头，深感来日苦短而又一无成就等等，这种空间和时间的限制就属于自然环境的限制。

（2）社会因素的影响。社会因素的影响是指个人在社会生活中所受到的政治、经济、道德、风俗、习惯、宗教等人为因素的限制。此外，还应包括管理方式的不妥，教育方法的不当，人际关系的紧张以及缺乏良好的设施等等。相对于自然因素和社会因素对于人们的限制而言，后者较之前者不但更多，而且后果也更加严重。它不仅阻碍个人的行为活动，使个人的某种需求得不到满足，而且还会使人因失败感到愧疚而损伤自尊。

12.2.3.2　主观内在因素的影响

主观内在因素的影响又称内因。因其引起的挫折叫作个人起因的挫折，是指由于主观因素阻碍人们达到目标而产生的挫折。主观内在因素包括生理因素和心理因素两种。

（1）生理因素的影响。生理因素的影响是指个人的容貌、身材、健康状况以及生理上的某些缺陷所带来的限制。这种缺陷必将导致不能胜任某种工作，并在工作中遭到失败等等。例如，一个身材十分矮小的人，想当一名篮球选手；一个双目失明者想成为射击冠军等等，无论主观上怎样努力，其结果都可能是一无所获。

（2）心理因素的影响。心理因素的影响是指个人的认知、情绪、人格等因素带来的影响。

第一，认知因素。主体的认知因素，以各种方式影响着行为。心理学的研究表明：我们所承认的世界与客观存在着的真实世界是存在着一定的距离的。事实上，在知觉的形象中就"渗透"着我们对于客观存在的态度以及认知心理因素的影响。所以，在某种意义上说，我们所认识的世界是以我们的看法所构成的世界，而我们的行为也往往由此而引发。而当个体的认知（无论是认知世界，还是社会知觉和自我认知）发生了偏差或较大的偏差时，就会导致挫折现象的发生。

第二，情绪因素。情绪因素也会造成挫折行为。人的情绪呈周期性的变化，每当两个情绪周期交换的时候，是一个人情绪表现最差的时候。就人类的不同年龄分组而言，通过心理学的研究表明，青年人大多数以激情性情绪为其主体情绪特征；中年人一般以沉着、稳健的情绪表现为其主体情绪特征；老年人则容易出现两种情绪倾向：一是自满情绪的倾向，二是忧虑情绪的倾向。此外，女性的经期变化，也会引起情绪性反应。

心理学的研究表明，情绪对于人们工作的成败有着重要的影响作用。一般说来，人们在良好的情绪状态下进行工作，就会思路开阔，思维敏捷，认知正确，解决问题迅速，从而较好地完成工作任务；而在消极的情绪状态下进行工作，则会思路阻塞，思维停滞，判断失误，难以解决问题，往往引起挫折现象的发生。

应当注意，主体的积极情绪所引发的行为在与主体所处的客观环境不相符合时，也可能导致挫折现象的出现。

第三，人格因素。在行为过程中，某些人格因素也会成为产生挫折的原因。一般说来，如果一个人的个性特征是健康的、良好的，那么，这个人的行为活动也就是正常的；反之，就会产生不正常的行为活动，从而引起挫折现象的发生。可以引起挫折发生的人格因素主要有以下四个：

其一，依赖性强。如果一个人的依赖性很强，凡事依赖别人，而不求自己独立完成任务，那么，就无从锻炼和提高自己处理问题、解决问题的能力。当这种人在单独从事有目的的活动过程中遇到了障碍，或在遇到障碍而别人又不愿对其提供帮助时，就会产生心理挫折的现象。

其二，自卑感强。如果一个人有很强的自卑感，总感到自己低人一等，低估了自己的实际能力，那么，当其在工作和生活中遇到了障碍时，就会因缺乏克服困难的信心和勇气，而导致挫折现象的发生。

其三，自我评价过高。自我评价是自我意识的一种形式。它是在自我感觉、自我印象和自我概念的基础上，由于参加社会实践活动，在别人评价的影响下逐渐形成的。它是主体对于自己的思想、愿望、行为和个性特点的判断和评价。自我评价的恰当与否，往往是造成挫折的重要原因。如果一个人的自我评价（如自我能力的评价）过高，超过了自己的实际水平，就会在实际工作中受挫，从而造成心理挫折。

其四，理想主义的社会态度。所谓理想主义的社会态度，是指人们对于社会现实的看法、观念常表现出不切实际的幻想性质。因而，在社会生活中，某些人（多发生于青年人中间）往往把自己的理想、观念、愿望实现的可能性当作它们实现的现实性，看作是轻而易举或在短期内就能够实现的。因此，当理想、观念、愿望的实现受到了阻碍时，他们往往会产生心理挫折。

12.2.4 营销人员如何应对挫折

挫折在人的生活中是不可避免的，作为营销人员来说，更是如此。因此，面对挫折，从个人角度来说，可采取以下几种方法解决：

(1) 遇到挫折时应进行冷静分析，从客观、主观、目标、环境、条件等方面，找出受挫的原因，采取有效的补救措施。

(2) 要有一个辩证的挫折观，经常保持自信和乐观的态度，要认识到正是挫折和教训才使我们变得聪明和成熟，正是失败本身才最终造就了成功。

(3) 向他人（朋友们）倾诉你心中的不快以及今后的打算，改变内心的压抑状态，以求身心的轻松，从而让目光面向未来。

(4) 学会自我宽慰，能容忍挫折，要心怀坦荡，情绪乐观，发愤图强，满怀信心去争取成功。

(5) 补偿。原先的预期目标受挫，可以改行别的途径达到目标，或者改换新的目标，获得新的胜利，即"失之东隅，收之桑榆"。这是人的一种心理防卫机制。

(6) 升华。人在落难受挫之后奋发向上，将自己的情感和精力转移到有益的活动中去，使之升华到有益于社会的高度。这也是人的一种心理防卫机制。

(7) 应善于化压力为动力，遇到挫折和失败或即将遇到挫折和失败，会面临很大外在的心理压力时，你是气馁、当逃兵，还是奋起，继续而勇敢地追寻。这对人是一个很大的考验，很多名人、伟人、成功者在挫折和失败面前，从不低头、气馁，而是善于化压力为动力，从逆境中奋起。他们的成功经历很值得我们大家去深思，去学习。

挫折是一种特殊的心理机制，它不但会给人们造成精神上的不安和情绪波动，影响人们的身心健康，而且必然压抑人的积极性和创造性，对工作起着消极和破坏作用。因此，作为组织领导者或管理者也要研究、把握和运用战胜挫折的方法,以帮助营销人员消除受挫后所产生的消极行为和破坏行为。

(1) 加强思想教育工作,树立科学的世界观和正确的人生观、挫折观。科学的世界观和正确的人生观,这是心理自控的动力,而科学的世界观和正确的人生观的形成,又依赖于经常地进行思想政治教育及道德和情操的教育等等。因此,要使营销人员战胜挫折,最根本的就是要加强思想政治工作,使之树立科学的世界观和正确的人生观。另外,要使营销人员战胜挫折还要让他们树立正确的挫折观,懂得"人生逆境十之八九"的道理,使其在挫折发生时有充分的思想准备,不至于惊慌失措或灰心丧气;在挫折发生后,也能够分析原因,吸取经验教训,从而提高对于挫折的容忍力。

(2) 对受挫者的行为表现应采取宽容的态度。营销人员在遭受挫折时,其行为可能是一种情绪性的非理智反应,这是意识失控的表现,它与正常状态下的不良行为有着根本的不同。因此,组织管理者就应对受挫者的行为表现采取宽容的态度,而对于受挫者本人则应加以同情,把其看作是一个需要帮助的人,并"雪中送炭",关怀鼓励,从而造成一种解决问题的气氛。当然,消极的受挫反应往往使人反感,尤其是侵犯、倒退行为,很容易损伤管理者本身的自尊心。但是,管理者的宽容大度,富于同情心,对受挫者的耐心帮助,正是其管理水平高和管理能力强的具体表现;反之,就会把受挫者推向绝境,并在组织中造成恶劣影响。

(3) 改善不恰当的管理方式,调整人际关系。管理方式的不当,也是造成营销组织人员心理挫折的重要原因,实际情况表明,组织成员的心理障碍和焦虑情绪,往往同领导作风的官僚主义、规章制度的不合理以及按劳分配的不落实等紧密相关。因此,改善不恰当的管理方式势在必行,人心所向。

此外,人际关系的紧张也是造成营销组织成员心理挫折的重要原因。诸如领导者之间的矛盾、上下级关系的紧张以及意见的不能沟通等,都会严重地挫伤组织成员的归属感。因此,调整人际关系,使之变得融洽和谐,是消除营销组织成员心理挫折的重要内容。

(4) 改变情境。改变营销组织成员的挫折情境是战胜挫折的有效方法之一。通常所采取的方法就是调换工作或调整工作群体。这样,就既可减少原来挫折情境的心理刺激,又可帮助组织成员在新的情境中克服原来的对立情绪,重新建立良好的人际关系。

(5) 采用宣泄法。这种方法就是创造一种情境或提供一个机会,使受挫者能够自由地抒发他们受压抑的情绪。心理学的研究表明,只有把这种受压抑的情绪发泄出来,受挫者才能够恢复理智状态。

宣泄法可以采用多种形式,如谈心、座谈、生活会、征求意见会等。就管理者的角度来讲,在许可的范围内,让受挫者发泄受压抑的情绪,这不但可以了解受挫者的受挫原因,从而对其进行有针对性的教育和帮助;而且还能从受挫者的精神发泄中,找到自己工作的失误和不足,从而提高管理的科学性。

12.3　营销人员的心理保健方法

12.3.1　营销人员自我心理保健

在角色定位清晰之后,要在信念上删除对达到目标可能存在的障碍、提升能力,面对高压

力的工作和生活环境,提高自己的逆境商数,做好心理建设,应从以下几个方面

12.3.1.1 检定语言模式

一个人的文字语言来自内心深层,语言的使用直接反映了人们的思维、信念和价值观。检定语言模式是一项比较重要的技巧。掌握这个技巧,对使思考能力及沟通能力有的提升极为重要,既可以准确地表达信息,又可作出有效的回应。检定语言模式教我们如何用语言去澄清语言,运用语言去澄清事实,不被演绎的语言所困惑,不误以为语言就代表真实,而有能力区分语言中的不足。

如何通过语言达到意识与潜意识的平衡?让行动完全发自销售人员的内心?在此,以没有卖出一件产品为例加以说明。

(1)平时我们的表达方法是:我没有卖出这件产品(只受限于事实)。

(2)尝试着更改你的表达方法:我目前还没有卖出这件产品(进一步清晰事实真相,找到更多的可能性)。

(3)再进一步寻找原因:由于没有客户需要的尺码,我目前还没有卖出这件产品(找到原因)。

(4)提出改进方案:我已经通知总部,明天就会有新的尺码配送过来。我也留下了客户的联系方法,我明天会再联系他。我明天肯定会把产品卖出去(从自己可控的方面提出改进,找到解决方案,摆脱内心的无力感挫败感与负疚感)。

12.3.1.2 设置心锚

设置心锚是指在接受催眠的人的大脑中建立一种感应点,当这个人再次面对同样的来自外界或内在的刺激或表象时,就会在其大脑中再次形成或触发某种反应。心锚可以是由外界的或内在的刺激自发产生的,也可以是由他人通过对当事人进行某种刺激来预先设置的。

12.3.1.3 转化定义

由于我们过往的经历与独特的人生观,每个人对所发生的事情都有自己的解释。同一事情,当我们从不同的角度来定义它的时候,会给我们带来完全不同的感受与结果。

在销售工作中,在市场第一线的销售人员总是要面临很多的挫折与拒绝,如何通过转化定义来提升销售人员的工作信心,由心态转变达到行为转变,从而取得业绩提升呢?请看下面的案例分析:张先生在销售产品时不顺利,他在遭到客户拒绝时的思考过程如下:

(1)我初来乍到,客户不愿意听我的介绍。

(2)我年龄大了,学识又不足,无法与别人争。

(3)外面竞争如此激烈,那么多竞争对手都在找这位客户。

结论是:客户拒绝我是很正常的,我一定失败。太难了,算了,我还是放弃吧。

其实,除了以上的思考方法,通过转化定义,张先生有如下选择:

(1)我初来乍到,客户不愿意听我的介绍。

转化定义:什么样的销售方式不大需要经验呢?我可以通过什么方法来快速提升我的经验呢?在经验累积还不足的时候,我是不是可以通过借助于同事或团队来解决问题呢?

(2)我年龄大了,学识又不足,没法与别人争。

转化定义:年龄大了只是代表体力降低了,但是我懂得的人情世故多了,经验丰富多了,我可以用智不用力。在我的销售工作中,哪些方面可以更好地发挥我的优势?哪些方面予以得到同事或团队的支持?我有什么方面可以支持其他人?当前最急需的知识、技能是什么?与

老同事沟通,读一些相关的专业书籍或参加相关培训。

（3）外面竞争如此激烈,那么多竞争对手都在找这位客户。

转化定义:我们的产品、服务具有哪些竞争对手所没有的优势?如何快速建立自己的专家形象与身份,获得客户认同?研究一下竞争对手的产品与服务、客户的购买清单排序,在向客户递交建议书的时候,我们会更有针对性地开展工作。

结论:通过我的不断努力,客户一定会认识到我的价值,喜欢我、认同我,愿意向我购买产品。我们一定会成为互利互惠的合作伙伴。

12.3.2 营销人员的心态建设

世界行销大师陈安之在《超级行销》中曾说:"态度决定一切,技巧和能力决定胜负"。不同的心态就决定了不同的人生和结局。

一个人的思想是起源于他本人的意念,也就是说,你有怎样的意念,便有怎样的思想;你有怎样的思想,便有怎样的性格;你有怎样的性格,便有怎样的态度;你有怎样的态度,便有怎样的行为方式,而行为方式又决定了你能不能成功。

营销是一项既须历经磨炼,又颇费心智,同时又极富挑战性的工作。它除了要求营销人员"走千山万水,说千言万语,吃千辛万苦"外,更要求营销人员必须具备较强的心理素质,有了良好的心理素质并不见得会"赢",但会"赢"的营销人员一定具备良好的心理素质,那么,成功的营销人员究竟要具备哪些心理素质或者说心态呢?

1）学习的心态

现在的市场千变万化,企业的发展也日新月异,作为优秀的营销人员要想勇立潮头,把握时代的脉搏,不被残酷严峻的市场局势所淘汰,就必须具备学习的心态。

大家都知道世界球王贝利,在他的足球职业生涯中,参加了 1 364 场比赛,共踢进了 1 282 个球,并创下了一个球员在一场比赛中射进 8 个球的纪录。当他个人进球纪录满 1 000 个时,有人问他哪一个球进得最好?,贝利笑了,意味深长地说是下一个。他的回答含蓄幽默,耐人寻味,像他的才艺一样精彩。贝利成功的秘诀就是把每一次进球,都"空杯归零",看作新的开始,不断学习,不断提高,征服了一个又一个的高峰。

因此,营销人员要想更好地规划自己的职业生涯,在营销领域"实现自己",那就必须"放下面子,俯下身子,耐住性子",多读书看报,向书本学习;多深入一线,向市场学习;谦虚而"不耻下问",向经销商及下属学习;多沟通,多观察,多总结,向同行、向对手、向经验学习。只有这样,我们才能增长见识,开阔眼界,也才能"厚积薄发",从而取得更大的进步。

2）自信的心态

营销这个职业面对的诱惑很多,但遭遇的拒绝和冷眼也最多。因此,不是每一个营销人员都能够获得成功的。它需要坚强的意志,充足的自信。

曾经有这样的一个故事,有一个小男孩,有一次在田埂间看到一只瞪眼的青蛙,就调皮地向青蛙的眼睑撒了一泡尿,却发现青蛙的眼睑非但没有闭起来,而且还一直张眼瞪着。长大后,他成了一个推销员,当遇到客户的拒绝时,他每每便想到那只被尿浇也不闭眼的青蛙。用"青蛙法则"来对待客户,客户的拒绝犹如尿撒在青蛙的眼睑上,要逆来顺受,张眼面对客户倾诉,不必惊慌失措。这位推销员就是后来荣获日本日产汽车 16 年销售冠军的奥城良治。

每个推销员都想在营销界干出一番惊人的业绩,但是一定要具有面对失败坦然自如的积极自信的态度,千万不可一遇挫折便落荒而逃,否则,你永远与成功无缘。

3）乐观的心态

面对同一件事情,不同的心态就会得出不同的结论。在营销界都知道美国两个推销员向非洲土人推销鞋子的故事。在考察了市场后,一个公司的推销员回来向公司报告说,当地人一年四季光着脚不穿鞋子,因此,鞋子在当地没有市场。可另一个推销员却有另外一种想法,他回来向公司汇报,说当地人虽然不穿鞋子,可如果向他们说明穿鞋子的好处,并加以演示、试穿,说不定鞋子的前景广阔,潜力巨大。可见,同一件事情,不同的眼光,不同的心态,其结果大相径庭。

曾经有一个关于美国总统罗斯福的故事。当罗斯福还是议员的时候,英姿焕发,英俊潇洒,才华横溢,颇深受人民爱戴。有一天,他在加勒比海度假,游泳时突感双腿麻木,动弹不得,后经医生诊断,患上了小儿麻痹症。医生对他说:"你可能会丧失行走的能力。"罗斯福回答说:"我还要走路,我要走进白宫。"在他第一次竞选总统时,他对助选员说:"你们布置一个大讲台,我要让所有选民看到我这个得小儿麻痹症的人,可以走到前面演讲,不需要任何拐杖。"当天,他穿着笔挺的西装,充满自信,从后台走向讲台。他的脚步声,让每个美国人深深感受到他的意志和信心。后来,罗斯福成为美国历史上唯一一位连任四届的总统。可见,很多事情的成功,得益于不屈不挠的意志力和乐观积极的心态。

4）付出的心态

有人曾用《青玉案》里的词句来形容营销事业的三个阶段:第一,迷茫阶段:"昨夜西风凋碧树,独上高楼,望尽天涯路"。第二,酝酿阶段:"衣带渐宽终不悔,为伊消得人憔悴"。第三,豁然阶段:"众里寻她千百度,蓦然回首,那人却在灯火阑珊处"。道出了成功营销人员所必须经历的艰辛历程。

成功前的"推销之神"原一平,曾经穿破了 10 000 只鞋子,行程相当于绕地球 89 圈。他说:"我的座右铭是:比别人的工作时间多出 2～3 倍,工作时间苦短,即使推销能力再强也会输给工作时间长的人。所以,我相信若比别人多花 2～3 倍的时间,一定能够获胜。我要靠自己的双脚和时间来赚钱,也就是当别人在玩乐时,我要多利用时间来工作,别人若一天工作 8 小时,我就工作 14 小时。"

营销人员就需要这种付出的心态,铁的意志,不达目的绝不罢休的信念,才有机会走向成功。

5）耐心

有这样一个故事,一个推销新手工作了一段时间后,因找不到顾客,自认为干不下去了,就向经理提出辞呈。经理问:"你为什么要辞职呢?"他坦白地回答:"我找不到顾客,业绩很差,只好辞职。"经理拉着他到面对大街的窗前,指着大街问他:"你看到了什么?"推销员回答:"人啊。""除此之外呢,你再看一看。""还是人啊。"经理说:"在人群中,你难道没有看出很多的准客户吗?"推销员恍然大悟,马上收回了辞呈。这个例子给我们怎样的启示呢?顾客来自准顾客,而准顾客满街都是,问题是如何找出来,有没有耐心找出来。

乔·吉拉德是世界上最伟大的推销员,他连续 12 年保持全世界推销汽车的最高纪录,平均每天销售 6 辆,被载入吉尼斯世界纪录大全。他在《我用我的方式成功》一文中说,只要他遇到一个人,他都会恭恭敬敬地递上自己的名片,耐心地推销自己的汽车,把他所接触到的每一个人都看作自己的准客户,把生活业务化,把业务生活化,随时随处发现自己的潜在客户。

6）敬业的心态

营销是一项系统工程，而要想超越别人、成就自己，还必须有一颗敬业的心，就像有人经常说的"你想当老板，就必须具有当老板的敬业心态。"

日本幕府时期，出身贫寒而后来声名显赫的丰臣秀吉曾被织田信长雇佣为携草履侍从。在寒冷的冬天的早晨，他就把主人的草履藏在怀里，用体温暖和它。他负责饲养信长的坐骑，除日常饲草外，还自己掏腰包买胡萝卜喂它。结果，太太离他而去，但这种敬业的精神为他带来了日后的巨大成功。

营销在中国正蓬勃发展，随着中国加入 WTO，一大批优秀的职业经理人脱颖而出，成为各个企业的骨干栋梁。我们要想成为其中的一员，就需要一颗敬业的心。只有把公司的事情当成自己的事情，把公司的业务当成自己的事，我们才能深入其中，体会领悟，放眼未来，把握今朝。

12.3.3　营销人员领悟力的培养与提升

营销人员有没有领悟能力，会给他的职业生涯带来极其深远的影响。领悟力的大小不仅关系到他们的个人职业生涯规划，而且牵涉到一个营销人员个人发展前景是光明还是黯淡。因此，营销人员的领悟力对于个人职业成长至关重要。

领悟力是营销人员对于一件事情的充分了解、正确判断，以及科学把握、合理决策的掌控程度的具体表现。也就是说，作为优秀的营销人员，对于所处的企业内外部环境都要准确把握、作业科学论断，从而适时调整自己，积极采取措施，使事情向着有利于企业及个人的方向发展。

那么，营销人员应该如何来培养自己的领悟力呢？

（1）把握国家经济政策、行业环境及发展趋势。培养自己的领悟能力，不仅要熟悉国家相关的经济法规、行业环境，而且还要了解行业未来的发展趋势，只有对以上的宏观政策及经济形势把握准了，我们才能准确判断、深刻领悟，从而作出科学、合理的决策。在现实生活中，我们经常可以看到一些因不看大趋势、"逆流"而上而招致失败的操作案例。因此，认清形势、把握"大气候"是领悟能力的培养之基。

（2）深入了解公司的企业文化、人文背景、运作及发展概况等。通过对企业战略规划、经营思路、运作状况等企业小环境的了解，掌握公司发展脉搏及未来走向，深入领会领导意图，及时调整自己的发展及运作思路。在实际工作中，有的营销人员做得就很好，他们不仅低头走路，而且还抬头看路，时刻与企业、与决策层保持高度一致，从而处处"受宠"，避免了"南辕北辙"式的方向性错误。此为培养领悟力之本。

（3）贴近和把握市场，培养自己对市场的感性认识。作为营销人员，要想培养和提升自己的领悟力，还必须对市场情况了然于胸。表现在工作当中，那就是要通过了解本品、竞品的规格、价位、渠道、促销等等，洞察其动向，揣摩其策略，见微知著，"谋定而后动"，从而悟出应对和解决的战术和方法，以此达到知己知彼，百战不殆的目的。对市场的准确把握和合理推断，是培养领悟力的关键。

（4）学习与创新，强化自己对市场的理性把握。营销员要通过不断学习市场学、营销学、管理学、心理学等综合性的学科，提高自己对于市场的敏感性，处理事情的灵活性以及策略的创新性。《向和尚推销梳子》的故事，就是通过创新与悟性的关系，展示了四种不同的推销结局。在平常的推销工作中,我们要通过学习先进的运营理念,及时服务于市场,理论联系实际,不断地用理论来指导实践,用实践来完善理论。具体到操作层面,就是能从竞品的市场运作当中,领悟其精髓,通过自己之所学、之所悟,"以其人之道,还治其人之身",出其不意,攻其不备,不断创新,从而达到举一反三、触类旁通的目的。此为培养领悟力之源。

领悟能力是一个营销人员在营销领域大展身手的立身之本、发展之基,营销人员只有具备了较强的领悟力,才能在日益激烈、复杂的市场角逐中,从容应对,永远使自己立于不败之地。

要点重述

心理健康是指个体在适应环境的过程中,生理、心理和社会性方面达到协调一致,保持一种良好的心理功能状态。当前关于一般人心理健康的标准从七个方面来考虑:智力正常;情绪适中;意志健全;人格统一;人际关系和谐;与社会协调一致;心理特点符合年龄特征。营销人员除了应该具备一般人应有的心理健康外,还应该具有以下素质:自我认知力;激励力;判断力;学习力。

挫折是指在个体从事有目的的活动过程中遇到障碍或干扰,致使个人动机不能实现,需要不能满足时的情绪状态。挫折容忍力是指一个人遭受挫折时,能够摆脱其困扰而避免心理与行为失常的能力。换句话说,亦即个体经受打击或挫折的能力。心理学的研究表明,挫折容忍力的高低,主要受以下三个因素的影响:生理条件;过去的经验和学习;对挫折的主观判断。引起挫折的原因概括起来不外乎两大类,即客观外在因素和主观内在因素的影响。消除营销人员的挫折感,个人和组织领导者的都应作出努力。

营销人员的心理保健包括自我心理保健;心态建设;领悟力的培养与提升三个方面。营销人员自我心理保健可采用三种工具模式:检定语言模式;设立心锚;转化定义。营销人员的心态建设可从以下几个方面进行:学习的心态;自信的心态;乐观的心态;付出的心态;耐心;敬业的心态。营销人员领悟力的培养与提升可通过以下途径进行:把握国家经济政策、行业环境及发展趋势;深入了解公司的企业文化、人文背景、运作及发展概况等;贴近和把握市场,培养自己对市场的感性认识;学习与创新,强化自己对市场的理性把握。

关键术语

心理健康　心理健康标准　挫折　挫折容忍力　心态建设　领悟力

问题思考

例12.1 一个秀才第三次赶考,途中投宿旅店。夜晚做了两个梦,一个梦是高墙上种白菜,另一个梦是下雨天戴着斗笠打雨伞。醒后,自觉此两梦非同寻常,于是请一算命先生解梦。先生听后劝其放弃赶考,原因是,高墙上种白菜不是白费劲吗!下雨天戴着斗笠打雨伞更是多此一举。秀才听后情绪低落,返回旅店欲收拾行李回家,房东不解,遂问其何故。秀才照实说来,房东大笑说:"我也会解梦,依我来看,高墙上种白菜正是高中,下雨天戴着斗笠打雨伞不是有备无患吗!"秀才听后大喜,积极应考,竟中探花。

思考 从营销人员的角度思考本案例,说明其隐含的道理。

例12.2 某营销人员初次从事营销工作时,随同领导拜访杭州百货商场老总,当时因为前任遗留问题太多,商场老总对他们不假言辞、声色俱厉。领导只是静静地倾听,很少插嘴,待商场老总讲完之后,他才将自己的设想、公司新的营销政策说出,最后宾主双方交谈甚欢。事后,领导这样教导他:"一个商家,他越是批评你,贬低你,那么就表示他越看重你。正所谓'爱之愈深,恨之愈切',我们要看懂商家的内心。"他的这番话正好表现出营销中的"去伪存真",经受住暂时挫折的重要性。

思考　从本案例中,你受到了哪些启发和教益?

例 12.3　某大学毕业生自述:我到一家外资做销售助理。从大学里的一个学生领袖到做别人的"助理",我很难受,特别是老张小李什么的动不动就唤我去打杂时,我就有无名火。觉得很没尊严,我又不是奴才,凭什么指挥我干这个又做那个。不过,事后冷静一想,他们并没有错,我的工作就是这些"鸡毛蒜皮"。刚进公司时,王经理也这么事先对我说过,但一涉及具体事情,我的情绪就有点失控。有时咬牙切齿地干完某事,又要笑容可掬地向有关人员汇报说:"我做好了!"有几次还与同事争吵起来。从此以后,我的日子更不好过了,孤傲不成,倒是孤独了。

这天,秘书不在,王经理便点名叫我到他办公室去整理一下办公桌并为他煮一杯咖啡。我硬着头皮去了,王经理一眼就看出我的不满,便一针见血地指出:"你觉得很委屈是不是?你有才华,这点我信,但你必须从起点做起!"我心里一惊,他竟懂我心!我笑了笑,表示感谢。他叫我先坐下来,聊聊近况。可我身旁没有椅子呀!我总不能与他并排坐在双人沙发上吧?他到底在开什么玩笑?

这时,王经理意有所指地说:"心怀不满的人,永远找不到一把舒适的椅子。"难得见到他如此亲切慈祥的面孔,我放松了许多。原来,他不像一个"剥削者",他更像我的一个合作伙伴,只不过,他是长辈,我需要尊重他。手脚忙乱地弄好一杯咖啡后,我开始整理他老人家的桌子,其中有一盆黄沙,细细的,柔柔的,泛着一种阳光般的色泽。我觉得奇怪,这干吗用呢?又不种仙人球,这人真怪!

王经理似乎看出我的心思,伸手抓了一把沙,握拳,黄沙从指缝间滑落,很美!他神秘一笑:"小罗,你以为只有你心情不好,有脾气,其实,我跟你一样,但我已学会控制情绪……"原来,那一盆沙,是用来消气的,是他一位研究心理学的朋友送的,一旦他想发火时,可以抓抓沙子,它会舒缓一个人紧张激动情绪。这盆朋友的礼物,已伴他从青年走向中年,也教他从一个青涩的销售员,成长为一名稳重、老练、理性的营销管理者。王经理说:先学会管理自己的情绪,才会管理好手下的销售员。

我的心一下子爽朗了许多,忍不住抓了一把那黄金般的沙子。

思考　请你从营销人员的角度,谈一下你对控制情绪的理解。

主要参考文献

[1] 刘树,马英. 营销心理学[M]. 北京:电子工业出版社,2011.

[2] 肖兴政. 营销心理学[M]. 重庆:重庆大学出版社,2003.

[3] 陈思. 营销心理学[M]. 广州:暨南大学出版社,2005.

[4] 薛长青. 营销心理学[M]. 天津:高等教育出版社,2005.

[5] 陈文华. 消费心理与营销对策[M]. 北京:中国国际广播出版社,2002.

[6] 胡正明. 市场营销学[M]. 济南:山东人民出版社,2002.

[7] 黄世礼,蓝太富. 通俗消费心理学[M]. 北京:中国轻工业出版社,1996.

[8] 王德胜. 新编消费心理学[M]. 济南:山东人民出版社,1996.

[9] 罗子明. 消费者心理学[M]. 北京:中央编译出版社,1994.

[10] 庄明川. 消费者心理学[M]. 上海:华东化工学院出版社,1992.

[11] 韦箐. 营销前源:产品开发与设计[M]. 北京:经济管理出版社,2000.

[12] 冯丽云,孟繁荣. 营销心理学[M]. 北京:经济管理出版社,2001.

[13] 耿黎辉. 消费心理学[M]. 成都:西南财经大学出版社,2004.

[14] 俞文钊,石文典,陆继文,陈菲. 市场营销心理学[M]. 大连:东北财经大学出版社,2000.

[15] 单凤儒,汪雪兴,刘雪梅. 营销心理学[M]. 北京:高等教育出版社,2005.

[16] 李晓霞,刘剑,李晓燕,赵仕红. 消费心理学[M]. 北京:清华大学出版社,2006.

[17] 龚振,荣晓华,刘志超. 消费者行为学[M]. 大连:东北财经大学出版社,2002.

[18] 王方华. 市场营销学[M]. 上海:复旦大学出版社,2001.

[19] 徐鼎亚. 市场营销学[M]. 上海:复旦大学出版社,2004.

[20] 徐萍. 消费心理学教程[M]. 上海:上海财经大学出版社,2004.

[21] 耿金辉. 消费心理学[M]. 成都:西南财经大学出版社,2004.

[22] 文大强. 零售经营实务[M]. 上海:复旦大学出版社,2005.

[23] 张润彤. 电子商务[M]. 北京:科学出版社,2005.

[24] 杨天翔. 电子商务概论[M]. 上海:复旦大学出版社,2005.

[25] 贾建华,张菁. 市场营销心理学[M]. 北京:北京经济学院出版社,1996.

[26] 蔡燕农. 市场营销案例分析[M]. 北京:中国物资出版社,1993.

[27] 吕一林. 现代市场营销学[M]. 北京:清华大学出版社,2004.

[28] 霍兰德. 市场营销管理案例[M]. 李晓涛,李文宇,李玲译. 北京:机械工业出版社,2001.

[29] 周广华,沙鸣. 做优秀的销售员:销售能力训练提升手册[M]. 广州:广东经济出版社,2005.

[30] 范云峰,姬爱国. 推销:每个人都要面对的[M]. 北京:京华出版社,2004.

［31］查尔斯·M·佛特勒尔. 销售 ABC——关系销售完全手册［M］. 北京：企业管理出版社，2005.

［32］俞文钊. 管理心理学［M］. 大连：东北财经大学出版社，2001.

［33］康善村. 氛围营造：组织气氛建设方案［M］. 广州：广东经济出版社，2003.

［34］斯蒂芬·罗宾斯著. 组织行为学［M］. 孙建敏，李原等译. 北京：中国人民大学出版社，1997.

［35］陈文华. 消费心理与营销对策［M］. 北京：中国国际广播出版社，2002.

［36］杜在海等. 广告经营的十大秘诀和案例［M］. 北京：中国广播电视出版社，2000.

［37］曹方. 包装设计［M］. 南京：江苏美术出版社，1999.

［38］李羿锋，钟震玲. 销售人员角色认知与心理保健［J］. 2005-4-25.

［39］张延燕，许百华. 影响消费者决策的亚文化因素研究概述［J］. 人类工效学，2004(3).

［40］郑琦. 利益细分变量研究与消费者市场细分［J］. 南开管理评论，2000(4).

［41］邱有源. 试论当代中国的文化特点及其走向［J］. 广西社会科学，1997(4).

［42］康征. 消费者价格心理现象的分析［J］. 价格月刊，2006(5).

［43］陈国荣. 基于顾客价值论的营销心理策略［J］. 福建商业高等专科学校学报. 2003(5).

［44］成功营销人员的心理建设［J］. 2005-12-21. http：//mkt. icxo. com/htmlnews/2004/12/21/519996. htm.

［45］姜蓉. "老百货"转型，不是没自己的位置［N］. 中国经营报，2010.09.04.

［46］刘桢楠. 凡客诚品的成功之路［J］. 电子商务，2010(1).